智元微库
OPEN MIND

成长也是一种美好

终身学习核心知识库

宏观经济学

原书第 9 版
9th Edition

[美] 罗宾·巴德（Robin Bade）
[英] 迈克尔·帕金（Michael Parkin）

著

刘红梅　王彦茹

译

人民邮电出版社

北京

图书在版编目（CIP）数据

宏观经济学：原书第9版 /（美）罗宾·巴德
(Robin Bade)，（英）迈克尔·帕金（Michael Parkin）
著；刘红梅，王彦茹译. -- 北京：人民邮电出版社，
2025. --（终身学习核心知识库）. -- ISBN 978-7-115
-65736-7
Ⅰ．F015
中国国家版本馆CIP数据核字第2024FJ4137号

版 权 声 明

◆ 著 [美] 罗宾·巴德（Robin Bade）
　　　 [英] 迈克尔·帕金 （Michael Parkin）
　　译 刘红梅
　　　 王彦茹
　　责任编辑 张渝涓
　　责任印制 周昇亮
◆ 人民邮电出版社出版发行　　　　　　　　　　北京市丰台区成寿寺路 11 号
　　邮编 100164　 电子邮件 315@ptpress.com.cn
　　网址 https://www.ptpress.com.cn
　　天津千鹤文化传播有限公司印刷
◆ 开本：787×1092　1/16
　　印张：24　　　　　　　　　　　　　　　　2025 年 1 月第 1 版
　　字数：680 千字　　　　　　　　　　　　　2025 年 1 月天津第 1 次印刷

著作权合同登记号　图字：01-2022-6003 号

定价：89.00 元
读者服务热线：（010）67630125　 印装质量热线：（010）81055316
反盗版热线：（010）81055315

前言

学生知道，他们一生中会做许多经济决策，并会受到各种经济力量的影响。他们希望了解可以帮助其驾驭这些力量并指导其决策的经济学原理。我们将通过《宏观经济学》(*Foundations of Macroeconomics*)一书来满足学生的这一需求。

来自世界各地的数百名同行对本书早期版本的反响让我们得知，其中大多数人与我们观点一致，即我们在撰写讲解经济学原理的课程内容时必须做好以下4件事。

» 使用引人入胜的议题和问题来激发学生的兴趣

» 专注于传达核心概念

» 在复杂的细节和丰富的拓展内容之间寻求平衡

» 通过实践来鼓励并辅助学生学习

● 第9版新增内容

第9版新增内容：对内容进行了微调；微观和宏观内容的几个显著变化；强调经济学为有效公民身份奠定基础；强调经济学作为生活技能和工作技能的作用。

微调内容

此次修订源于我们所处的非凡经济时代及期间不断发生的事件、呈现的力量，这些事件和力量可以激励学生去发现经济思维方式。例如，经济增长持续缓慢；财富日益集中；欧洲经济停滞和英国决定退出欧盟的逆趋势；离岸外包造成美国就业机会流失和贸易保护政策盛行引发持续紧张局势；各国对碳排放和气候变化的担忧加剧；人口老龄化的衍生需求、美国国会有时不能发挥作用以及与之相关的政府债务不断增加，给联邦预算造成巨大压力；从全球金融危机和衰退中长达10多年的缓慢复苏以及何时、以多快的速度退出极端货币刺激时代等相关问题所带来的困境。这些只是一部分引发兴趣的事件。这些事件都会在我们新版教材中的适当位置出现。

本书每一章都包含多处细微改动，这些改动旨在提高本书内容的清晰度和通用性，正文和示例也都根据最新可得数据和事件进行了更新。

显著的内容变化

在第 1 章"需求与供给"中，我们解释并说明了供需模型对预测和解释鳄梨价格近期大幅波动的作用。

第 2 章"GDP：总产出和总收入的衡量标准"、第 3 章"工作与失业"、第 4 章"居民消费价格指数与生活成本"以及第 6 章"经济增长"的内容均已更新，包括国民账户、劳动力市场、价格水平和全球经济增长的最新可得数据。

第 7 章"金融、储蓄与投资"有5 个主要变化。该部分解释了收益率曲线及其偶尔的倒挂情形，2019 年就发生过倒挂；展示了大规模借贷的数据；介绍了金融科技的最近创新及其对可贷资金供需的影响。另外，本章还有一个关于现值的概念及其计算的新附录。

第 8 章"货币体系"和第 9 章"货币、利息和通货膨胀"更新了有关银行和货币市场的数据。第 10 章"总供给和总需求"也已更新，包括经济周期的最新状态。

在第 12 章"短期政策权衡"中，

菲利普斯曲线的覆盖范围反映了不断变化的自然失业率和预期通货膨胀率及其对短期和长期菲利普斯曲线的影响，并解释了为什么会有低通货膨胀率伴随低失业率的现象。

第 13 章"财政政策"和第 14 章"货币政策"均已更新，包括财政和货币刺激的最新发展。第 15 章"国际贸易政策"为学生提供了评估特朗普政府全球贸易剧变所需的工具，并通过研究美国对加拿大软木实行的进口关税和美国的食糖进口关税配额来说明贸易保护的影响。

● 本书理念

专注于核心概念

本书的每一章都集中于可控数量（通常是 3 个或 4 个）的主要概念，并在整章中多次强化每个概念。这种耐心的、建立信心的方法引导学生了解不熟悉的领域，并帮助他们将精力集中在本课程最重要的工具和概念上。

展示活动并讲述整个故事

在早期版本中，我们已经设计了图表风格，并设定了清晰度标准，第 9 版将继续沿用。我们的目标是展示"经济活动之所在"。本书图表持续引起积极反响，这也证实了我们的观点，即图形分析是可用于教授经济学原理的有力工具。意识到有些学生在使用图表时存在困难，我们开发了结合学生学习和复习需求的整套课程。

因为刚开始学习经济学的学生经常害怕使用图表，所以我们尽可能以3种方式——图形、文字和表格——呈现信息。

理论联系实际

当学生能够理解所学内容之目的、应用所学阐释周围世界并在生活中加以运用时，他们的学习效果最佳。

"聚焦"栏目提供了全新的例子，帮助学生了解经济学无处不在。"聚焦美国经济"栏目列举当前和最近的事件；"聚焦全球经济"和"聚焦往昔"两个栏目从全球和历史视角来解读当前美国经济事件；"聚焦生活"栏目则向学生们展示了如何将经济学应用于日常决策。

每一章的开篇问题都会在"聚焦"栏目中得到解答，帮助学生了解世界关键问题背后的经济学，并突出本章内容的一个重点。

工作和生活的基础

本书的核心要义是使学生学会运用经济学原理，为其以后富有成效的职业生涯和生活做好准备。本书确定了促进这一目标实现的3项技能。

- » 解决问题
- » 批判性思维
- » 决策

解决问题是本书旨在构建的核心技能。本书通过一系列练习鼓励和支持学生建立批判性思维。决策是经济学的核心，本书通过强调根据边际成本和机会成本进行选择，教授决策技能，这是其他学科所没有的。

有效公民身份的基础

有效公民指的是参与公共对话并在选举中投票的人，他们对替代公共集体决策的效率和公平性有深刻认识。

本书通过解释福利经济学原理和公平竞争思想，并将这些原理和思想反复应用于大量公共选择问题，为有效公民身份奠定了基础。"生活中的经济学"专题将这些原理与学生生活和公共选择联系起来。

● 本书的结构

我们按照我们认为最自然的顺序安排了各专题和章节的顺序，囊括了所有材料。但我们也发现了对最佳章节顺序的不同看法。在撰写本书的过程中，我们始终牢记这一事实和读者对灵活性的需求。在使用灵活性信息时，请记住，本书呈现专题的顺序即为最佳顺序。

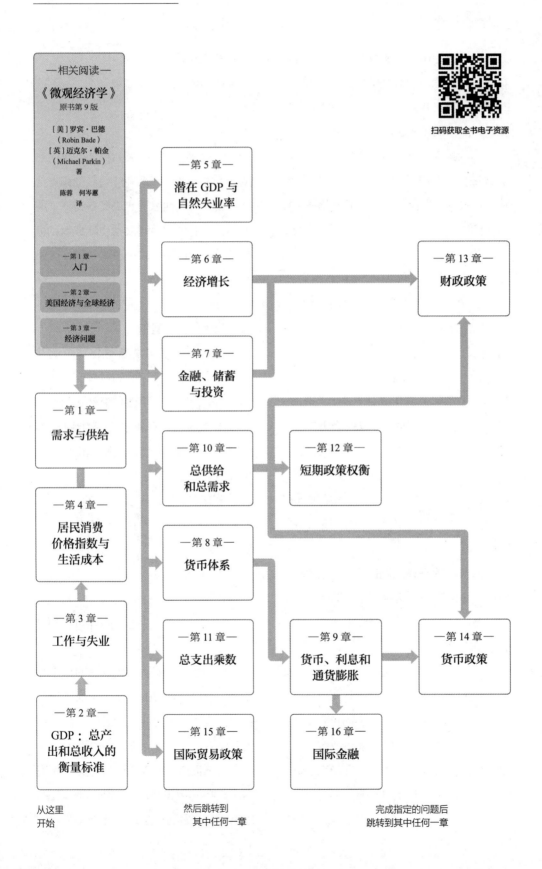

—相关阅读—
《微观经济学》
原书第 9 版

［美］罗宾·巴德
（Robin Bade）
［英］迈克尔·帕金
（Michael Parkin）
著

陈蓉 何岑蕗
译

—第 1 章—
入门

—第 2 章—
美国经济与全球经济

—第 3 章—
经济问题

扫码获取全书电子资源

—第 5 章—
潜在 GDP 与
自然失业率

—第 6 章—
经济增长

—第 13 章—
财政政策

—第 7 章—
金融、储蓄
与投资

—第 1 章—
需求与供给

—第 10 章—
总供给
和总需求

—第 12 章—
短期政策权衡

—第 4 章—
居民消费
价格指数与
生活成本

—第 8 章—
货币体系

—第 3 章—
工作与失业

—第 11 章—
总支出乘数

—第 9 章—
货币、利息和
通货膨胀

—第 14 章—
货币政策

—第 2 章—
GDP：总产
出和总收入的
衡量标准

—第 15 章—
国际贸易政策

—第 16 章—
国际金融

从这里
开始

然后跳转到
其中任何一章

完成指定的问题后
跳转到其中任何一章

● **致谢**

　　本书的完成需要感谢很多人，每一位都厥功至伟。很荣幸能够在这里，向参与本书出版的每一位表达我们衷心的感谢。正是因为他们的付出，本书才得以顺利出版。

　　编写本书的想法缘起于丹尼丝·克林顿（Denise Clinton）和西尔维娅·马洛里（Sylvia Mallory）在马萨诸塞州安多弗的安多弗旅馆共进晚餐时。我们非常感谢西尔维娅为促成本书编写所起的作用，还要感谢在最初组建编写团队时她所承担的管理角色。15 年来，我们持续不断地从丹尼丝那里获得灵感，她丰富的经验让我们获益匪浅。

　　产品管理总监阿德里安娜·丹安布罗西诺（Adrienne D'Ambrosio）杰出的编辑能力助力了本书的成功出版。阿德里安娜的聪慧和对市场的敏锐洞察力使我们意识到本书以及配套资源要优于之前的版本。阿德里安娜给予了我们很多帮助。但愿在未来的修订版中，仍能愉快地与她共事。

　　在修订过程中，克里斯托弗·德约翰（Christopher DeJohn）、萨曼莎·刘易斯（Samantha Lewis）和托马斯·海沃德（Thomas Hayward）为第 9 版贡献了新的建议。

　　内容制作人苏甘德·君（Sugandh Juneja）与英特格拉出版公司（Integra）才华横溢的团队通力合作，包括项目编辑希瑟·约翰逊（Heather Johnson）以及设计师、艺术助理和排版员等。文字编辑凯瑟琳·鲍姆（Catherine Baum）对作品进行了彻底的审查和润色，校对人员确保了文本制作准确无误。

　　本书的营销团队成员包括内克·海涅（Nayke Heine）和阿什利·德佩斯（Ashley DePace），他们对此次的修订工作可谓功不可没。他们丰富的知识和策略，帮助我们不断改进配套材料，使其能跟得上瞬息万变的时代，始终能体现出独特的价值。

　　技术插图画家理查德·帕金（Richard Parkin）负责制作文本中的图表。一直担任我们私人助理的珍妮·希勒（Jeannie Shearer）与我们密切合作，协调分工。

　　最后要感谢的是审稿人员，他们对本书的贡献是巨大的，再

次由衷地感谢他们。我们之前编写过的众多版本的质量，都比不
上这次修订的质量。尽管有时候，对我们来说，很难回应他们提
出的那些好建议，但是我们依然乐于听取建议并积极改进。

罗宾·巴德（Robin Bade）
迈克尔·帕金（Michael Parkin）

加拿大安大略省伦敦市

目录

鳄梨的价格为什么会波动

第 1 章

需求与供给

本章学习目标

» 区分需求量和需求，并阐释决定需求的因素；

» 区分供给量和供给，并阐释决定供给的因素；

» 阐释需求和供给如何决定市场中的价格和数量，以及需求和供给变化所产生的影响；

» 阐释价格下限、价格上限和黏性价格如何导致过剩、失业和短缺。

完全竞争市场

当你想喝拿铁时，你会去咖啡店。当一家咖啡店需要补充咖啡豆和牛奶时，它会打电话给供应商。你、咖啡店及其供应商都在市场上进行着交易。

我们已知晓，市场是任何能将买家和卖家聚集在一起的组织。市场涉及两个方面：需求（买方）和供给（卖方）。有各种各样的市场，例如有跑鞋、拿铁、百吉饼、苹果和登山靴等商品市场；有航空旅行、理发和网球课等服务市场；有咖啡豆、计算机程序员和拖拉机等资源市场；也有内存芯片和汽车零部件等配件市场；还有日元等货币市场和脸书股票等金融证券市场。市场上可以交易的东西多得超乎你的想象。

有些市场是实体场所，买卖双方在此会面，拍卖人或经纪人在此帮助确定价格。这类市场的例子有纽约证券交易所，鱼、肉和农产品批发市场和二手车拍卖行。

有些市场是虚拟空间，买家和卖家并不会当面交易，而是通过电话线或互联网联系。例如，货币市场、电子商务网站、拍卖网站（如 eBay）和旅游网站。

但大多数市场都是买卖双方无组织的集合，你的大部分交易都是在此类市场中进行的。其中一个例子便是美国的咖啡和零食市场。在这个年销售额达 750 亿美元的市场上，买家是 1 亿多个经常喝咖啡的美国人，卖家是 5.5 万家咖啡店和小吃店。每个买家可以去几个不同的卖家看看，每个卖家也都知道买家有很多选择。

市场上买卖双方面临的竞争强度各不相同。在这一章中，我们将探讨完全竞争市场，该市场拥有非常多的买家和卖家，任何一个买家或卖家都无法影响价格走势。

1.1

需求

首先，我们会研究竞争市场中买方的行为。任何商品、服务或资源的需求量（quantity demanded）指的是人们在特定时期内愿意并能够以特定价格购买的数量。例如，当矿泉水的价格为每瓶 1 美元时，你决定每天购买 2 瓶。每天 2 瓶就是你对矿泉水的需求量。

需求量以单位时间需要的数量来衡量。例如，你对矿泉水的需求量是每天 2 瓶。我们也可以将这个数量表示为每周 14 瓶，或者每月、每年的数量。没有时间维度上特定数量的瓶数没有意义。

影响购买计划的因素很多，其中之一就是价格。我们先来看看需求量和价格之间的关系。为了研究这种关系，我们需要保持购买计划的所有其他影响因素不变，并提出问题：在其他条件不变的情况下，一种商品的需求量如何随其价格的变化而变化？需求定律给出了这个问题的答案。

● 需求定律

需求定律（law of demand）的内容如下。

其他条件保持不变，如果一种商品的价格上涨，则该商品的需求量减少；如果一种商品的价格下降，则该商品的需求量增加。

需求定律表明，当所有其他条件保持不变时，如果 iPhone 手机的价格下降，人们会购买更多的 iPhone 手机；如果棒球票的价格上涨，人们会买更少的棒球票。

如果所有其他条件保持不变而价格下降，为什么需求量会增加？

这是因为，面对有限的预算，人们总会寻求最佳交易。如果一种商品的价格下降，而所有其他商品的价格保持不变，那么价格较低的商品就比以前更划算，因此有些人会更多地购买这类商品。例如，假设瓶装水的价格从每瓶 2 美元降至每瓶 1.5 美元，而佳得乐①的价格保持在每瓶 2 美元，有些人就会把佳得乐换成别的瓶装水。这样一来，每瓶水节省了 50 美分，人们可以把省下的钱花在以前买不起的其他东西上。

想想你买的东西，问问自己：这些东西哪一个不符合需求定律？所有其他条件保持不变（包括一本旧课本的价格），如果一本新课本的价格更低，你会买更多的新课本吗？然后想想那些你现在没买，但如果买得起就会买的东西。个人计算机便宜到何种程度才会让你同时购买一台台式机和一台笔记本电脑？总会有一个足够低的价格吸引你购买！

● 需求表与需求曲线

需求（demand）指的是当影响购买计划的所有其他影响因素保持不变时，需求量与价格之间的关系。需求量为一价一量。需求是通过需求表和需求曲线说明的不同价格下的需求量集合。

需求表（demand schedule）是当购买计划的所有其他影响因素保持不变时，在每个不同价格下商品的需求量列表。表 1-1 是瓶装水的需求表。如表 1-1 所示，如果瓶装水的价格是每瓶 2.00 美元，那么需求量是每天 850 万瓶。如果瓶装水的价格是每瓶 1.50 美元，那么需求量是每天 900 万瓶。当瓶装水价格为每瓶 1.00 美元时，需求量增加到每天 1000 万瓶；当瓶装水价格为每瓶 0.50 美元时，需求量增加到每天 1200 万瓶。

需求曲线（demand curve）是当购买计划的所有其他影响因素保持不变时，商品的需求量与其价格之间的关系图（见图 1-1）。需求曲线上 A 到 D 点对应表 1-1 的 A 到 D 行。例如，图 1-1 中 B 点对应表 1-1 的 B 行，表示当瓶装水价格为每瓶 1.50 美元时，需求量为每天 900 万瓶。图 1-1 中 C 点对应表 1-1 的 C 行，表示当瓶装水价

---

① 一种瓶装运动饮料。

表 1-1 瓶装水的需求表

	价格（美元/瓶）	需求量（百万瓶/天）
A	2.00	8.5
B	1.50	9.0
C	1.00	10.0
D	0.50	12.0

注：表 1-1 列出了在购买计划的所有其他影响因素保持不变时，每个价格对应的瓶装水的需求量。当价格为每瓶水 1.50 美元时，需求量为每天 900 万瓶。

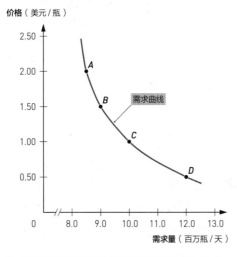

注：需求曲线显示了在所有其他影响因素保持不变时，需求量与价格之间的关系。向下倾斜的需求曲线说明了需求定律。当价格下降时，需求量增加；当价格上涨时，需求量就会减少。

图 1-1 需求曲线

格为每瓶 1.00 美元时，需求量为每天 1000 万瓶。

向下倾斜的需求曲线说明了需求定律。沿着需求曲线，当商品价格下降时，商品的需求量增加。例如，在

图 1-1 中，当瓶装水的价格从 1.00 美元下降到 0.50 美元时，需求量从每天 1000 万瓶增加到每天 1200 万瓶。相反，当商品价格上涨时，需求量减少。例如，当瓶装水的价格从每瓶 1.00 美元上涨到 1.50 美元时，需求量从每天 1000 万瓶减少到每天 900 万瓶。

● 需求的变化

需求曲线表明，当商品价格变化而购买计划的所有其他影响因素保持不变时，需求量是如何变化的。当一种商品的价格发生变化时，我们把由此导致的购买计划的变化称为需求量的变化（change in the quantity demanded）。当商品价格不变而购买计划的所有其他影响因素发生变化时，就会产生需求的变化（change in demand）。

导致需求变化的购买计划主要影响因素如下。

» 相关商品价格
» 预期未来价格
» 收入
» 预期
» 买家数量
» 偏好

相关商品价格

商品分为替代品和互补品。一种

商品的**替代品（substitute）**是另一种可以代替它用于消费的商品。巧克力蛋糕是芝士蛋糕的替代品，瓶装水是佳得乐的替代品。对一种商品的需求和其替代品的价格呈同向变动。如果一种商品的替代品价格上涨，对这种商品的需求就会增加；如果一种商品的替代品价格下降，对这种商品的需求就会减少。例如，当巧克力蛋糕的价格上涨时，对芝士蛋糕的需求就会增加。

一种商品的**互补品（complement）**是与其一起消费的另一种商品。头盔是自行车的互补品，瓶装水是健身中心服务的互补品。对一种商品的需求与其互补品的价格呈反向变动。如果一种商品的互补品价格上涨，则对该商品的需求减少；如果一种商品的互补品价格下降，则对该商品的需求就会增加。例如，当自行车的价格上涨时，对头盔的需求就会减少。

预期未来价格

一种商品的预期未来价格上涨会增加对该商品的当前需求，而预期未来价格下降会减少当前需求。如果你预计下周面条价格会上涨，你会购买足够多的库存来度过接下来的几周，那么你对面条的当前需求增加了。如果你预计下周面条价格会下降，你现在不买，计划下周购买，那么你对面条的当前需求就减少了。

收入

对**正常商品（normal good）**而言，收入增加导致需求增加，收入下降导致需求减少；对**劣质商品（inferior good）**而言，收入增加导致需求减少，收入下降导致需求增加。例如，如果你的收入增加了，你决定多买鸡肉，少买意大利面，对你来说，鸡肉是正常商品，意大利面是劣质商品。

预期

当预期未来收入会增加时，或者当信贷容易获得且借贷成本低时，对某些商品的需求就会增加。而当预期未来收入会减少时，或者当信贷难以获得且借贷成本高时，对某些商品的需求就会减少。

买家数量

市场上的买家数量越多，需求就越大。例如，纽约市对停车位、电影、瓶装水或任何东西的需求都比爱达荷州的博伊西市要大。

偏好

品位，或者经济学家所说的偏好，会影响需求。当偏好改变时，对一种物品的需求增加，而对另一种（或多种）物品的需求减少。例如，随着人们对烟草的危害有了更多了解，他们的偏好也发生了变化。当新商品出现时，偏好也会改变，例如，智能手机的发展减少了人们对固定电话的需求，增加了人们对互联网服务的需求。

● 说明购买计划的变化

图 1-2 说明并总结了需求量变化和需求变化之间的区别。一种商品的价格发生变化，会导致商品需求量的变化，表现为在需求曲线上的移动。购买计划的所有其他影响因素发生变化，会导致需求的变化，表现为需求曲线的移动。当需求减少时，需求曲线向左移动到 D_1；当需求增加时，需求曲线向右移动到 D_2。

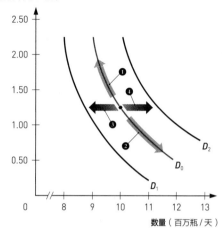

注:

❶ 需求量的减少

如果商品价格上涨而购买计划的所有其他影响因素保持不变，则需求量减少并且沿着需求曲线 D_0 向上移动。

❷ 需求量的增加

如果商品价格下降而购买计划的所有其他影响因素保持不变，则需求量增加并且沿着需求曲线 D_0 向下移动。

❸ 需求的减少

如果出现下列情形，则需求减少，需求曲线向左移动（从 D_0 到 D_1）。

* 替代品的价格下降或互补品的价格上涨。
* 某种商品的价格预计会下降。
* 收入下降（瓶装水是正常商品）。
* 预期未来收入减少或信贷难以获得。
* 买家数量减少。

❹ 需求的增加

如果出现下列情形，则需求增加，需求曲线向右移动（从 D_0 到 D_2）。

* 替代品的价格上涨或互补品的价格下降。
* 某种商品的价格预计会上涨。
* 收入增加。
* 预期未来收入增加或信贷容易获得。
* 买家数量增加。

图 1-2　需求量变化与需求变化

1.2

供给

市场涉及两方，一方是我们刚刚研究过的买家或需求者，另一方是卖家或供应商。现在我们来探讨决定供应商计划的力量。

商品、服务或资源的供给量（quantity supplied）是人们在特定时期内愿意并能够以特定价格出售的数量。例如，当矿泉水的价格为每瓶 1.50 美元时，矿泉水的所有者决定每天销售 2000 瓶。每天 2000 瓶，就是该个体生产商的矿泉水供给量。（与需求情况一样，供给量以每单位时间的数量来衡量。）

影响销售计划的因素很多，价格就是其中之一。我们首先来看商品的供给量和价格之间的关系。为了研究这种关系，我们需要保持销售计划的所有其他影响因素不变，并基于此提出问题：在其他条件不变的情况下，商品的供给量如何随着价格的变化而变化？供给定律提供了这个问题的答案。

● 供给定律

供给定律（law of supply）的内容如下。

其他条件不变，如果一种商品的价格上涨，则该商品的供给量增加；如果一种商品的价格下跌，则该商品的供给量减少。

供给定律表明，当所有其他条件保持不变时，如果瓶装水价格上涨，矿泉水的所有者将提供更多的矿泉水用于出售；如果平板电视的价格下降，索尼公司将减少平板电视的供给量。

为什么在所有其他条件不变的情况下，价格上涨时供给量会增加，价格下跌时供给量会减少？

一部分原因在于机会成本递增的原理。生产要素在所有活动中的生产率并不相同，因此随着生产的商品数量增加，生产该商品的机会成本也会增加。

更高的价格提供了激励，使供应商愿意承担增加产量所导致的更高机会成本。另一部分原因是，对于给定的成本，更高的价格会带来更大的利润，因此卖方有更大的动力增加产量。

想想你所拥有的、可以出售给别人的资源，问问自己：这些资源中的哪一个不符合供给定律？如果暑期工作的工资增加，你会有动力工作更长时间、放弃休闲的更高机会成本吗？如果银行提供更高的存款利率，你会有动力存更多的钱、放弃消费的更高机会成本吗？如果二手书商为去年的教科书开出更高的价格，你会有动力卖掉你的数学课本，并在需要这本书时承担去图书馆（或找朋友借）的更高机会成本吗？

● 供给表和供给曲线

当销售计划的所有其他影响因素保持不变时，供给量与商品价格之间的关系称为供给（supply）。供给量为一价一量。供给是通过供给表和供给曲线说明的不同价格下的供给量集合。

供给表（supply schedule）列出了当销售计划的所有其他影响因素保持不变时，每个不同价格对应的供给量。表 1-2 是瓶装水的供给表。如表 1-2 所示，如果瓶装水的价格是每瓶 0.50 美元，那么每天的供给量就是 800 万瓶。如果瓶装水的价格是每瓶 1.00 美元，

那么每天的供给量就是 1000 万瓶。当瓶装水的价格为每瓶 1.50 美元时，供给量增加到每天 1100 万瓶；当瓶装水的价格为每瓶 2.00 美元时，供给量增加到每天 1150 万瓶。

表 1-2　瓶装水的供给表

	价格（美元/瓶）	供给量（百万瓶/天）
A	2.00	11.5
B	1.50	11.0
C	1.00	10.0
D	0.50	8.0

注：表 1-2 列出了在销售计划的所有其他影响因素保持不变的情况下，每种价格下瓶装水的供给量，当瓶装水的价格为每瓶 1.50 美元时，每天的供给量为 1100 万瓶。

供给曲线（supply curve）是当销售计划的所有其他影响因素保持不变时，商品供给量与其价格之间的关系图。如图 1-3 所示，供给曲线上 A 到 D 点对应表 1-2 的 A 到 D 行。例如，图 1-2 的供给曲线上的 C 点对应供给表的 C 行，表示当价格为每瓶 1.00 美元时，每天的供给量为 1000 万瓶。供给曲线上的 B 点对应供给表的 B 行，表示当价格为 1.50 美元一瓶时，每天的供给量为 1100 万瓶。

向上倾斜的供给曲线说明了供给定律。沿着供给曲线，当商品价格上涨时，供给量增加。例如，在图 1-3 中，当瓶装水的价格从每瓶 1.50 美元上涨

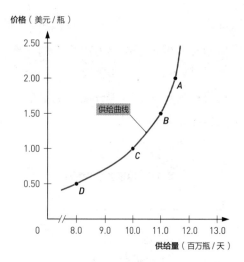

价格（美元/瓶）

注：供给曲线表示在所有其他影响因素保持不变时，供给量与价格的关系。向上倾斜的供给曲线说明了供给定律。当价格上涨时，供给量增加；当价格下降时，供给量减少。

图1-3　供给曲线

到2.00美元时，供给量从每天1100万瓶增加到每天1150万瓶。当价格下降时，供给量就会减少。例如，当价格从每瓶1.50美元降至1.00美元时，瓶装水的供给量从每天1100万瓶降至每天1000万瓶。

● 供给的变化

供给曲线显示了，当商品价格发生变化但销售计划的所有其他影响因素保持不变时，供给量是如何变化的。当商品价格发生变化时，我们将由此产生的对销售计划的影响称为供给量的变化（change in the quantity supplied）；

当销售计划的所有其他影响因素发生变化时，供给就会发生变化（change in supply）。

导致供给变化的销售计划主要影响因素如下。

» 相关商品的价格
» 资源和其他投入的价格
» 预期未来价格
» 卖家数量
» 生产率

相关商品的价格

相关商品分为生产性替代品和生产性互补品。一种商品的生产性替代品（substitute in production）是可以替代这种商品进行生产的另一种商品，例如在服装厂，紧身牛仔裤是靴型牛仔裤的生产性替代品。如果一种商品的生产性替代品价格上涨，则该商品的供给量会减少；如果一种商品的生产性替代品价格下降，则该商品的供给量会增加。也就是说，一种商品的供给量与其生产性替代品的价格呈反向变动。例如，一家服装厂可以生产工装裤或纽扣牛仔裤，这两种商品是生产性替代品。当纽扣牛仔裤的价格上涨时，服装厂将减少工装裤的生产，增加纽扣牛仔裤的生产，因此工装裤的供给减少。

一种商品的生产性互补品（complement in production）是与其同时生产的另一种商品。例如，奶油是乳品厂生产脱脂牛奶的互补品。如果一种商品的生产性互补品价格上涨，该商品的供给量就会增加；如果一种商品的生产性互补品价格下降，该商品的供给量就会减少。也就是说，在生产中，一种商品的供给与其互补品价格呈同向变动。例如，当乳品厂生产脱脂牛奶时，它也生产奶油，这两种商品是生产性互补品。当脱脂牛奶的价格上涨时，乳品厂将生产更多的脱脂牛奶，奶油的供给也会因此增加。

资源和其他投入的价格

当用于生产商品的资源和其他投入的价格发生变化时，供给会随之变化，原因是资源和其他投入价格影响生产成本。生产一种商品的成本越高，每种价格下该商品的供给量就越小（所有其他条件保持不变）。例如，如果装瓶厂工人的工资上涨，生产一瓶水的成本就会增加，瓶装水的供给量就会减少。

预期未来价格

人们对未来价格的预期会影响供给。例如，一场严重的霜冻摧毁了佛罗里达州的柑橘作物，这虽然没有改变当前的橙汁产量，但确实会降低这一年晚些时候柑橘的产量。橙汁销售商预计橙汁未来价格会上涨，为了获得更高的未来价格，一些卖家会增加冷藏橙汁的库存，这一行为减少了当前橙汁的供给。

卖家数量

市场上卖家的数量越多，供给就越多。例如，许多新卖家在美国开办了瓶装水厂，瓶装水的供给也就增加了。

生产率

生产率是每单位投入的产出。生产率的提高降低了生产商品的成本，增加了商品的供给；生产率的下降会产生相反的效果，减少商品的供给。

技术变革和资本使用的增加可以提高生产率。例如，电子技术的进步降低了生产计算机的成本，增加了计算机的供给；技术变革带来了平板电脑这样的新产品，而以前平板电脑的供给量为 0。恶劣天气和地震等自然事件会降低生产率，减少商品的供给。例如，加利福尼亚州连续 4 年的干旱导致了 2015 年坚果、水果和蔬菜等农产品供给的减少。

● 说明销售计划的变化

图 1-4 说明并总结了供给量变化和供给变化之间的区别。当一种商品的价格发生变化时，供给量会发生变化，表现为在供给曲线上的移动。当销售计划的所有其他影响因素发生变化时，供给会发生变化，表现为供给曲线的移动。当供给减少时，供给曲线向左移动到 S_1；当供给增加时，供给曲线向右移动到 S_2。

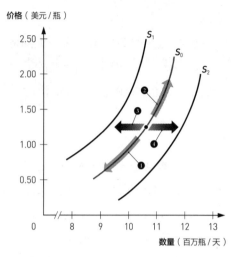

注:

❶ 供给量的减少

如果商品价格下降而销售计划的所有其他影响因素保持不变，则供给量减少并且沿着供给曲线 S_0 向下移动。

❷ 供给量的增加

如果商品价格上涨而销售计划的所有其他影响因素保持不变，则供给量增加并且沿着供给曲线 S_0 向上移动。

❸ 供给的减少

如果出现以下情形，则供给减少，供给曲线向左移动（从 S_0 到 S_1）。

* 生产性替代品的价格上涨。
* 生产性互补品的价格下降。
* 资源和其他投入的价格上涨。
* 该商品的未来价格预计会上涨。
* 卖家数量减少。
* 生产率下降。

❹ 供给的增加

如果出现以下情形，则供给增加，供给曲线向右移动（从 S_0 到 S_2）。

* 生产性替代品的价格下降。
* 生产性互补品的价格上涨。
* 资源和其他投入的价格下降。
* 该商品的未来价格预计会下降。
* 卖家数量增加。
* 生产率提高。

图 1-4　供给量变化与供给变化

⊙ 聚焦生活

理解与应用需求和供给

　　要真正理解需求和供给模型，最好不要只记住关键术语和定义，以及需求或供给的影响因素列表。通过观察需求和供给模型如何解释你的购买计划和销售计划来掌握该模型。

你的购买计划

　　想想你买的东西：你购买的数量和你支付的价格。这些数量和价格是需求曲线上的点，现在想想价格变化会如何改变你的购买计划。如果校园咖啡店内的物品价格上涨，你的购买计划会有什么变化？你会改变对哪些物品的需求量？你会改变对哪些物品的需求？

如果你找到一份工资更高的新工作，你的购买计划会发生怎样的变化？你会多买些什么？又会少买些什么？

假设苹果公司和三星公司宣布计划下个月推出新款手机，而你正准备购买一部新的智能手机。你认为旧机型的价格会下降，智能手机预期未来价格的下降将如何影响你的购买计划？

对于我们刚才描述的每一个场景，想想你是在沿着需求曲线移动还是在移动需求曲线。

你的销售计划

对一名学生来说，最有可能的是，你买不了多少东西，但你拥有一种可以出售的宝贵资源：你的时间。

如果你有一份工作，想想你工作的小时数和你挣的工资率。你工作的小时数正是你想工作的小时数吗？如果是，那么你正处于劳动力服务供给曲线的一个点上。

你会如何应对工资率的上涨？你会因此工作更多的时间还是更少的时间？

你拥有的另一类东西是教科书。考虑一下学期末课程结束时的销售计划，你出售一本教科书的最低价格是多少？这个价格是这本书在旧书市场供给曲线上的一个点。

或许你也有一些旧东西想在易趣上出售。再想想你的最低供给价格，即在这些物品供给曲线上的一个点。

通过试想这些销售计划，你可以使供给和供给曲线的概念更加具体。

从计划到行动

你的需求曲线和供给曲线以及市场的需求曲线和供给曲线描述了计划。它们是关于"假设"的陈述，描述了在不同的可能价格下的购买计划和销售计划。但是当你按照你的计划买某物品时，其他人必须有一个出售该物品的计划，你的购买计划必须与别人的销售计划相匹配。

需求和供给本身都不能告诉我们市场中实际发生了什么。要找到匹配的购买计划和销售计划，我们必须同时考虑需求和供给。这就是我们在本章下一节要探讨的内容。你将看到价格将如何调整以平衡需求和供给。

你的余生

需求和供给模型将成为你接下来的生活的重要组成部分！你将在经济学课程中一次又一次地使用该模型，牢牢掌握它会带来立竿见影的效果。

更重要的是，通过了解供需定律以及价格如何调整以平衡这两种相反的力量，你将更好地理解经济世界如何运作。

每当你听到有人抱怨价格上涨并将其归咎于某人的贪婪时，想想市场上的各种力量以及需求和供给是如何决定价格的。

当你购买你最喜欢的衣服、音乐和食品时，可以试着描述供给和需求如何影响这些商品的价格。

1.3

市场均衡

在日常生活中，"均衡"指的是"对立的力量处于平衡状态"。在市场中，需求和供给是对立的力量。当需求量等于供给量时，即买卖双方的计划平衡时，就会达到市场均衡（market equilibrium）。在均衡价格（equilibrium price）下，需求量等于供给量。均衡数量（equilibrium quantity）是在均衡价格下买入和卖出的数量。

在如图 1-5 所示的瓶装水市场中，市场均衡发生在需求曲线和供给曲线相交的地方。均衡价格为每瓶 1.00 美元，均衡数量为每天 1000 万瓶。

● **价格：市场的自动调节器**

当市场均衡被打破时，市场力量会帮助市场恢复均衡。市场力量法则（law of market forces）的内容如下。

当过剩时，价格下跌；当短缺时，价格上涨。

过剩指的是供给量超过需求量的部分。如果出现过剩，卖家必须降价以销售更多商品。买家乐于接受较低的价

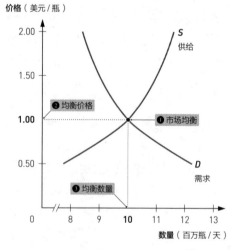

注：● 市场均衡发生在需求曲线 S 和供给曲线 D 的交点。

● 均衡价格为每瓶 1.00 美元。

● 在均衡价格下，每天的需求量和供给量都是每天 1000 万瓶，这是均衡数量。

图 1-5　均衡价格与均衡数量

格，因此价格下降了。因为当价格高于均衡价格时就会产生过剩，所以价格下跌正是市场恢复均衡所需要的。

短缺指的是需求量超过供给量的部分。如果出现短缺，买家必须支付更高的价格才能获得更多商品，卖家乐于接受更高的价格，因此价格上涨了。因为当价格低于均衡价格时会出现短缺，所以价格上涨正是市场恢复均衡所需要的。

在图 1-6a 中，当瓶装水价格为每瓶 1.50 美元时，出现过剩：价格下降，需求量增加，供给量减少，在每瓶水价格为 1.00 美元时过剩消失。

在图 1-6b 中，当瓶装水价格为每瓶 0.75 美元，出现短缺：价格上涨，需求量减少，供给量增加，在每瓶水价格为 1.00 美元时短缺消失。

● 预测价格变化：3 个问题

由于价格调整消除了短缺和过剩，市场通常处于均衡状态。当某一事件打破了均衡时，新的均衡就会很快形成。为了解释和预测价格和数量的变化，我们只需要考虑均衡价格和均衡数量的变化。我们可以通过回答以下 3 个问题来分析某一事件对市场的影响。

1. 该事件影响需求还是供给？
2. 该事件增加还是减少需求或供给——使需求曲线或供给曲线向

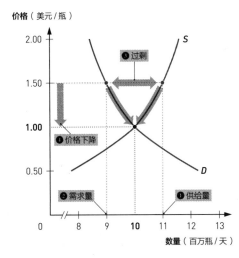

注：每瓶 1.50 美元；❶ 供给量为每天 1100 万瓶水；❷ 需求量为每天 900 万瓶；❸ 过剩 200 万瓶水；❹ 价格下降。

a）过剩和价格下降

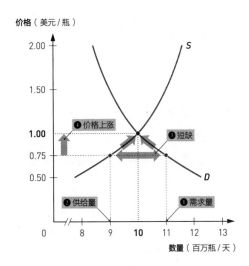

注：每瓶 0.75 美元；❶ 需求量为每天 1100 万瓶水；❷ 供给量为每天 900 万瓶；❸ 短缺 200 万瓶水；❹ 价格上涨。

b）短缺和价格上涨

图 1-6 实现均衡的力量

右或向左移动？

3. 新的均衡价格和均衡数量是多少，它们是如何变化的？

● 需求变化的影响

让我们通过计算某一事件对瓶装水市场的影响来练习回答这 3 个问题：一项新研究表明自来水不安全。

1. 由于研究表明自来水不安全，人们对瓶装水的需求发生了变化。
2. 人们对瓶装水的需求增加，需求曲线向右移动。图 1-7a 显示了需求曲线从 D_0 到 D_1 的变化。
3. 现在瓶装水的价格为每瓶 1.00 美元，市场出现了短缺，价格上涨到每瓶 1.50 美元，均衡数量增加到每天 1100 万瓶。

注意，供给没有变化；价格上涨带来供给量的增加——沿着供给曲线移动。

让我们来看看运动饮料价格下降会发生什么。

1. 运动饮料是瓶装水的替代品，因此当其价格发生变化时，人们对瓶装水的需求也会发生变化。
2. 瓶装水的需求减少，需求曲线向左移动。图 1-7b 显示了需求曲线从 D_0 到 D_2 的变化。
3. 现在瓶装水价格为每瓶 1.00 美元，市场出现了过剩，价格降至每瓶 0.75 美元，均衡数量降至每天 900 万瓶。

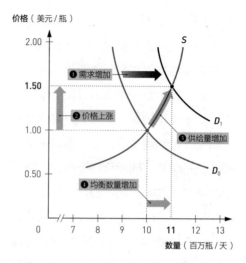

注：❶ 需求增加使需求曲线 D_0 向右移动到 D_1，造成瓶装水的短缺；❷ 价格上涨；❸ 供给量增加；❹ 均衡数量增加。

a）需求增加

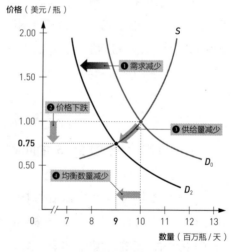

注：❶ 需求减少使需求曲线 D_0 向左移动到 D_2，造成瓶装水的过剩；❷ 价格下降；❸ 供给量减少；❹ 均衡数量减少。

b）需求减少

图 1-7 需求变化的影响

请再次注意，供给没有变化；价格下降导致供给量减少——沿着供给曲线移动。

◉ 聚焦全球经济

可可豆和巧克力市场

发展中经济体收入的快速增长，以及人们对甜食的喜爱，使得巧克力的消费量飙升。巧克力是由可可豆制成的，因此可可豆的价格也随之飙升。

表 1 显示了 2000 年和 2020 年可可豆的产量和价格，由此可知可可豆的产量和价格都有所增加。

表 1 可可豆量价表

年份	可可豆的产量 （百万吨/年）	可可豆的价格 （美元/吨）
2000	3.0	1500
2020	5.7	3000

可可豆的产量增加了 90%，从 2000 年的每年 300 万吨增加到 2020 年的每年 570 万吨。

可可豆的价格翻了一番，从每吨 1500 美元涨到每吨 3000 美元。

为什么可可豆的价格会上涨？是因为需求增加了还是供给减少了？

你可以用表 1 中的信息来回答以上问题。需求的增加会带来价格的上涨和购买数量的增加，而供给的减少会带来价格的上涨和购买数量的减少。

当可可豆的价格上涨时，可可豆的产量和消费量也会增加，市场对可可豆的需求也会增加。需求的增加与发展中经济体收入增长的事实是一致的。

可可豆是一种正常商品，因此收入增加会导致市场对可可豆的需求增加。发展中经济体收入的快速增长导致市场对可可豆的需求增加。

图 1 显示了 2000 年和 2020 年全球可可豆市场的供需曲线。供给曲线 S 显示了可可豆的供给量，我们假设它在 2000 年到 2020 年之间没有变化。

2000 年，可可豆的需求曲线为 D_{2000}，

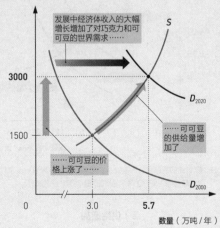

图 1 全球可可豆市场的供需曲线

均衡价格为每吨 1500 美元，可可豆交易 的均衡数量为每年 300 万吨。

到 2020 年，发展中经济体的收入增长，使得可可豆的需求曲线右移至 D_{2020}。均衡价格升至每吨 3000 美元，可可豆交

易的均衡数量增加至每年 570 万吨。

随着可可豆价格的上涨，可可豆的供给量也在增加，这表现为可可豆供给曲线向上移动。

● 供给变化的影响

你可以通过更多的练习来计算瓶装水市场上另一个事件的影响：欧洲装瓶商在美国购买泉水并开设新工厂。

1. 瓶装水供应商增多，供给发生变化。
2. 瓶装水供给增加，供给曲线右移。图 1-8a 显示了供给曲线从 S_0 移到 S_1。
3. 当瓶装水价格为每瓶 1.00 美元时出现过剩，当价格下降到每瓶 0.75 美元时，均

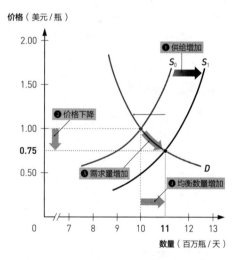

注：❶ 供给的增加使供给曲线 S_0 向右移动到 S_1，导致瓶装水过剩；❷ 价格下降；❸ 需求量增加；❹ 均衡数量增加。

a）供给增加

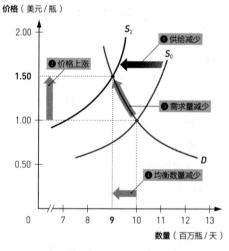

注：❶ 供给的减少使供给曲线 S_0 向左移动到 S_2，导致瓶装水短缺；❷ 价格上涨；❸ 需求量减少；❹ 均衡数量减少。

b）供给减少

图 1-8　供给变化的影响

衡数量增加到每天 1100 万瓶。

请注意，需求没有变化；价格下降导致需求量增加——沿着需求曲线移动。
如果干旱使一些泉水干涸，会发生什么？

1. 干旱属于生产率的变化，因此水的供给会发生变化。
2. 泉水变少，则瓶装水供给减少，供给曲线左移。图 1-8b 显示了供给曲线从 S_0 到 S_2 的移动。
3. 当瓶装水价格为每瓶 1.00 美元时出现短缺，当价格上涨到每瓶 1.50 美元时，均衡数量减少到每天 900 万瓶。

同样地，需求没有变化；价格上涨导致需求量减少——沿着需求曲线移动。

🎯 聚焦鳄梨的价格

为什么鳄梨的价格会波动

每年 8 月，美国加利福尼亚州鳄梨收成逐渐减少，墨西哥鳄梨收成逐渐增加。但是，如果墨西哥鳄梨的产量没有增加到足以取代加利福尼亚州鳄梨的产量，市场上鳄梨的数量就会减少，鳄梨的价格就会上涨。

表 1 提供了 2018 年 7 月底和 2018 年 9 月初鳄梨数量和价格的一些数据。这些数据说明了什么？

数据表明，鳄梨数量下降了 25%，从 7 月底的每周 4800 万磅降至 9 月初的每周 3600 万磅，价格上涨了 25%，每个鳄梨从 1.03 美元上涨到 1.29 美元。

价格上涨的原因是需求增加还是供给减少？

你可以根据已提供的信息回答这个问题。你知道需求增加会导致价格上涨和交易量增加，而供给减少会导致价格上涨和交易量减少。

鳄梨的购买量减少了，且价格上涨

表 1　鳄梨量价表

日期	鳄梨数量 （百万磅／周）	鳄梨价格 （美元／个）
7 月底	48	1.03
9 月初	36	1.29

了，则鳄梨的供给量必然会减少。

在墨西哥的鳄梨产量全面提升之前，加利福尼亚州的鳄梨产量就下降了，这一信息告诉我们，鳄梨的总产量下降了，减少了供给。

图1显示了2018年鳄梨的市场情况。需求曲线 D 表示市场对鳄梨的需求，我们假设这两个月的需求相同。

7月底，供给曲线为 $S_{7月}$，均衡价格为每个鳄梨1.03美元，鳄梨的均衡数量为每周4800万磅。8月，加利福尼亚州的鳄梨产量下降导致需求曲线移至 $S_{9月}$。

均衡价格上升到每个鳄梨1.29美元，均衡数量下降到每周3600万磅。

价格上涨导致鳄梨的需求量减少，表现为沿需求曲线向上移动。

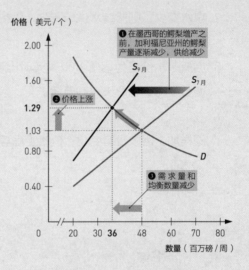

图1　2018年鳄梨市场的情况

需求和供给变化的影响

当同时改变需求和供给的事件发生时，可以结合刚才研究的案例找出均衡价格和均衡数量的变化。

需求和供给同向变化

当需求和供给同向变化时，均衡数量也呈同向变化，但我们需要知道需求和供给变化的幅度才能预测价格是上涨还是下降。如果需求的增加超过供给的增加，价格就会上涨；如果供给的增加超过需求的增加，价格就会下降。

图1-9a显示了需求和供给都增加相同数量的情况。虽然均衡数量增加，但是需

求的增加等于供给的增加，因此既不会出现短缺也不会出现过剩，价格不会改变。需求增加更多会造成短缺和价格上涨；供给增加更多则会造成过剩和价格下降。

　　图 1-9b 显示了需求和供给都减少相同数量的情况。均衡数量减少，同样地，价格可能上涨或下降。

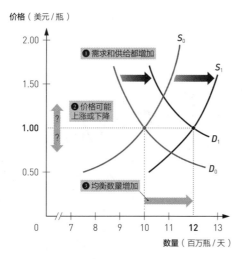

a）需求和供给都增加相同数量

注：❶需求的增加使需求曲线 D_0 向右移动至 D_1，供给的增加使供给曲线 S_0 向右移动至 S_1；❷价格可能会上涨或下降；❸均衡数量增加。

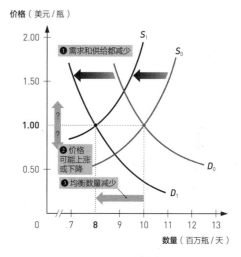

b）需求和供给都减少相同数量

注：❶需求的减少使需求曲线 D_0 向左移动至 D_1，供给的减少使供给曲线 S_0 向左移动至 S_1；❷价格可能会上涨或下跌；❸均衡数量减少。

图 1-9　需求和供给同向变化的影响

需求和供给反向变化

　　当需求和供给反向变化时，我们可以预测价格是如何变化的，但是我们需要知道需求和供给变化的幅度来判断均衡数量是增加还是减少。如果需求的变化大于供给的变化，均衡数量的变化方向与需求的变化方向相同；如果供给的变化大于需求的变化，均衡数量的变化方向与供给的变化方向相同。

　　图 1-10a 说明了当需求减少而供给增加相同数量时所发生的情况。在初始价格下，市场出现过剩，因此价格下降。需求减少会使均衡数量减少，供给增加会使均衡数量增加，当这些变化同时发生时，除非我们知道变化的幅度，否则我们无法说

出会发生什么变化。

图 1-10b 说明了当需求增加而供给减少相同数量时会发生的情况。在初始价格下，市场出现短缺，因此价格上涨。需求增加会增加均衡数量，供给减少会减少均衡数量，当这些变化同时发生时，除非我们知道变化的幅度，否则我们无法说出会发生什么变化。

针对图 1-9 和图 1-10 中所有你"无法说出"价格或数量会发生什么变化的情况，请举出一些符合每个变化方向的例子。

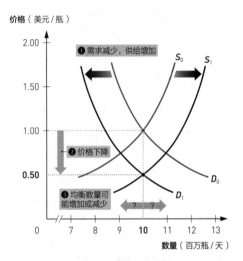

注：❶需求的减少使需求曲线 D_0 向左移动到 D_1，供给的增加使供给曲线 S_0 向右移动到 S_1；❷价格下降；❸均衡数量可能会增加或减少。

a）需求减少，供给增加

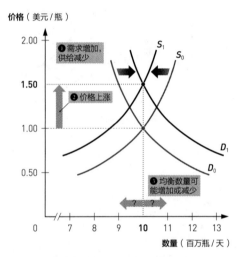

注：❶需求的增加使需求曲线 D_0 向右移动到 D_1，而供给的减少使供给曲线 S_0 向左移动到 S_1；❷价格上涨；❸均衡数量可能会增加或减少。

b）需求增加，供给减少

图 1-10　需求和供给反向变化的影响

1.4

价格刚性

你已经看到价格调整能实现市场均衡。假设由于某种原因，市场上的价格没有调整，那会发生什么呢？答案取决于价格为什么不能调整，有以下 3 种原因。

» 价格下限
» 价格上限
» 黏性价格

● 价格下限

价格下限（price floor）是一项政府规定，它对特定商品、服务或生产要素的交易价格设置了下限。《最低工资法》（Minimum Wage Law）——规定以低于规定工资雇用劳动力为非法的一项政府法规——就是价格下限的一个例子。公司可以自由支付高于最低工资的工资，但工资不得低于最低工资。《最低工资法》产生的影响是什么？

公司雇用劳动力，因此由他们决定需要多少劳动力。工资率越低，企业对劳动力的需求量就越大。家庭决定提供多少劳动力，工资率越高，家庭愿意提供的劳动力数量就越多。工资率会进行调整，使劳动力需求量与供给量相等。

图 1-11 显示了美国亚利桑那州尤马市的快餐服务市场。在这个市场中，劳动力需求曲线是 D，劳动力供给曲线是 S。当均衡工资率为每小时 7 美元、雇用 6000 人作为服务员时，市场达到均衡。

假设政府认为任何人都不应该为低至每小时 7 美元的工资而工作，并规定了最低工资。最低工资的效果取决于它是低于还是高于均衡工资。在图 1-11 中，均衡工资率是每小时 7 美元，在这个工资率下，公司雇用 6000 名员工。如果政府引入低于每小时 7 美元的最低工资，什么都不会改变。公司已经支付每小时 7 美元，因为这个工资率超过了最低工资，所以支付的工资率不会变化。公司继续雇用 6000 名员工。

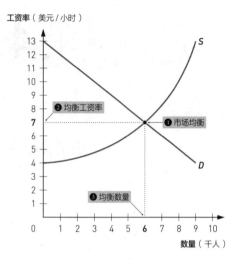

注：❶市场均衡取决于服务员的需求和供给；❷均衡工资率为每小时7美元；❸在均衡工资率下，服务员的均衡数量是6000人。

图 1-11　尤马市的快餐服务市场

现在假设政府规定最低工资为每小时 10 美元。图 1-12 显示了该规定的效果。低于每小时 10 美元的工资率是非法的，我们将低于最低工资的非法区域涂上阴影。企业和员工不再被允许在这个市场均衡点经营，它处于非法区域。市场力量和政府规定是冲突的。

政府可以设定最低工资，但不能规定企业要雇用多少员工。如果公司必须支付每小时 10 美元的最低工资，那么他们只会雇用 3000 名员工。在每小时 7 美元的均衡工资率下，企业雇用了 6000 名员工。因此，当规定最低工资为每小时 10 美元时，企业解雇了 3000 名员工。

但在最低工资为每小时 10 美元的情况下，另外 2000 个不想为每小时 7 美

元工作的人现在正试图寻找服务员的工作。因此，在最低工资为每小时 10 美元的情况下，劳动力供给量是 8000 人。随着 3000 名员工被解雇，以及 2000 人寻找工资更高的工作，有 5000 个想当服务员的人失业了。

无论如何，这 3000 个工作岗位必须分配给愿意做这些工作的 8000 人。这种分配是如何实现的？答案是先到先得和歧视的结合。当价格不能分配稀缺资源时，等待的队伍和个人特征就会取而代之。

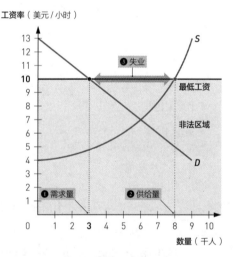

注：规定的最低工资高于均衡工资率。在这个例子中，最低工资是每小时 10 美元。❶劳动力需求量减少了 3000 人；❷劳动力供给量增加到 8000 人；❸因为最低工资提高，所以有 5000 人失业了。

图 1-12　最低工资为每小时 10 美元的效果

⊙ 聚焦美国经济

联邦最低工资

《公平劳动标准法》(*Fair Labor Standards Act*)规定了联邦最低工资,但大多数州将自己的最低工资设定在高于联邦最低工资的水平。

最低工资造成了失业,但影响程度如何呢?加利福尼亚大学欧文分校的大卫·纽马克(David Neumark)回顾了所有关于最低工资对就业影响的最新研究。他指出,最低工资提高 10% 会使青少年就业率降低 1% ~ 3%,23 个州已将最低工资提高到比联邦最低工资平均高出 11.5% 的水平。

他说,"2014 年,与经济大萧条之前的时期相比,最低工资……使全国的工作岗位数量减少了 10 万~ 20 万个。"

大多数经济学家都同意大卫·纽马克的观点。但加利福尼亚大学伯克利分校的戴维·卡德(David Card)和普林斯顿大学的艾伦·克鲁格(Alan Krueger)对这一共识观点提出了疑问。他们表示,加利福尼亚州、新泽西州和得克萨斯州最低工资的上涨提高了低收入员工的就业率。

大多数经济学家对他们的结论持怀疑态度,认为卡德和克鲁格发现的就业增长有其他解释。

得克萨斯大学奥斯汀分校的丹尼尔·汉默梅什(Daniel Hamermesh)说,卡德和克鲁格搞错了时机,企业预料到工资上涨,因此在它发生之前就裁员了,只观察最低工资提高后的就业变化,使他们错过了其主要影响因素。

得克萨斯农工大学的菲尼斯·韦尔奇(Finis Welch)和芝加哥大学的凯文·墨菲(Kevin Murphy)说,卡德和克鲁格发现的就业效应是由经济增长的地区差异引起的,不是由最低工资的变化引起的。

此外,只看就业变化会忽略最低工资对供给的影响。最低工资导致高中辍学找工作的人数增加。

● 价格上限

价格上限(price ceiling 或 price cap)是对特定商品、服务或生产要素的交易价格设定上限的政府规定。你可能遇到过价格上限的几种情况,其中一种情况是公寓租金的上限——租金上限。例如,纽约市有一些值得注意的租金上限,限制了房东可以收取的租金。还有一种情况是大学学费的上限,学生团体经常为学费上限奔走游说，州立法机构有时也会这样做。还有一种情况是校园停车的价格上限。大学管理者认为停车费对学生来说不能太贵，因此他们把价格定得很低。最后一种情况是高速公路的价格上限——零价格。

要了解价格上限是如何起作用的，可以先想象一个不规范的校园停车市场。大学决定了提供的停车位数量，停车许可证的价格越高，大学愿意提供的停车位数量就越多。

学生决定了停车位的需求量，停车许可证的价格越低，停车位的需求量就越大。如果校园里的停车费是每月100美元，很少有学生会开车去学校。拼车、乘公共汽车、步行和骑自行车的人数将大幅增加。

图 1-13 说明了校园停车位市场。需求曲线为 D，供给曲线为 S。停车费调整到每月 80 美元时达到均衡点，此时需求量和供给量均为 2000 个停车位。

价格上限的影响取决于它高于均衡价格还是低于均衡价格。如果价格上限高于均衡价格，什么都不会改变，原因是人们已经在支付均衡价格，因为这个价格低于价格上限，所以支付的价格不会改变。

但是低于均衡价格的价格上限对市场有很大的影响，原因是它试图阻止价格上涨到足以使需求量和供给量相等的程度。如果监管和市场发生冲突，其中一方（或双方）必须让步。

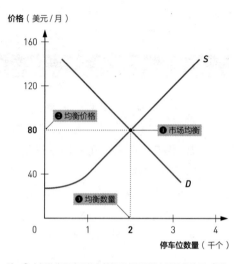

注：❶市场均衡取决于停车位的需求量和停车位的供给量；❷均衡价格是每月 80 美元；❸在均衡价格下，需求量和供给量均为 2000 个停车位。

图 1-13　校园停车位市场

图 1-14 显示了低于均衡价格的价格上限的影响。若价格上限为每月 40 美元，我们已将价格上限上方的区域涂上阴影，该区域的任何价格均不可实现。在价格上限为每月 40 美元时，停车位供给量为 1000 个，停车位需求量为 3000 个，因此价格上限造成了 2000 个停车位的短缺。

那么，价格上限的第一个影响就是出现短缺。学生需要的停车位数量比大学愿意提供的停车位数量要多。

但故事并没有就此结束。无论如何，大学愿意提供的 1000 个停车位必须分配给正在寻找停车位的 3000 名学生。阻止通过价格调整使停车位需求量与供给量相等，并不能消除稀缺，当大

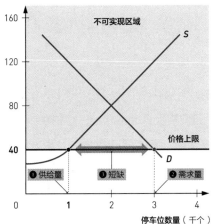

价格（美元/月）

注：大学管理部门将停车费限定为每月 40 美元。❶停车位供给量为 1000 个；❷停车位需求量为 3000 个；❸由于这个价格上限，造成了 2000 个停车位的短缺。

图 1-14 校园停车位市场的价格上限

学不愿意通过价格上涨来分配稀缺的停车位时，就必须使用一些其他的分配机制。

一些可行方案包括停车许可证抽签、先到先得规则、高年级学生优先规则，以及分发大量停车许可证，致使学生最终花费大量时间寻找停车位，有时甚至因为找不到停车位而缺课。

请注意，所有这些配给停车位的可行方案都会给学生带来成本。当学生不支付停车位的均衡价格时，他们会以其他方式付出代价——要么是耗费他们的时间寻找停车位，要么面临无法停车的局面。

● 黏性价格

在大多数市场中，法律或法规并不限制价格。但在某些市场中，买卖双方会商定特定期限内的价格；而在其他情况下，卖方设定的价格很少变化。例如，在一些劳动力市场，企业与工会签订长期合同，工资率固定至少 1 年，通常长达 3 年；借款人和贷款人通常会就贷款期限内的固定利率达成一致，贷款期限可能长达 30 年；许多商品，比如食糖、石油和煤炭，都是以长期合同进行交易的。

在这些市场中，价格调整过程被放缓了。价格确实会调整，但速度不够快，无法避免短缺或过剩。

在价格（或工资率）合同签订后，如果需求增加或供给减少，就会出现短缺。合同价格下的供给量小于需求量，因此供给量决定了实际交易的数量，买方的计划受挫。随着合同的续签，价格逐渐上涨，但在此期间，短缺仍然存在。

同样地，在价格（或工资率）合同签订后，如果需求减少或供给增加，就会出现过剩。合同价格下的需求量小于供给量，因此需求量决定实际交易的数量，卖方的计划受挫。在劳动力市场上，卖方是工作者，其中一些人失业了。随着合同的续签，价格（或工资率）逐渐下降，但在此期间，过剩和高于正常水平的失业率持续存在。

第 1 章要点小结

1. 区分需求量和需求，并阐释决定需求的因素。

- 其他条件不变，需求量随价格下降而增加，随价格上升而减少——需求定律。
- 相关商品价格、收入、对未来价格和收入的预期、购买者的数量以及偏好的变化会改变需求。

2. 区分供给量和供给，并阐释决定供给的因素。

- 其他条件不变，供给量随价格上涨而增加，随价格下降而减少——供给定律。
- 相关商品价格、资源和其他投入品价格、预期未来价格、卖家数量和生产率的变化会改变供给。

3. 阐释需求和供给如何决定市场中的价格和数量，以及需求和供给变化所产生的影响。

- 价格调整以维持市场均衡——保持需求量与供给量相等。过剩带来价格下跌；短缺导致价格上涨。
- 需求增加，价格和数量都会增加；需求减少，价格和数量都会下降。供给增加使数量增加，但价格下降；供给减少使数量下降，但价格上涨。

4. 阐释价格下限、价格上限和黏性价格如何造成过剩、失业和短缺。

- 高于均衡价格的价格下限会产生过剩（劳动力市场中的失业）。
- 低于均衡价格的价格上限造成短缺。
- 黏性价格导致暂时的短缺或过剩。

我们如何追踪经济的繁荣与萧条   第 2 章

GDP：总产出和总收入的衡量标准

本章学习目标

» 定义 GDP 并阐释为什么一个经济体的产出、收入和支出的价值是相同的；

» 描述经济统计学家如何核算 GDP 并区分名义 GDP 和实际 GDP；

» 描述实际 GDP 的用途并阐释其作为生活水平衡量标准的局限性。

2.1

国内生产总值、收入和支出

美国经济将走向何方？它会像今天这样继续发展下去，还是会更快地扩张，或是陷入衰退？

几乎每个美国人都想知道这些问题的答案。做出商业决策的人——房地产商、汽车生产商、电信运营商、航空公司、石油生产商、飞机制造商、农民和零售商——想知道答案，这样他们就可以根据需求来规划生产；政府想知道答案，因为他们征收的税额取决于人们的收入和支出，而这也取决于经济状况；政府和美联储想知道答案，因为他们也许能够采取行动，避免极端的萧条或繁荣；普通公民希望得到答案来做出重大决定，例如继续上学多长时间，是租房还是买房，以及为退休存多少钱。

我们用国内生产总值（GDP）来衡量经济状况。你会发现 GDP 衡量的是总产量、总收入和总支出的价值。

● GDP 的定义

我们用 GDP（gross domestic product）来衡量总产值，GDP 是一个国家在特定时期内生产的所有最终商品和服务的市场价值。这个定义包含 4 个部分，我们将依次研究。

产出的价值

为了衡量总产出，举例来说，我们必须把苹果和橙子、球棒和球的产出加在一起。仅仅清点物品数量并不能解决问题，我们还要衡量哪一种总产出的价值更大：

产出 100 个苹果和 50 个橙子还是 50 个苹果和 100 个橙子？

　　GDP 给出的解决方案是按商品的市场价值（商品在市场上交易的价格）进行估价。如果 1 个苹果的价格是 10 美分，1 个橙子的价格是 20 美分，那么 100 个苹果加 50 个橙子的市场价值是 20 美元，50 个苹果和 100 个橙子的市场价值是 25 美元。通过使用商品的市场价值，我们可以把苹果和橙子加在一起，来衡量总产出。

生产了什么

　　最终商品或服务（final good or service）为其最终用户生产，而不是作为另一商品或服务的某个组成部分。最终商品或服务与中间商品或服务（intermediate good or service）形成对比，中间商品或服务是最终商品或服务的组成部分。例如，福特汽车是最终商品，但福特购买并安装在汽车上的凡士通轮胎是中间商品；反之，如果你为你的汽车购买一个替换的凡士通轮胎，那么这个轮胎就是最终商品。同样的商品既可以是最终商品，也可以是中间商品，这取决于其使用方式。

　　GDP 并不计算所有产出的总价值，它只包括那些在市场上交易的最终商品和服务，不包括人们为自己使用而生产的最终商品和服务的价值。例如你购买了洗车服务，产出的价值就计入了 GDP，但是如果你自己洗车，你的产出就不算作 GDP 的一部分。GDP 唯一的例外是人们拥有房屋的市场价值，这些房屋以估算租金价值的形式被计入 GDP，即假设房主将房屋出租给自己。

在哪里生产

　　只有在一个国家内生产的最终商品和服务才算作该国 GDP 的一部分。美国耐克公司在越南生产运动鞋，这些鞋的市场价值是越南 GDP 的一部分，而不计入美国的 GDP；日本丰田公司在肯塔基州的乔治敦生产汽车，这些汽车的市场价值是美国 GDP 的一部分，而不计入日本的 GDP。

什么时候生产

　　GDP 衡量的是特定时期内的产值。这个时间段可以是一年的某个季度（称为季度 GDP 数据），也可以是一整年（称为年度 GDP 数据）。美联储和其他机构使用季度 GDP 数据来监测经济的短期演变，而经济学家则使用年度 GDP 数据来研究经济的长期变化趋势。

　　GDP 不仅可以用于衡量总产值，还可以衡量总收入和总支出。在微观经济学中学习的循环流动模型解释了其中的原因。

● 美国经济中的循环流动

有 4 个群体会购买最终商品和服务：家庭、企业、政府和世界其他地区。这些群体有以下 4 项支出。

» 消费支出
» 投资
» 政府商品和服务支出
» 商品和服务净出口

消费支出

消费支出（consumption expenditure）是家庭在消费品和服务上的支出，包括橙汁和比萨饼等非耐用品支出、电视和智能手机等耐用品支出以及摇滚音乐会和理发等服务支出。房屋和公寓租金也属于消费支出，包括自有住房的租金价值。

投资

投资（investment）指的是购买新的资本品（工具、仪器、机器和建筑物）和增加存货。资本品是由一家公司生产并由另一家公司购买的耐用品。例如，惠普公司生产的个人计算机被福特公司购买，波音公司生产的飞机被联合航空公司购买。投资还包括家庭购买新房。

到年底，公司的部分商品可能仍未售出。例如，福特公司生产了 400 万辆汽车，销售了其中的 390 万辆，还有 10 万辆汽车仍未售出。在这种情况下，福特公司的汽车存货增加了 10 万辆。当一家公司将未售出的产出添加到存货中时，我们将这些产出算作投资的一部分。

需要注意的是，投资不包括购买股票和债券。在宏观经济学中，我们将"投资"一词用于购买新的资本品和增加存货。

政府商品和服务支出

政府商品和服务支出（government expenditure on goods and services）是各级政府在商品和服务上的支出。例如，美国国防部购买导弹和其他武器系统，国务院购买旅行服务，白宫购买互联网服务，州政府和地方政府为执法人员购买巡逻车。

商品和服务净出口

　　商品和服务净出口（net exports of goods and services ）是商品和服务出口值减商品和服务进口值的差。以美国为例，商品和服务出口（exports of goods and services）是美国企业生产并向世界其他地区销售的商品和服务。商品和服务进口（imports of goods and services）是美国家庭、企业和政府从世界其他地区购买的商品和服务。

　　进口的商品和服务是其他国家和地区生产的，因此进口支出不包括对美国生产的商品和服务的支出。如果出口超过进口，净出口为正，对美国生产的商品和服务的支出增加。如果进口超过出口，净出口为负，对美国生产的商品和服务支出减少。

总支出

　　在美国生产的商品和服务的总支出是前述 4 项的总和。我们称消费支出为 C，投资为 I，政府商品和服务支出为 G，商品和服务净出口为 NX。因此总支出，也是最终商品和服务的生产者收到的总金额，表示为

$$总支出 = C + I + G + NX$$

收入

　　劳动赚取工资，资本赚取利息，土地赚取租金，企业家能力赚取利润。家庭获得以上这些收入。总收入中有一部分被称为未分配利润，是企业留存而不支付给家庭的利息和利润。从经济学角度来看，未分配利润是支付给家庭然后又借给企业的收入。

支出等于收入

　　图 2-1 显示了我们刚刚描述的收入和支出的循环流动。我们称总收入为 Y，用从企业到家庭的虚线流来表示。当家庭获得收入时，部分用于交税，部分用于储蓄。一些家庭从政府获得福利。净税收（net taxes）等于支付的税款减去收到的现金福利，是从家庭到政府的流动，标记为 NT。储蓄（saving）是未用于支付净税收以及购买消费品和服务的收入。储蓄从家庭流向金融市场，是标记为 S 的浅灰色流。这两个浅灰色流不是商品和服务支出，而是资金的流动。由于家庭在支付净税收后将所有收入用于消费和储蓄，因此表示为

$$Y = C + S + NT$$

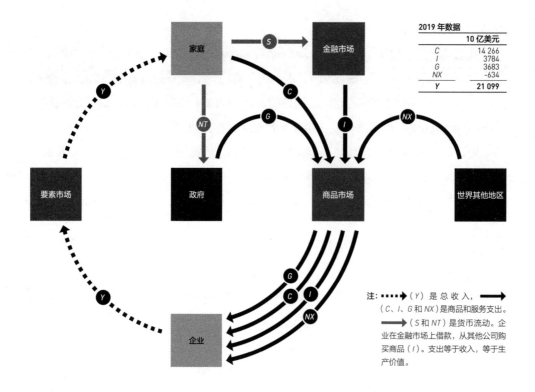

图 2-1 收入和支出的循环流动

黑色流显示了 4 种商品和服务支出：从家庭到企业的消费支出 C，从政府到企业的政府支出 G，从世界其他地区到企业的净出口 NX，以及从企业借贷的金融市场流向生产资本品的企业投资 I。

因为企业将其获得的所有收入用于生产要素支出，所以总支出等于总收入。这可表示为

$$Y = C + I + G + NX$$

从企业的角度来看，生产价值就是生产成本，与收入相等。从商品和服务购买者的角度来看，生产价值就是购买成本，与支出相等。因此

生产价值等于收入等于支出。

循环流动和收支相等提供了两种衡量 GDP 的方法，我们将在下一节中探讨。

2.2

核算美国 GDP

美国 GDP 是美国国内一年内生产的所有最终商品和服务的市场价值。2019 年，美国 GDP 约为 21 万亿美元。美国商务部经济分析局（BEA，后文简称经济分析局）采用以下两种方法来核算 GDP。

》支出法
》收入法

表 2-1　GDP 核算——支出法

项目	符号	2019 年第一季度支出（ 10 亿美元）	占 GDP 的百分比（%）
消费支出	C	14 266	67.6
投资	I	3784	17.9
政府商品和服务支出	G	3683	17.5
商品和服务净出口	NX	-634	-3.0
国内生产总值	Y	21 099	100.0

注：支出法将消费支出、投资、政府商品和服务支出以及商品和服务净出口相加来核算 GDP。

2019 年第一季度，以支出法核算的 GDP 为 210 990 亿美元。消费支出是 GDP 的最大组成部分。

资料来源：经济分析局。

● 支出法

支出法使用消费支出、投资、政府商品和服务支出以及商品和服务净出口的数据来核算 GDP。这种方法就像在资金从商品市场流向企业的循环流动图上安装一个仪表，测量这些资金流的大小。表 2-1 展示了这种方法，表中第一列给出了美国国民收入和商品账户使用的项目，第二列给出了我们在 2.1 节中使用的符号。

在使用支出法时，GDP 是消费支出（C）、投资（I）、政府商品和服务支出（G）以及商品和服务净出口（NX）的总和。表 2-1 中第三列列出了 2019 年第一季度的各项支出，按支出法核算的 2019 年第一季度国内生产总值为 210 990 亿美元，该数据是按年率计算的。

由 于 进 口 超 过 出 口，2019 年第一季度净出口为负。进口为 31 540 亿美元，出口为 25 200 亿美元，因此净出口（出口减去进口）为 -6340 亿美元，如表 2-1 所示。

表 2-1 的第四列列出了各项支出的相对规模。消费支出是总支出的最大组成部分；投资、政府商品和支出是第二大组成部分，它们的 GDP 占比相似；商品和服务净出口是总支出最小的组成部分。2019 年第一季度，消费支出占 GDP 的 67.6%，投资占 17.9%，政府服务支出占 17.5%，净出口占 -3.0%。

不计入 GDP 的支出

总支出（和 GDP）并不包括人们和企业购买的所有物品；GDP 是最终商品和服务的价值，因此不用于最终商品和服务的支出不计入 GDP。GDP 不包括中间商品和服务支出，尽管一项商品是中间商品还是最终商品并不总是很明显（见本节"聚焦美国经济"）。此外，以下支出也不计入 GDP。

> » 二手商品
> » 金融资产

- **二手商品** GDP 不包括用于二手商品的支出，这些商品在其是新商品时的生产期间已经计入 GDP。例如，一辆 2018 年生产的汽车会计入 2018 年的 GDP，如果这辆汽车于 2020 年在二手车市场上交易，那么购买这辆汽车的支出不计入 2020 年的 GDP。

- **金融资产** 当家庭购买债券和股票等金融资产时，他们是在借出款项，而不是购买最终商品和服务。用于购买新生产的资本品的支出是 GDP 的一部分，但购买金融资产不是。

◎ 聚焦美国经济

计算机程序是中间商品还是最终商品

当美国航空公司购买新的订票软件包时，是不是像通用汽车公司购买轮胎一样？如果是，那么软件就是中间商品，不计入 GDP。机票销售和汽车一样，是 GDP 的组成部分，但用于生产航空运输或汽车的中间商品不是 GDP 的组成部分。

或者美国航空公司购买新的订票软件包就像通用汽车公司购买新装配线机器人一样？如果是，则软件是资本品，购买的是最终商品。在这种情况下，软件购买是一项投资，它被算作 GDP 的一部分。

布伦特·莫尔顿（Brent Moulton）是经济分析局的一名政府经济学家。莫尔顿的工作是监督对 GDP 估算的定期调整，将经济新数据和新观点纳入其中。

最大的变化是公司购买计算机软件的分类方式。在 1999 年之前，计算机软件被视为中间商品，自 1999 年以来，它一直被视为一项投资。

这有多重要？当经济分析局重新计算 1996 年 GDP 时，这一变化使 1996 年 GDP 的估算增加了 1150 亿美元。那是一大笔钱，更直观地说，1996 年国内生产总值为 76 620 亿美元。因此，变化幅度为 GDP 的 1.5%。

这一变化是一个很好的例子，说明经济分析局正在努力使 GDP 指标尽可能准确。

● 收入法

为了使用收入法核算 GDP，经济分析局使用了国税局和其他机构收集的收入数据。经济分析局计算企业因从家庭获取生产要素服务而支付给家庭的收入——劳动赚取工资、资本赚取利息、土地赚取租金和企业家能力赚取利润——并将这些收入加总。这种方法就像在资金从企业流向家庭的循环流动图上安装一个仪表，测量这些资金流的大小。让我们看看收入法是如何运作的。

美国国民收入和商品账户将收入分为以下两大类。

» 工资收入
» 利息、租金和利润收入

工资收入

工资收入在国民经济核算中称为职工薪酬，指的是企业为获得职工提供的劳务而支付的全部报酬。它包括净工资薪金，以及雇主支付的附加福利，如医疗保险、社会保障缴款和养老基金缴款。

利息、租金和利润收入

利息、租金和利润收入在国民经济核算中称为净营业盈余，是资本、土地和企业家能力所赚取的总收入。

利息收入是家庭从资本中获得的利息。一个家庭的资本等于其净资产——资产减去借款。

租金包括使用土地和其他租赁生产要素所支付的费用，它包括出租房屋所得租金和业主自有住房的估算租金。（估算租金是对房主愿意为其拥有和使用的住房所支付租金的估算。通过将这一项目纳入国民账户，我们可以衡量住房服务的总价值，无论是自有住房还是租赁住房）。

利润包括企业利润和自营业主收入。这些收入由利息和利润混合构成。表 2-2 显示了这些收入组成部分的相对大小。

按要素成本计算的国内生产净值

工资以及利息、租金和利润收入的总和是按要素成本计算的国内生产净值。按要素成本计算的国内生产净值不是 GDP，我们必须再进行两次调整才能得出 GDP：一是从要素成本到市场价格，二是从生产净值到生产总值。

从要素成本到市场价格

支出法按市场价格对商品和服务进行估值，而收入法则按要素成本对商品和服务进行估值，即用于生产商

品和服务的生产要素的成本。间接税（如销售税）和补贴（政府支付给企业的款项）导致这种方法所得估值不同。销售税使市场价格高于要素成本，补贴使要素成本高于市场价格。要将按要素成本计算的价值转换为按市场价格计算的价值，我们必须加上间接税、减去补贴。

从生产净值到生产总值

收入法核算的是生产净值，支出法核算的是生产总值。不同之处在于折旧，即由于资本的使用和陈旧而导致的

表 2-2　GDP 核算——收入法

项目	2019 年第一季度数值（10亿美元）	占 GDP 的百分比（%）
工资（职工薪酬）	11 317	53.6
利息、租金和利润（净营业盈余）	4935	23.4
按要素成本计算的国内生产净值	16 252	77.0
间接税减去补贴	1400	6.6
折旧（资本消耗）	3402	16.1
GDP（收入法）	21 054	99.8
统计差异	45	0.2
GDP（支出法）	21 099	100.0

注： 所有收入之和等于按要素成本计算的国内生产净值。收入法核算的 GDP 等于按要素成本计算的国内生产净值加上间接税减去补贴加上折旧（depreciation，资本消耗）。

2019 年第一季度，按收入法核算的 GDP 为 210 540 亿美元。这一数额比用支出法核算的 GDP 少 450 亿美元——统计差异为 450 亿美元。

到目前为止，工资在总收入中占比最大。

资料来源： 经济分析局。

资本价值下降。包含在收入法中的企业利润是扣除折旧后的利润，因此收入法给出了生产净值衡量标准。包含在支出法中的投资包括购买资本以替换磨损或陈旧的资本，因此支出法给出了生产总值衡量标准。要通过收入法核算 GDP，我们必须在总收入中加上折旧。

统计差异

支出法和收入法对 GDP 的核算并不完全相同。如果一名出租车司机没有报告他得到的所有小费，则未报告部分会在收入法的核算中被遗漏，但是当他花费他赚得的收入时，这些小费会被纳入支出法的核算中，因此支出总和可能会超过收入总和。但大部分收入都会通过纳税申报单被填报给国税局，而许多没有被记录的支出项目，国税局必须进行估算。因此，收入总和可能会超过估计支出的总和。

支出法和收入法核算 GDP 的差异称为统计差异，计算方法为支出法核算的 GDP 总额减去收入法核算的 GDP 总额。

GDP 的两种核算方法使计算出的最终数值的准确性得到检验。如果二者差异很大，我们会想知道哪里算错了。我们遗漏了什么项目吗？我们对某些数据重复计算了吗？这两个估算值接近的事实让人相信它们是相当准确的。但是，支出总额被认为是对 GDP 更可靠的估算，因此要在收入中增加或减去统计差异以协调两个估算值。

表 2-2 总结了对使用收入法核算的 GDP 及其与使用支出法核算的 GDP 进行调整的情况。该表还显示了收入法各组成部分的相对大小。

● GDP 及相关产出和收入指标

虽然 GDP 是衡量总产出的主要指标，但有时你也会看到另一个指标：国民生产总值（GNP）。

国民生产总值

一个国家的国民生产总值（GNP）是在一定时期内，由该国居民提供的生产要素在世界任何地方生产的所有最终商品和服务的市场价值。例如，耐克向其越南鞋厂提供资本的收入计入美国 GNP，但不计入美国 GDP，该收入是越南 GDP 的组成部分。同样，丰田向其肯塔基州汽车厂提供资本的收入计入美国 GDP，但不计入美国 GNP，它是日本 GNP 的组成部分。

GNP 等于 GDP 加上从其他国家收到或支付给其他国家的净要素收入。美国 GDP 和 GNP 之间的区别很小。但在一个石油资源丰富的中东国家，其大量资本为外国人所有，GNP 远远小于 GDP；在一个贫穷的国家，人们在国外工作，把收入寄回家，其 GNP 远远大于 GDP。

个人可支配收入

你已经看到消费支出是总支出的最大组成部分。影响消费支出的主要因素是个人可支配收入，即家庭收入减去缴纳的个人所得税。因为个人可支配收入在影响消费支出方面发挥着重要作用，所以国民账户会单独核算这一项目以及一些中间值，如图2-2所示。这个数字显示了个人可支配收入的计算方式以及它与GDP和GNP的关系。

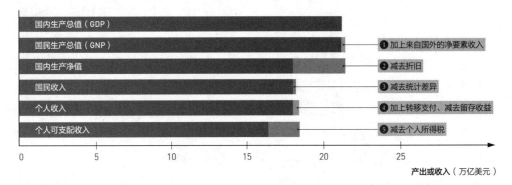

注：条形图显示了6个相关产出和收入指标以及它们之间的关系。

❶将GDP与国外净要素收入相加，得到GNP；❷从GNP减去折旧，得到国内生产净值；❸国内生产净值减去支出法和收入法核算之间的统计差异，得到国民收入；❹国民收入加上政府的转移支付、减去企业留存收益，得到个人收入；❺最后，个人收入减去个人所得税，得到个人可支配收入。

图2-2 GDP及相关产出和收入指标

资料来源： 经济分析局。

● 实际 GDP 和名义 GDP

你已经看到，GDP衡量的是特定时期内最终商品和服务总支出。假设我们要比较两个时期的美国GDP，比如2016年和2019年。2016年GDP为187 150亿美元，2019年为210 990亿美元，2019年GDP比2016年增长近13%。这近13%的增长意味着什么？

在两个方面有意义。

» 人们生产了更多的商品和服务。

» 人们为商品和服务支付了更高的价格。

生产更多的商品和服务有助于提高人们的生活水平。支付更高的价格意味着人们的生活成本增加了，但人们的生活水平并没有提高。因此，GDP 增长的原因非常重要，如果近 13% 的增长主要是由于价格上涨，那么人们的生活水平并没有太大变化。但是，如果近 13% 的增长主要是由于生产了更多的商品和服务，那么人们的生活水平可能会提高很多。

现在你将看到经济分析局的经济学家如何分析出生产增长对 GDP 的影响。第一步是区分两个 GDP 概念：实际 GDP（real GDP）和名义 GDP（nominal GDP）。

实际 GDP 指的是以参考基期价格表示的给定年份生产的最终商品和服务的价值。参考基期是我们选择用于比较所有其他年份的年份。目前，美国的参考基期是 2012 年。

实际 GDP 与名义 GDP 形成对比，名义 GDP 是以当年价格表示的给定年份生产的最终商品和服务的价值。名义 GDP 只是 GDP 更准确的名称。

近年来，计算实际 GDP 的方法有所变化，现在的计算方法的技术性有所提高，但计算的本质并没有改变。在这里，我们描述了计算的本质。

● 计算实际 GDP

计算实际 GDP 的目的是衡量总产出增加的幅度，并从名义 GDP 中剔除价格变化的影响。为了聚焦这些准则并使数字更易于处理，我们来计算一个经济体的实际 GDP，该经济体在 GDP 的每个组成部分中只生产一种商品或服务：消费支出（C）、投资（I）以及政府商品和服务支出（G）。我们将忽略出口和进口，假设商品和服务净出口（出口减去进口）为 0。

表 2-3 展示了 2012 年（参考基期）和 2019 年的产量和价格。在表 2-3a 部分，我们计算了 2012 年的名义 GDP。对于每种商品或服务，我们将其产量与价格相乘，算出该商品或服务的总支出，然后将各项支出相加算出名义 GDP，2012 年为 1 亿美元。由于 2012 年为参考基期，2012 年实际 GDP 与名义 GDP 相等。

在表 2-3b 部分，我们计算了 2019 年的名义 GDP。同样地，为了计算名义 GDP，我们通过将每种商品或服务的产量与其价格相乘算出在该商品或服务的总支出。然后，我们将各项支出相加，算出 2019 年的名义 GDP 为 3 亿美元。2019 年的名义 GDP 是 2012 年的 3 倍。但是，最终商品和服务的数量增加了多少？这正是实际 GDP 会告诉我们的。

在表 2-3c 部分，我们计算了 2019 年的实际 GDP。可以看到表 2-3c 部分每种商品和服务的产量与 2-3b 部分相同，它们是 2019 年的数量。2-3c 部分每种商品和服务的价格和 2-3a 部分每种商品和服务的价格相同，它们是参考基期 2012 年的价格。

对于每种商品和服务，我们现在将 2019 年的产量与 2012 年的价格相乘，得到每种商品和服务的总支出。然后，我们将这些支出相加，得出 2019 年的实际 GDP，即 1.6 亿美元。

2019 年 的 名 义 GDP 是 2012 年的 3 倍，但 2019 年的实际 GDP 仅是 2012 年的 1.6 倍——实际 GDP 增长了 60%。

表 2-3　计算 2012 年和 2019 年的名义 GDP 和实际 GDP

	项目	产量 （百万单位）	价格 （美元/单位）	支出 （百万美元）
	a）2012 年			
C	T 恤	10	5	50
I	计算机芯片	3	10	30
G	安全服务	1	20	20
Y	2012 年实际 GDP 和名义 GDP			100
	b）2019 年			
C	T 恤	4	5	20
I	计算机芯片	2	20	40
G	安全服务	6	40	240
Y	2019 年名义 GDP			300
	c）按 2012 年价格为 2019 年产量估值			
C	T 恤	4	5	20
I	计算机芯片	2	10	20
G	安全服务	6	20	120
Y	2019 年实际 GDP			160

注: 因为参考基期是 2012 年，所以 2012 年的实际 GDP 和名义 GDP 相等。

2012 年至 2019 年，安全服务（G）的产量有所增加，但 T 恤（C）和计算机芯片（I）的产量却有所下降。在同一时期，一件 T 恤的价格保持不变，但其他两种商品和服务的价格翻了一番。

名义 GDP 从 2012 年的 1 亿美元增加到 2019 年的 3 亿美元。

表 2-3c 部分 2019 年的实际 GDP 通过使用表 2-3b 部分 2019 年每种商品和服务的产量和表 2-3a 部分 2012 年每种商品和服务的价格计算，实际 GDP 从 2012 年的 1 亿美元增加到 2019 年的 1.6 亿美元，增长了 60%。

● 使用实际 GDP 数据

在 刚 刚 的 例 子 中，我 们 根 据 2012 年的价格计算出 2019 年的实际 GDP，仅用这个数据我们就可以比较这两年的产出。使用 2012 年至 2019 年期间每年的数据，重复计算 2019 年实际 GDP 时的过程，我们可以计算实际 GDP 的年度百分比变化——实际 GDP 的年增长率。

这是实际 GDP 最常见的用法。此外，通过每 3 个月计算一次实际 GDP——所谓的季度实际 GDP，经济分析局能够提供用于解释当前经济状况的有价值的信息。该信息用于指导政府做出宏观经济政策和企业做出生产和投资决策。

2.3

实际 GDP 的用途和局限性

我们使用实际 GDP 估值有以下 3 个主要目的。

» 比较不同时期的生活水平
» 跟踪经济周期的进程
» 比较各国的生活水平

一个国家的生活水平通过其人民平均享有的商品和服务价值来衡量。人均收入决定了人们买得起什么，而实际 GDP 则是衡量实际收入的指标。因此，人均实际 GDP——实际 GDP 除以人口——是比较不同时期生活水平的常用标准。

人均实际 GDP 告诉我们普通人可以享有的商品和服务价值。通过使用实际 GDP，我们剔除了价格上涨和生活成本上涨可能对这种比较产生的影响。

比较不同时期人均实际 GDP 的一种简便方法是将其表示为某个参考

● 比较不同时期的生活水平

基年实际 GDP 的比率。表 2-4 提供了 2019 年与 1960 年的美国人均实际 GDP 数据。

表 2-4　1960 年和 2019 年美国人均实际 GDP

年份	1960	2019
实际 GDP（10 亿美元）	3260	19 024
人口数量（百万）	180.4	329.1
人均实际 GDP（10 亿美元）	18 071	57 806

1960 年，人均实际 GDP 为 18 071 美元，2019 年人均实际 GDP 为

57 806 美元，约为 1960 年的 3.2 倍。就人均实际 GDP 衡量生活水平而言，2019 年人们的富裕程度是 1960 年人们的约 3.2 倍。

图 2-3 展示了从 1960 年到 2019 年美国人均实际 GDP 变化，并显示了人们生活水平变化的如下两个特征。

1. 人均潜在 GDP 增长
2. 人均实际 GDP 围绕人均潜在 GDP 波动

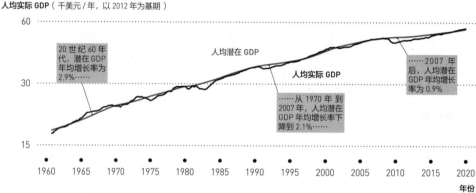

注：实际 GDP 围绕潜在 GDP 的增长路径增长和波动。20 世纪 60 年代，人均潜在 GDP 年均增长率为 2.9%，该增长率在 1970 年后放缓至 2.1%，在 2007 年后再次放缓至 0.9%。

图 2-3　1960—2019 年美国人均实际 GDP 变化

资料来源：　经济分析局和国会预算办公室。

潜在 GDP（potential GDP）是经济中所有生产要素——劳动力、资本、土地和企业家能力——都得到充分利用时的实际 GDP 水平。当一些生产要素未被使用时，实际 GDP 低于潜在 GDP；当一些生产要素被过度使用，使用时间和使用强度超过长期可持续水平时，实际 GDP 就会超过潜在 GDP。

你已经看到，2019 年的实际人均 GDP 是 1960 年的约 3.2 倍。但在 2019 年，一些劳动力和其他生产要素未被使用，实际 GDP 低于潜在 GDP。为了衡量生活水平的变化趋势，我们必须消除短期波动的影响，关注潜在 GDP 的变化路径。

潜在 GDP 增长率的波动小于实际 GDP 增长率。在 20 世纪 60 年代，人均潜在 GDP 年均增长率为 2.9%，但到了 1970 年以后，该增长率放缓至每年 2.1%，在

2007 年之后，增长率再次放缓至每年 0.9%。这种增长率的放缓意味着今天的潜在 GDP 比保持 20 世纪 60 年代的增长率所得到的潜在 GDP 要低（并且低了很多）。

如果潜在 GDP 保持 20 世纪 60 年代的增长率，那么 2019 年人均潜在 GDP 将比人均实际 GDP 高出 41 000 美元。20 世纪 70 年代潜在 GDP 增长放缓造成的累积收入损失达到惊人的每人 63 万美元。了解潜在 GDP 增长放缓的原因是宏观经济学家的主要任务之一。

● 跟踪经济周期的进程

我们把经济活动节奏的波动称为经济周期。经济周期（business cycle）是总产出和其他经济活动指标（如就业和收入）周期性但不规则地上下波动。经济周期不是像月相那样有规律、可预测的重复周期。虽然经济周期的时间和强度变化很大，但每个周期都有以下两个阶段。

1. 扩张
2. 衰退

和以下两个转折点。

1. 高峰
2. 低谷

图 2-4 显示了最近的美国经济周期的这些特征，使用实际 GDP 作为经济活动的衡量标准。扩张是实际 GDP 增长的时期。在扩张的早期阶段，实际 GDP 仍然低于潜在 GDP，随着扩张的进行，实际 GDP 最终超过潜在 GDP。

衰退（recession）的一个常见定义是实际 GDP 至少连续两个季度下降（增长率为负）的时期。经济研究局确定了美国经济周期各阶段和转折点的日期，将衰退更广泛地定义为整个经济中经济活动连续几个月显著下降，这通常能够通过实际 GDP、实际收入、就业、工业生产和批发零售等数据反映出来。这一定义意味着，即使实际 GDP 没有连续两个季度都在下降，经济研究局有时也会宣布经济衰退，2001 年美国的经济衰退就是这样的衰退。在经济周期达到高峰时，扩张结束，衰退开始，高

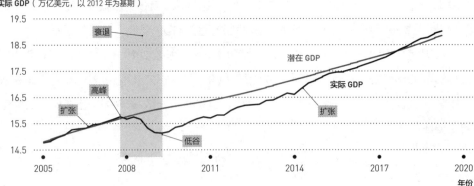

注：最近的美国经济周期高峰出现在 2007 年第四季度，低谷出现在 2009 年第二季度，之后开始了新的扩张。在高峰和低谷之间，经济处于
衰退之中。衰退非常严重，随后的扩张非常微弱，实际 GDP 在 10 年内一直低于潜在 GDP，直到 2017 年才恢复到潜在 GDP 的水平。

图 2-4　最近的美国经济周期

资料来源：　经济分析局、国会预算办公室和国家经济研究局。

峰是到那时为止实际 GDP 达到的最高水平。当实际 GDP 达到低谷时，衰退在低谷
结束，新一轮扩张从低谷开始。

　　图 2-4 中的阴影部分突显了 2008—2009 年的经济衰退。这次经济衰退异常严
重，它导致美国实际 GDP 降至接近 2005 年实际 GDP 的水平。经济衰退的结束并不
意味着痛苦的结束，当扩张开始时，美国实际 GDP 仍低于潜在 GDP，即使在 2008—
2009 年衰退后经历了两年扩张，美国的实际 GDP 也没有回到之前高峰时的水平，实
际 GDP 和潜在 GDP 之间的差距仍然很大。

　　在 1991 年的严重衰退后至 2008 年的全球金融危机之间的一段时期，实际 GDP
和其他经济活动指标并没有出现严重下滑，因此这一时期被称为"大稳健"（Great
Moderation），与经济大萧条形成对比。一些天真的乐观主义者甚至开始宣称经济周
期已经结束。这种长期扩张也将宏观经济学家的注意力从经济周期转移到经济增长
和实现经济更快增长的可能性上。

　　但 2008—2009 年的衰退将经济周期重新提上了日程。经济学家因没有预测到这
一点而受到批评，许多人认为已经弥合的经济学家之间的旧分歧在《纽约时报》以
及许多在线博客上再次爆发了。

　　随着你继续学习宏观经济学的其他内容，我们将更详细地探讨经济衰退的原因
和经济学家的不同观点。

现在我们暂且不比较不同时期的生活水平和经济周期，先来简要了解下如何比较国家之间的生活水平。

聚焦繁荣与萧条

我们如何追踪经济繁荣和萧条

美国国家经济研究局（NBER）经济周期判定委员会（后文简称美国国家经济研究局委员会）确定美国经济周期转折点的日期。

为了确定经济周期高峰的日期，经济研究局委员会会查看工业生产、总就业、实际 GDP 以及批发和零售的数据。

在这些数据中，实际 GDP 是衡量国内总产出最可靠的指标。

但是，当美国国家经济研究局委员会于 2008 年 11 月召开会议，确定经济进入衰退时期时，实际 GDP 的两种核算方法——支出法和收入法——却相互矛盾。

在 2007 年和 2008 年的几个季度中，

由于统计数据的差异，两种核算方法估算出的两个实际 GDP 数值"没有明确显示经济活动高峰的日期"。

因此，美国国家经济研究局委员会密切关注实际个人收入、实际制造业、批发和零售业、工业生产和就业数据。所有这些数据都在 2007 年 11 月至 2008 年 6 月达到峰值，在权衡了所有数据后，委员会确定 2007 年 11 月是经济高峰期。

但如图 1 所示，实际 GDP 直到 2008 年第二季度才开始持续下降。

与确定经济周期高峰时期这一艰巨任务相比，低谷时期是显而易见的。它出现在 2009 年第二季度。

实际 GDP（万亿美元，以 2012 年为基期）

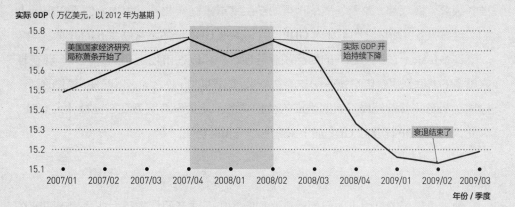

图 1 美国实际 GDP

资料来源：经济分析局与美国国家经济研究局。

● 比较各国的生活水平

要用实际人均 GDP 来比较各国的生活水平，我们需要把其他国家的数据换算成美元数据来对比。为了计算实际 GDP，我们还必须令所有国家都使用一套通用的价格——购买力平价价格。

实际 GDP 提供了一种比较各国生活水平的简单方法。但实际 GDP 并不包括生产的所有商品和服务。此外，除了影响生活水平的商品和服务，实际 GDP 与其他因素无关。让我们来探讨一下实际 GDP 的这些局限性。

● GDP 不包含的商品和服务

GDP 用于衡量在市场上购买的商品和服务的价值。GDP 不包括

- » 家庭生产
- » 地下生产
- » 休闲时间
- » 环境质量

家庭生产

家庭生产指的是在家中生产的商品和服务（主要是服务）。家庭生产的例子有准备饭菜、换灯泡、割草、洗车和帮助学生完成家庭作业等。因为人们不在市场上购买这些服务，所以它们不计入 GDP。其结果是 GDP 低估了家庭生产的价值。

许多传统上在家里生产的商品和服务现在都可以在市场上买到。例如，现在越来越多的家庭到快餐店吃饭——这是美国发展最快的行业之一，以及使用日托服务。这些趋势意味着曾经属于家庭生产的食物准备和儿童保育服务现在已被计入 GDP。因此，实际 GDP 比实际 GDP 加上家庭生产增长得更快。

地下生产

地下生产指的是由于人们想要逃避税收和监管或者他们的行为非法，而隐蔽在政府视野之外的商品和服务的生产，因此也没有计入 GDP。

地下生产的例子包括以低于最低工资标准雇用非法工人的农场工作以及为了避

免缴纳所得税而收取现金的工作等。后一类工作的生产金额可能相当大，包括出租车司机、美发师以及旅馆和餐馆工作人员赚取的小费等。

　　威斯康星大学经济学家埃德加·L. 费吉（Edgar L. Feige）估计，20 世纪 90 年代初，美国地下产值约占 GDP 的 16%。据估计，欧洲的地下生产产值介于 4% ~ 30% 之间。

休闲时间

　　休闲时间是一种经济商品，不计入 GDP。然而，对我们来说，休闲时间的边际时间至少要与我们工作挣得的工资一样有价值。如果不是这样，我们就会把休闲时间变为工作时间。多年来，美国人每周的工作时间变短，越来越多的人提前退休，休假天数增加，休闲时间稳步增加，而人们生活水平在这方面的提高并没有通过实际 GDP 来衡量。

环境质量

　　污染是经济上的坏事（与好事相反）。当环境污染越严重，而其他情况保持不变时，我们的生活水平就越低。我们的生活水平在这方面的降低并没有通过实际 GDP 来衡量。

● 影响生活水平的其他因素

　　虽然人们消费商品和服务的数量是影响生活水平的主要因素，但还有其他因素影响生活水平，包括：

» 健康和预期寿命
» 政治自由与社会正义

健康和预期寿命

　　身体健康和长寿不会直接体现在实际 GDP 中。更高的实际 GDP 使人们能够在医学研究、医疗保健、良好饮食和运动器材上投入更多。虽然随着实际 GDP 的增加，人们的预期寿命延长了，但我们每年都面临新的健康和预期寿命问题，在美国，药物滥用正在以令人严重焦虑的速度夺走年轻人的生命。当我们将这些负面影响考虑在内时，实际 GDP 增长可能夸大了生活水平的提高。

政治自由与社会正义

一个国家的人均实际 GDP 可能非常高，但政治自由和社会正义有限。例如，少数精英可能享有政治自由和极大财富，而大多数人的政治自由有限，生活贫困。这样的经济体通常被认为生活水平低于实际 GDP 与其相同但每个人都享有政治自由的经济体。

⦿ 聚焦生活

使 GDP 个人化

当你阅读报纸或商业杂志、观看电视新闻节目或浏览新闻网站时，你经常会看到有关 GDP 的报道。

这些报道对你来说意味着什么？你的交易出现在国民收入和商品账户的什么地方？你如何在生活中使用关于 GDP 的信息？

你对 GDP 的贡献

你自己的经济交易出现在国民收入和商品账户中的支出和收入两个方面——作为支出法和收入法核算 GDP 的组成部分。

你的大部分支出都属于消费支出。如果你要买一套新房子，那么在这个房子上的支出就会被计入投资。如果你购买的大部分商品是在另一个国家生产的，那么在这些商品上的支出会计入进口。

如果你有工作，你的收入就会计入职工薪酬。

因为 GDP 对生产价值的衡量只包括市场交易部分，所以你自己生产的一些商品和服务很可能不会被计入 GDP。

你生产的未在市场交易的商品和服务有哪些？你如何评估它们的价值？

理解数据

要使用新闻报道中的 GDP 数据，你必须首先确认报道者指的是名义 GDP 还是实际 GDP。当使用美国人均实际 GDP 数据时，你可以看看你的收入与美国人的平均收入相比如何，或者当你看到其他国家的人均实际 GDP 数据时，可以将你的收入与法国人、加拿大人的平均收入进行比较。

聚焦全球经济

哪个国家或地区的生活水平最高

你已经看到，作为生活水平的一个衡量标准，GDP 有其局限性。要比较各国的生活水平，我们必须考虑除 GDP 之外的其他因素。GDP 只衡量在特定时期内生产和购买的所有最终商品和服务的市场价值。

GDP 忽略了一些商品和服务（那些在家庭和隐性经济中生产的）。它忽略了休闲时间、健康和预期寿命以及政治自由和社会正义的价值，它还忽略了污染对环境造成的破坏（负值）。

GDP 作为生活水平的衡量标准的局限性适用于每个国家。因此，要对生活水平进行国际比较，我们必须考虑实际 GDP 和其他指标。尽管如此，人均实际 GDP 是国际比较的主要组成部分。

人们提出了许多 GDP 的替代方案。一种是绿色 GDP，即从 GDP 中减去温室气体排放和对环境的其他负面影响的估计成本；另一种被称为快乐星球指数（HPI）的指标则更进一步，它从 GDP 中减去了消耗不可再生资源的估计成本。

绿色 GDP 和 HPI 都不是可靠的衡量标准，因为它们依赖对污染和资源消耗成本的猜测，而这些猜测是主观的、不可靠的。

联合国（UN）采取注重生活质量因素的方法，构建了人类发展指数（HDI），该指数综合了收入（GDP）、预期寿命、健康和教育。

图 1 显示了 2018 年人类发展指数与人均收入之间的关系（在图中，每个点代表一个国家或地区）。这两个衡量生活水平的标准讲述了一个相似但不完全相同的故事。

美国的人类发展指数和人均收入都很高，但二者都不是最高的。

卡塔尔是人均收入较高的国家。

澳大利亚和挪威是人类发展指数较高的两个国家。在这些国家，人们的寿命比美国人更长，并且普遍享有医疗保险。

归根结底，我们不知道哪个国家或地区的生活水平最高，但我们知道仅凭人均实际 GDP 并不能提供完整的答案。

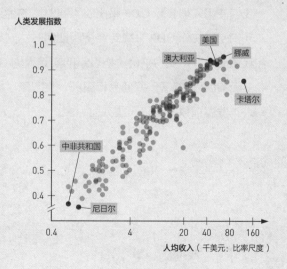

图 1　2018 年人类发展指数与人均收入

资料来源：《联合国人类发展报告》，2019 年。

第 2 章要点小结

1. 定义 GDP 并阐释为什么一个经济体的产出、收入和支出的价值是相同的。

- GDP 是一个国家在特定时期内生产的所有最终商品和服务的市场价值。
- 我们可以通过生产成本（收入）或人们愿意支付的价格（支出）来评估商品和服务的价值。
- 生产价值等于收入等于支出。

2. 描述经济统计学家怎样核算 GDP 并区分名义 GDP 和实际 GDP。

- 美国经济分析局通过支出法和收入法来核算 GDP。在没有测量误差的情况下，这两个核算方法所得总数值是相同的，但在实践中，会出现较小的统计差异。
- 一个国家的 GNP 与其 GDP 相似，但 GNP 是一个国家居民提供的生产要素的市场价值。
- 名义 GDP 是使用当年价格和当年产量计算出的生产价值。
- 实际 GDP 是使用参考基期价格和当年产量计算出的生产价值。

3. 描述实际 GDP 的用途并阐释其作为生活水平衡量标准的局限性。

- 我们使用人均实际 GDP 来比较不同时期的生活水平。
- 我们使用实际 GDP 来确定经济周期何时达到高峰或低谷。
- 我们使用以购买力平价价格表示的实际人均 GDP 来比较各国的生活水平。
- 实际 GDP 忽略了一些商品和服务，也忽略了一些影响生活水平的因素。
- 人类发展指数考虑了一些其他因素。

我们充分就业了吗

第 3 章

工作与失业

本章学习目标

» 定义失业率和其他劳动力市场指标；

» 描述美国劳动力市场指标的趋势和波动；

» 描述失业的类型，定义充分就业，并阐释失业与实际 GDP 之间的联系。

3.1

劳动力市场指标

美国劳工统计局和人口普查局联合开展了一个项目,每个月都会有 1600 名现场采访者和监督员对 6 万个家庭进行调查,询问一系列有关家庭成员年龄及其在劳动力市场的状况等问题。这项调查被称为当前人口调查(current population survey)。让我们来看看本次调查收集的各类数据。

● 当前人口调查

图 3-1 显示了劳工统计局对人口类别的划分,它还显示了类别之间的关系。第一类将人口分为两组:劳动适龄人口和其他人口。在美国劳动适龄人口(working-age population)指的是 16 岁及以上不在监狱服刑、未在医院或其他机构被护理和未参军的总人数。2019 年 7 月,美国人口估计为 3.293 亿人,劳动适龄人口为 2.593 亿人,

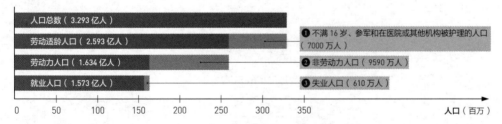

注:美国人口分为劳动适龄人口和不满 16 岁、参军和在医院或其他机构被护理的人口。劳动适龄人口分为劳动力人口和非劳动力人口。劳动力人口分为就业人口和失业人口。图 3-1 展示了 2019 年 7 月的美国人口和劳动力类别数据。

图 3-1 美国人口和劳动力类别

资料来源: 美国劳工统计局。

未满 16 岁、参军和在医院或其他机构被护理的人口为 7000 万人。

第二类将劳动适龄人口分为两类：劳动力人口和非劳动力人口。劳动力（labor force）人口等于就业人数加上失业人数。2019 年 7 月，美国劳动力人口为 1.634 亿人，9590 万人不在劳动力人口大军中。大多数不是劳动力的人都在全日制上学或已经退休。

第三类将劳动力人口分为两类：就业人口和失业人口。2019 年 7 月，美国就业人口为 1.573 亿人，失业人口为 610 万人。

● 人口调查标准

如果在调查前的一周内，被调查者存在以下情况，则被算作就业。

1. 作为受薪雇员或在自己的企业、专业、行业或农场工作至少 1 小时，或
2. 在家族企业或农场无偿工作至少 15 小时，或
3. 没有工作，但他们只是暂时离开工作岗位或企业。

如果存在以下情况，则被算作失业。

1. 没有工作但可以工作，且

2. 在过去 4 周内曾努力寻找工作，或
3. 正在等待被召回此前离职的工作岗位。

根据上述标准，劳动适龄人口中既没有就业也没有失业的人被归类为非劳动力。

● 劳动力市场的 3 项指标

美国劳工统计局利用当前人口调查的数据，计算了劳动力市场的几个指标。3 项主要的劳动力市场指标如下。

» 失业率
» 就业 - 人口比率
» 劳动力参与率

失业率

失业人数——想要工作但找不到工作的人数——是衡量未使用劳动力资源的指标。美国劳工统计局报告了失业人口的绝对数量和失业率（unemployment rate），即失业人口在劳动力中所占的百分比，即

$$失业率 = \frac{失业人数}{劳动力数量} \times 100\%$$

表 3-1 展示了 2019 年 7 月的失业人数和劳动力人数，并使用上述公式计

算了当月的失业率（近似值）。

表 3-1　失业率：2019 年 7 月

失业人数	610 万人
劳动力数量	16 340 万人
计算	$\frac{610}{16\,340} \times 100\%$
失业率	3.7%

就业 - 人口比率

有工作的劳动适龄人口数既是工作可得性的指标，也是人们的技能与雇主要求的技能之间匹配程度的指标。美国劳工统计局将就业 – 人口比率（employment–population ratio）计算为就业人口占劳动适龄人口的百分比。

美国劳工统计局使用以下公式计算就业 – 人口比率。

$$就业 - 人口比率 = \frac{就业人口}{劳动适龄人口} \times 100\%$$

表 3-2 使用该公式计算了 2019 年 7 月美国的就业 – 人口比率（近似值）。

表 3-2　就业 – 人口比率：2019 年 7 月

就业人口	15 730 万人
劳动适龄人口	25 930 万人
计算	$\frac{15\,730}{25\,930} \times 100\%$
就业 – 人口比率	60.7%

劳动力参与率

劳动力人数是反映劳动适龄人口就业意愿的一个指标。劳动力参与率（labor force participation rate）是劳动适龄人口中劳动力的百分比。表示为

$$劳动力参与率 = \frac{劳动力数量}{劳动适龄人口} \times 100\%$$

表 3-3 列出了劳动力数量和劳动适龄人口数据，通过该公式计算了 2019 年 7 月的劳动力参与率（近似值）。

表 3-3　劳动力参与率：2019 年 7 月

劳动力数量	16 340 万人
劳动适龄人口	25 930 万人
计算	$\frac{16\,340}{25\,930} \times 100\%$
劳动力参与率	63.0%

● 失业的其他衡量指标

官方对失业的定义忽略了以下两类未充分利用的劳动力。

» 准待业工人
» 想找全职工作的兼职工人

准待业工人

准待业工人（marginally attached

worker）指的是没有工作、有时间并愿意工作、在过去 4 周内没有努力找工作但此前不久找过工作的人。准待业工人认为自己是劳动力，但处于失业状态。丧志工人（discouraged worker）与失业工人相似，但由于其之前的失败尝试令人沮丧，因此在过去的 4 周内没有努力找工作。

准待业工人与丧志工人的不同之处仅在于他们在过去 4 周内没有找工作的原因。例如，马丁没有工作，他可以工作，但在过去 4 周内没有找工作，因为他在洪水后忙于打扫他的家。他是一个准待业工人，但不是一个丧志工人；马丁的妻子莉娜没有工作，她可以工作，但在过去 4 周内没有找工作，因为她已经找了 6 个月的工作，却没有收到一份工作邀请，那么她是一个丧志工人。

失业率和劳动力参与率都不包括准待业工人。2019 年 7 月，美国共有 36.8 万名丧志工人。如果把他们计入失业人数和劳动力数量中，失业率就变成了约 3.9%——比失业率的标准定义高一点。同样在 2019 年 7 月，美国有 147.8 万准待业工人。如果将他们和丧志工人同时计入失业人数和劳动力数量中，失业率就变成了约 4.8%，比失业率的标准定义高出 1.1%。

⊙ 聚焦美国经济

当前人口调查

美国劳工统计局和人口普查局会尽可能详尽地收集准确的劳动力数据。他们不断培训和再培训了大约 1600 名现

场采访者和监督员。每个月，每位现场采访者会联系 37 个家庭，询问居住在该地址的每个人的基本人口统计信息以及 16 岁及以上人员详细的劳动力问题，一旦选定一个调查家庭，现场采访者就会对其进行连续 4 个月的调查，并在一年后相同的 4 个月再次进行调查。每个月，各组出现 8 次的地址都会被删除，并添加 6250 个新

地址。家庭的轮换和重叠提供了关于劳动力市场逐月和逐年变化的可靠信息。

当一个家庭第一次出现在小组中时，一位带着手提电脑的采访者会前去拜访。如果这个家庭有电话，那么随后的大部分采访都会通过电话进行，而大部分电话采访是通过 3 个电话采访中心之一发起的，3 个电话采访中心分别位于：马里兰州的黑格斯敦、印第安纳州的杰斐逊维尔和亚利桑那州的图森。

想找全职工作的兼职人员

当前人口调查测算了全职人员（full-time workers）和兼职人员的数量。全职人员通常每周工作时间不少于 35 小时。兼职人员（part-time workers）通常每周工作时间少于 35 小时。兼职人员分为两类：出于经济原因兼职的人和出于非经济原因兼职的人。

出于经济原因兼职的人（part time for economic reasons，也称为非自愿兼职人员）指的是每周工作 1 ~ 34 小时但正在寻找全职工作的人。由于不利的商业环境或全职工作机会季节性减少，这些人无法找到全职工作。

出于非经济原因兼职的人不想从事全职工作，也无法从事这类工作。这一群体包括有健康问题、家庭及个人责任或教育承诺限制其工作时间的人。

劳工统计局使用全职和兼职数据来衡量因就业不足而导致的劳动力市场疲软——已工作但无法找到他们想要的工作。

2019 年 7 月，美国就业人数为 1.573 亿，全职就业人数为 1.304 亿，兼职就业人数为 2690 万，据估计有 390 万人出于经济原因从事兼职工作。如果将这一数字与准待业工人计入失业人口，美国失业率将达到约 7.0%。

3.2

劳动力市场趋势和波动

从失业率、劳动力参与率和其他失业指标的变化中，我们可以了解美国劳动力市场的哪些情况？让我们探讨一下这些指标的变化趋势和波动。

● 失业率

图 3-2 显示了从 1929 年到 2019 年美国的失业率。图 3-2 中最引人注目的事件是经济大萧条（Great Depression），这是一个从 1929 年持续到 1939 年的高失业率、低收入

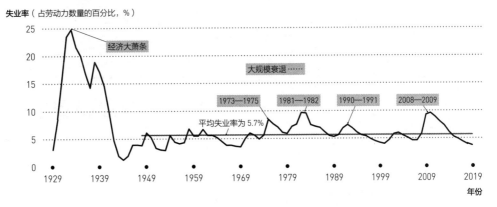

注：1948—2019 年的平均失业率为 5.7%。失业率在经济衰退期间上升，在经济扩张期间下降。美国失业率在第二次世界大战和 20 世纪 50 年代、60 年代和 90 年代的经济扩张期间处于最低水平，在经济大萧条以及 1981—1982 年和 2008—2009 年的衰退期间达到最高水平。

图 3-2　1929—2019 年美国失业率

资料来源：　美国劳工统计局。

和极端经济困难的时期。到 1933 年，也就是经济大萧条最严重的年份，实际 GDP 已大幅下降 30%，如图 3-2 所示，1/4 想要工作的人找不到工作。经济大萧条导致了新政策的诞生，并塑造了美国延续至今的政治态度。

20 世纪 60 年代，失业率逐渐下降到 3.5%。这些年就业增长较快，部分原因在于国防生产的增长对经济发展的需求，还有部分原因在于社会项目的扩大鼓励了消费支出的扩大。另外，"新经济"——由互联网扩张推动的高科技行业——推动了另一波就业机会的快速创造，从 1995 年到 21 世纪初，失业率降至平均水平以下。

在 1973—1975 年、1981—1982 年、1990—1991 年以及 2008—2009 年的经济衰退期间，失业率均在上升。虽然主流表述将 2008—2009 年的经济衰退与经济大萧条相比较，但在图 3-2 中可以看到，2010 年的情况与 1933 年截然不同，1933 年正是经济大萧条期间失业率达到峰值的年份。

● 劳动力参与率

图 3-3 显示了美国劳动力参与率，从 1960 年的 59% 上升到 1999 年的峰值 67%。为什么劳动力参与率提高了？主要原因是进入劳动力市场的女性人数增加了。

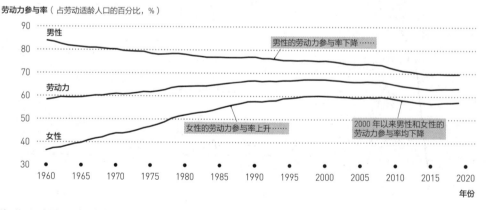

注：从 1960 年到 1999 年，劳动力参与率有所上升，但随后略有下降。
女性的劳动力参与率上升推动了这一变化趋势，从 1960 年的 37% 大幅上升到 1999 年的 60%，但在 2000 年后略有下降。
男性的劳动力参与率稳步下降。

图 3-3　1960—2019 年劳动力市场的变化

资料来源：　美国劳工统计局。

图 3-3 显示，从 1960 年至 1999 年，女性的劳动力参与率从 37% 增加到了 60%。所有年龄组的女性的劳动力参与率均有所增长，主要原因有 4 个。第一，越来越多的女性接受大学教育，从而提高了她们赚钱的能力；第二，工作场所的技术变革创造了大量工作时间灵活的白领工作，许多女性认为这很有吸引力；第三，家庭的技术变革增加了有偿就业的时间；第四，家庭越来越依靠第二份收入来平衡紧张的预算。

图 3-3 还显示了美国劳动力的另一个显著趋势：男性的劳动力参与率由 1960 年的 83% 下降到了 2019 年的 70%。男性的劳动力参与率下降的部分原因在于老年男性选择提前退休，有些男性是在很难找到新工作的年龄失业的。年轻男性的劳动力参与率下降是因为更多的男性还在上学。

2000 年以来的下降趋势

自 2000 年开始的劳动力参与率下降的趋势可能部分源自我们对失业的错误衡量。回想一下，劳动力数量是就业人数和失业人数的总和。如果我们对失业人数统计不全，那么我们对劳动力数量的统计就不全。一些新的措施提供了一个更全面地统计失业的方法。

⊙ 聚焦全球经济

失业和劳动力参与

失业

美国的失业率处于其他经济体的失业率范围之内。图 1 展示了部分经济体的失业率，失业率最高的是英国、加拿大和欧元区国家，最低的是日本。

失业率的差异在 20 世纪 80 年代初较为显著，在 20 世纪 90 年代和 21 世纪初缩小，在 2008—2009 年金融危机后扩大，但随后再次缩小。

欧元区国家的平均失业率高于美国，其失业救济金更高，劳动力市场也受到更多监管。

劳动力参与率

虽然大多数发达国家女性的劳动力参与率都有所提高，但女性的劳动力参与率在世界各地差异很大。图 2 将美国与其他 8 个国家女性的劳动力参与率情况进行了比较。

美国的排名非常低，研究这些数据

失业率（占劳动力数量的百分比，%）

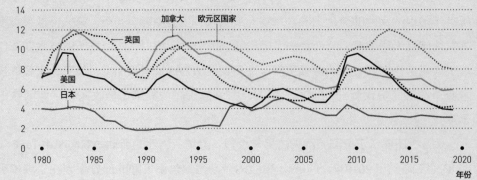

图1　部分经济体的失业率

资料来源：　国际货币基金组织，《世界经济展望》，2019年4月。

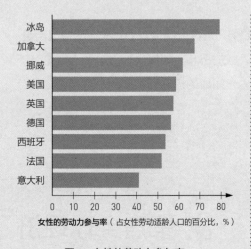

女性的劳动力参与率（占女性劳动适龄人口的百分比，%）

图2　女性的劳动力参与率

资料来源：　经济合作与发展组织（OECD）。

的经济学家弗朗辛·D. 布劳（Francine D. Blau）和劳伦斯·M. 卡恩（Lawrence M. Kahn）表示，其他国家有更多"家庭友好"型劳动力市场政策。但他们表示，这些劳动力市场政策鼓励兼职工作，美国女性比其他国家的女性更有可能获得良好的全职工作，例如成为管理人员或专业人士。

文化因素在影响各国女性择业方面发挥着核心作用。但教育，尤其是拥有大学学位的女性比例，是女性和男性就业前景产生国际差异的主要原因。

● 失业的其他衡量指标

你已经看到，官方衡量失业的标准不包括准待业工人和出于经济原因从事兼职工作的人。劳工统计局现在提供了3个统计范围更广的失业衡量指标，称为U-4、U-5和U-6，其中包括这些更广泛的失业群体。官方失业率（基于失业的标准定义）被称为U-3，顾名思义，还存在U-1和U-2指标。失业的U-1和U-2指标比官方指标统计范围更窄，U-1 是失业 15 周及以上的人数占劳动力数量的百分比，是衡量长期非自愿失业的指标，U-2 是被解雇的人数占劳动力数量的百分比，是非自愿失业的另一个衡量标准。

图 3-4 显示了这 6 个失业衡量指标自 1996 年以来的历史数据。这 6 个失业衡量指标的相对大小可以用它们所包含的内容来解释——指标统计范围越广，平均值越高。U-5 和 U-6（想要全职工作的兼职人员）之间的差距最大。这 6 个失业衡量指标遵循相似但不完全相同的轨迹：在衰退期上升，在两次衰退之间的扩张期下降。但在 2001 年经济衰退期间，U-1 几乎没有上升，而在 2008—2009 年经济衰退期间，它在不到 1 年的时间里增长了 1 倍多。

请注意，在经济衰退结束后，所有 6 个失业衡量指标都在持续上升：它滞后于经济周期。当扩张开始时，公司开始缓慢招聘，一些失业工人找到了工作，但随着准待业工人开始找工作，劳动力数量会增加。在扩张的早期阶段，寻找工作的准待业工人的数量超过了被雇用的人数，失业率上升。

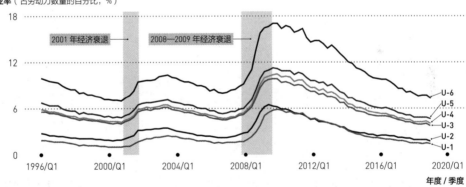

注：不同的失业衡量指标包括

　　U-1 是失业 15 周及以上的人数占劳动力数量的百分比

　　U-2 是被解雇的人数占劳动力数量的百分比

　　U-3 是官方失业率

　　U-4 是失业总人数加上丧志工人数占劳动力数量的百分比

　　U-5 是 U-4 加上准待业工人数占劳动力数量的百分比

　　U-6 是 U-5 加上出于经济原因兼职的人数占劳动力数量的百分比

　　U-1、U-2 和 U-3 是占劳动力数量的百分比

　　U-4、U-5 和 U-6 是占劳动力数量加上新增类别失业人口的百分比

图 3-4　1996—2019 年不同的失业衡量指标

资料来源：　美国劳工统计局。

3.3

失业和充分就业

因为总有失业的人在找工作，所以总是存在一些失业，关键原因是劳动力市场在不断变化。新的工作岗位产生，旧的工作岗位消亡；有人进入劳动力市场，有人退出劳动力市场。正是这些变化造成了失业。

我们将失业分为以下 3 种类型。

» 摩擦性失业
» 结构性失业
» 周期性失业

● 摩擦性失业

摩擦性失业（frictional unemployment ）指的是由于人们进入和离开劳动力市场、辞职去寻找更好的工作以及工作岗位的不断创造和破坏——正常的劳动力流动导致的失业。在一个充满活力、不断增长的经济体中，摩擦性失业是一种持久而健康的现象。

随着人们经历人生的各个阶段——从上学到找工作，再到就业，从对工作不满意转而寻找新工作，到最后从全职工作中退休，劳动力的流入和流出源源不断。

随着新公司的诞生、公司的扩张或收缩以及一些公司的倒闭，这是一个无休止的创造工作岗位和破坏工作岗位的过程。

劳动力的流入和流出，以及工作岗位的创造和破坏过程，催生了人们寻找工作和企业寻找工人的需求。企业通常不会雇用第一个申请工作的人，而失业者通常也不会接受他们遇到的第一份工作。公司和员工都在花时间寻找他们认为的最佳搭档。通过这个寻找的过程，人们可以将自己的技能和兴趣与可能找到的工作相匹配，找到一份满意的工作，获得一份不错的收入。

● 结构性失业

结构性失业（structural unemployment）指的是由于技术变革或国际竞争改变了从事工作所需的技能或改变了工作地点而产生的失业。结构性失业通常比摩擦性失业持续时间更长，因为工人必须接受再培训，可能还要搬家才能找到工作。例如，当美国的银行在 20 世纪 70 年代引入自动柜员机时，许多银行出纳员的工作岗位被取消了。与此同时，人寿保险销售人员和零售职员这种新的工作岗位出现了。以前的银行出纳员失业了几个月，直到他们搬家，接受再培训，才找到了一份新工作。结构性失业是痛苦的，尤其是对年纪较大的工人来说，他们最好的选择可能是提前退休，但这样做的收入低于他们的预期。

有时候，结构性失业的规模很小，也有时候，结构性失业的规模很大，此时结构性失业可能成为一个严重的长期问题。在 20 世纪 70 年代末和 80 年代初，结构性失业规模特别大。

● 周期性失业

经济周期中波动的失业——在经济周期低谷高于正常失业率，在经济周期高峰低于正常失业率——被称为周期性失业（cyclical unemployment）。如果一个因经济衰退而被解雇的工人，在几个月后当经济扩张开始时被重新雇用，那么他就是经历了周期性失业。

● "自然"失业

自然失业是由摩擦性失业和结构性失业引起的失业——当所有失业都是摩擦性失业和结构性失业时，就不存在周期性失业。"自然"失业人数占劳动力数量的百分比称为自然失业率（natural unemployment rate）。

充分就业（full employment）被定义为失业率等于自然失业率的情况。

是什么决定了自然失业率？它是不变的还是随时间变化的？

自然失业率受多种因素的影响，但最重要的影响因素有如下 4 种。

» 人口年龄分布
» 结构变化速度
» 实际工资率
» 失业救济金

人口年龄分布

年轻人多的经济体每年都有大量的新求职者和较多的摩擦性失业。人口老龄化的经济体新求职者较少，摩擦性失业也较少。

结构变化速度

结构变化速度有时很慢，因此使用相同机器的相同工作会持续很多年。但有时技术的剧变会颠覆旧方式，使得数百万个工作岗位消失，并导致曾经用于完成这些工作的技能过时。结构性失业的数量随技术变革的速度波动。激烈的国际竞争推动了这种变化，特别是来自快速变化的亚洲经济体的竞争。当前，美国部分地区出现

聚焦美国经济

找工作需要多长时间

失业期的持续时间随经济周期的变化而变化。在处于经济周期高峰的 2000 年，人们找到工作的平均时间为 6 周；2011 年经济开始弱复苏，人们找到工作的平均时间为 21 周；2019 年在经历了漫长而微弱的扩张后，人们找到工作的平均时间为 9 周。

图 1 提供了更多信息：它显示了在 4 个失业持续时间段中不同失业人群在总失业人数中所占百分比。可以看到，2011 年的长期失业率（27 周及以上）比 2000 年处于经济周期高峰时要高得多，2019 年的数据更接近 2000 年处于经济周期高峰时的数据。

年份

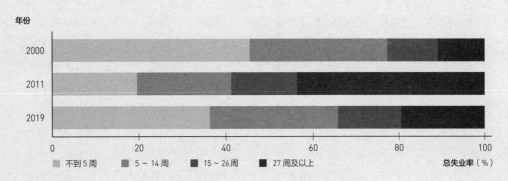

图1   不同失业人群占总失业人数的百分比

资料来源： 美国劳工统计局。

了较高水平的结构性失业。

实际工资率

自然失业率受实际工资率的影响。任何将实际工资提高到市场均衡水平之上的情形都会造成劳动力过剩，并增加自然失业率。导致实际工资超过市场均衡水平的原因有两个：最低工资和效率工资。联邦最低工资之所以导致失业，是因为它高于

🔘 聚焦充分就业

我们实现充分就业了吗

美国经济已经有很长一段时间没有实现充分就业了。2009 年，在全球金融危机引发经济衰退期间，失业率飙升至 10%，更广泛衡量劳动力未充分利用的 U-6 指标徘徊在接近 17% 的水平。从这次经济衰退中复苏是漫长而缓慢的。2019 年年中，政策制定者希望得到以下问题的答案：现在经济完全复苏了吗？我们实现充分就业了吗？

这些问题的答案正是美联储决定加息速度的主要依据。

我们将充分就业定义为失业率等于自然失业率的状态。因此，找到答案的第一种方法是比较劳工统计局测算的

失业率和国会预算办公室估算的自然失业率。

2019 年第二季度，实际失业率和自然失业率分别为 3.6% 和 4.6%。根据这些数据，美国已经处于充分就业之上了。

但自然失业率只是一个估计值。它随着时间的推移而变化，并受许多因素的影响。此外，就业－人口比率和劳动力参与率数据为充分就业问题提供了不同的答案。从 2007 年至 2019 年，这两项指标都下降了 3 个百分点。3% 的劳动适龄人口从劳动力队伍中消失了。

这些人去哪里了？他们代表隐性失业吗？

亚特兰大联邦储备银行的经济学家提出了一种方法，来回答这个问题。他们的想法是使用一个称为 Z-Pop 比率的指标，即充分利用的劳动适龄人口的百分比。那些全职工作的人、出于非经济原因而兼职工作的人以及那些声称不想工作的人都被算作充分利用的劳动力。

图 1 显示了 Z-Pop 比率。在 2008—2009 年经济衰退之前，根据这一定义，95.2% 的劳动适龄人口得到了充分利用，这个数字先下降到 89.7%，然后缓慢攀升。2019 年，96% 的劳动适龄人口得到了充分利用。

因此，Z-Pop 比率给出的答案与将失业率与自然失业率进行比较得出的答案相同。Z-Pop 比率显示 2019 年处于劳动力过度利用状态。

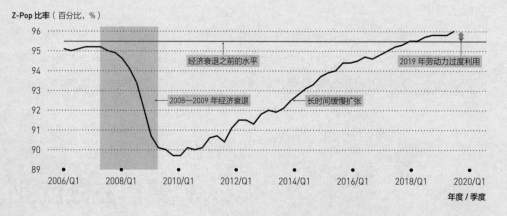

图 1　Z-Pop 比率

资料来源： 美国劳工统计局，亚特兰大联邦储备银行提出的公式以及作者计算数据。

低技能年轻工人的均衡工资。效率工资是企业设定的高于现行市场水平的工资，以吸引最具生产力的工人，让他们努力工作，并防止他们辞职。当公司设定效率工资时，虽然有些工人愿意为这些公司工作，但他们无法获得这份工作。

失业救济金

失业救济金通过降低求职的机会成本提高自然失业率。相较美国，欧洲国家有着更慷慨的失业救济金和更高的自然失业率。延长发放失业救济金会提高自然失业率。

自然失业率的存在是没有争议的。虽然对于自然失业率的变化，也没有争议，但经济学家并不知道它的确切规模，也不知道它的波动程度。国会预算办公室（CBO）估计 2019 年的自然失业率为 4.6%，高于 2019 年的实际失业率。

● 失业与实际 GDP

周期性失业是在经济周期内波动的失业率——失业率在经济衰退期间升高，在经济扩张期间降低。在充分就业时，不存在周期性失业；在经济周期低谷时，周期性失业为正；在经济周期高峰时，周期性失业为负。

图 3-5a 显示了 1980 年至 2019 年间美国的失业率。它还显示了自然失业率和周期性失业率。图 3-5a 中的自然失业率由国会预算办公室估算。

图 3-5a 中的失业率围绕自然失业率波动，产出缺口——实际 GDP 与潜在 GDP 之差占潜在 GDP 的百分比——在图 3-5b 部分围绕零产出缺口波动。

在图 3-5a 中，可以看到在 20 世纪 80 年代、90 年代初、21 世纪初以及 2008—2016 年的大部分时间里，失业率高于自然失业率，因此周期性失业率为正（黑线部分）。还可以看到，在 20 世纪 80 年代后期、1997—2001 年、2005—2008 年以及 2017—2019 年，失业率低于自然失业率，因此周期性失业率为负（灰线部分）。

由于失业率围绕自然失业率波动，实际 GDP 围绕潜在 GDP 波动。潜在 GDP 是经济处于充分就业状态时的实际 GDP——经济的所有生产要素（劳动力、资本、土地和企业家能力）都得到了利用。当经济体处于充分就业状态时，实际 GDP 等于潜在 GDP。实际 GDP 与潜在 GDP 之差称为产出缺口（output gap），在图 3-5b 中表示为产出缺口，以便于比较占潜在 GDP 的百分比。

图 3-5b 显示了 1980 年至 2019 年美国的产出缺口。可以看到，随着失业率围绕自然失业率波动，产出缺口也会波动。在大多数情况下，当失业率高于自然失业率时，见图 3-5a，产出缺口为负（实际 GDP 低于潜在 GDP），见图 3-5b；当失业率低于自然失业率时，产出缺口为正（实际 GDP 高于潜在 GDP）；而当失业率等于自然失业率时，产出缺口为 0（实际 GDP 等于潜在 GDP）。

失业率（占劳动力数量的百分比，%）

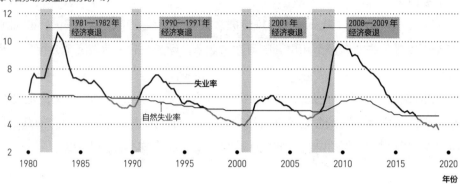

a）周期性失业率和自然失业率

产出缺口（占潜在 GDP 的百分比，%）

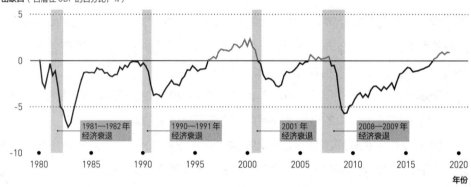

b）产出缺口

注：图 3-5a 显示了 1980 年至 2019 年间美国的失业率。它还显示了自然失业率和周期性失业率。图 3-5a 中的自然失业率由国会预算办公室估算。

图 3-5a 中的失业率围绕自然失业率波动，产出缺口——实际 GDP 与潜在 GDP 之差占潜在 GDP 的百分比——在图 3-5b 中围绕零产出缺口波动。

当失业率高于自然失业率时，实际 GDP 低于潜在 GDP，产出缺口为负（图 3-5 中的黑色折线）。

当失业率低于自然失业率时，实际 GDP 高于潜在 GDP，产出缺口为正（图 3-5 中的灰色折线）。图 3-5a 中显示的自然失业率是国会预算办公室的估值。自 2008 年以来，这一数字可能被低估了。

图 3-5 失业率与产出缺口的关系

资料来源： 经济分析局、美国劳工统计局和国会预算办公室。

总而言之，当实际 GDP 低于潜在 GDP 时，失业率高于自然失业率，2017 年的情况与这一趋势并不相符。那一年，失业率已降至与自然失业率持平的状态，但产出缺口仍比潜在 GDP 低约 2%。这种差异可能是对自然失业率和潜在 GDP 的估计错误造成的。

聚焦生活

你在劳动力市场的状况和活动

你人生的大部分时间将在劳动力市场中度过。大多数时候，你会提供劳动力。但首先，你必须找到一份工作。最有可能的情况是，你的整个职业生涯不只有一份工作。当你决定辞职或者经济状况的变化破坏了你当前的工作时，你会想要换一份新工作。

当你求职、就业、辞职或被解雇、重新求职时，你将属于本章所述的当前人口调查中的许多甚至可能是所有人口类别。

在学习经济学时，想想你目前所在的劳动力市场的状况。

* 你是不是劳动力？
* 如果你是劳动力，你处于就业还是失业状态？

* 如果你有工作，你从事兼职工作还是全职工作？

现在想想你认识的一个目前失业或曾经失业的人。按以下类别对此人经历的失业进行划分。

* 摩擦性失业
* 结构性失业
* 周期性失业

你是如何判断此人所经历的失业类别的？

你今天或者毕业找工作时所面临的劳动力市场状况，在一定程度上取决于国家的总体经济状况——经济处于衰退期还是扩张期。

第 3 章要点小结

1. 定义失业率和其他劳动力市场指标。

- 失业率是失业人数占劳动力数量的百分比，而劳动力数量是就业人数与失业人数之和。
- 劳动力参与率是劳动力数量占劳动适龄人口的百分比。

2. 描述美国劳动力市场指标的趋势和波动。

- 失业率随经济周期波动，在（经济）衰退时上升，在（经济）扩张时下降。
- 女性的劳动力参与率上升，男性的劳动力参与率下降。

3. 描述失业的类型，定义充分就业，并阐释失业与实际 GDP 之间的联系。

- 失业可以是摩擦性、结构性或周期性的。
- 充分就业发生在没有周期性失业的情况下，处于充分就业状态时，失业率等于自然失业率。
- 潜在 GDP 是经济体实现充分就业时的实际 GDP。
- 失业率围绕自然失业率波动，实际 GDP 围绕潜在 GDP 波动，产出缺口在负值和正值之间波动。

哪部电影票房最高

居民消费价格指数与生活成本

本章学习目标

» 阐释居民消费价格指数（CPI）的含义及其计算方法；

» 阐释 CPI 的局限性，并描述价格水平的其他衡量指标；

» 根据通货膨胀调整货币价值，计算实际工资率和实际利率。

4.1

居民消费价格指数

要想知道哪部电影票房最高，我们需要一种比较不同时期价格的方法。这正是居民消费价格指数（Consumer Price Index，CPI）能让我们做到的。CPI 用于衡量城市消费者为消费品和服务的固定市场篮子支付的平均价格。统计局每个月都会计算 CPI，我们可以用这些数据来比较本月固定市场篮子成本与前一个月或其他时期的成本。

● 读懂 CPI 数据

在称为参考基期（reference base period）的时期内，CPI 被定义为 100。目前，美国参考基期为 1982—1984 年。也就是说，从 1982 年 1 月到 1984 年 12 月的 36 个月，CPI 的平均值为 100。

2019 年 7 月，CPI 为 256.6。这一数字告诉我们，2019 年 7 月，城市消费者为固定市场消费品和服务组合支付的平均价格比 1982—1984 年期间的平均价格高 156.6%。

2019 年 6 月，CPI 为 256.1。将 2019 年 7 月 的 CPI 与 2019 年 6 月 的 CPI 进行比较，可以看出，2019 年 7 月城市消费者为固定市场消费品和服务组合支付的平均价格上涨了 0.5 个百分点。

● 构建 CPI

构建 CPI 是一项耗资数百万美元的庞大工程，包括以下 3 个阶段。

» 确定 CPI 市场篮子
» 进行月度价格调查
» 计算 CPI

● 确定 CPI 市场篮子

构建 CPI 的第一个阶段是确定 CPI 市场篮子（market basket）。这个"篮子"代表 CPI 包含的商品和服务，以及每种商品和服务的相对重要性或权重。这个想法是让 CPI 市场篮子中的项目权重与普通城市家庭的预算相同。例如，如果普通家庭将收入的 2% 用于公共交通，那么 CPI 就对公共汽车、地铁和其他交通系统的价格赋予 2% 的权重。

虽然 CPI 每月计算一次，但 CPI 市场篮子并不是每月更新一次。用于确定 CPI 市场篮子的信息来自一项调查，即消费者支出调查，该调查揭示人们实际购买了什么。这项调查是一项持续的活动，CPI 市场篮子的更新频率越来越快。在美国，提供信息的个人和家庭数量达到了 8.8 万个。

20 多年来，美国 CPI 的参考基期一直固定在 1982—1984 年，即使在使用新的消费者支出调查更新 CPI 市场篮子时，也没有改变。

图 4-1 显示了 2019 年 7 月的 CPI 市场篮子，该篮子包含 8 大类约 8 万种商品和服务。如图 4-1 所示，家庭预算中最重要的项目是住房，占总预算的 42.2%，交通以 16.7% 的占比紧随其后，相对重要性排第三位的是食品和饮料，占总预算的 14.2%。这 3 类商品和服务几乎占平均家庭预算的 3/4。医疗保健占总预算的 8.7%，教育和通信占总预算的 6.5%，娱乐占总预算的 5.6%，服饰（服装和鞋类）占总预算的 2.9%。另外 3.2% 的总预算用于其他商品和服务。

美国劳工统计局将这些商品和服务细分为更小的类别。例如，教育和通信细分为教科书和用品、学费、电话服务和个人计算机服务。

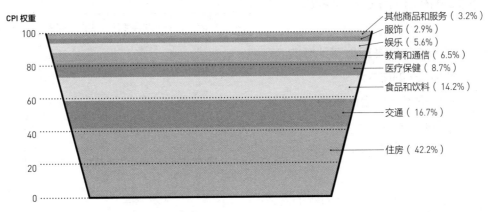

注：这个购物篮子装满了普通城市家庭购买的商品和服务。住房（42.2%）、交通（16.7%）与食品和饮料（14.2%）支出几乎占家庭收入的 3/4。

图 4-1 2019 年 7 月的 CPI 市场篮子

资料来源： 美国劳工统计局。

● 进行月度价格调查

每个月，美国劳工统计局的员工都会检查 30 个大城市 CPI 市场篮子中的约 8 万种商品和服务的价格。CPI 旨在衡量价格变化，因此每月记录的价格必须是完全相同的项目的价格，这一点很重要。例如，假设一盒糖豆的价格上涨了，但一盒糖豆的数量也增加了，糖豆的价格真的上涨了吗？美国劳工统计局员工必须记录商品质量、尺寸、重量或包装变化的详细信息，以便将价格变化与其他变化区分开来。

掌握原始价格数据之后，下一个任务就是计算 CPI。

● 计算 CPI

CPI 的计算有以下 3 个步骤。

» 找出按参考基期价格计算的 CPI 市场篮子的成本。
» 找出按当期价格计算的 CPI 市场篮子的成本。
» 计算参考基期和当期的 CPI。

我们将通过一个简单的例子来完成这 3 个步骤。假设 CPI 市场篮子只包含两种商品和服务：橙子和理发。我们将以 2010 年为参考基期，2019 年为当期，构建年度 CPI，而不是月度 CPI。

表 4-1 显示了 CPI 市场篮子中的商品和服务数量以及参考基期和当期价格。表 4-1a 部分包含参考基期价格数据。在参考基期，消费者以 1 美元 / 个的价格购买了 10 个橙子，以 8 美元 / 次的价格购买了 5 次理发服务。要计算参考基期价格中 CPI 市场篮子的成本，需将 CPI 市场篮子中的商品和服务数量分别与参考基期价格相乘。橙子的成本是 10 美元（1 美元 / 个，购买 10 个），理发的成本是 40 美元（8 美元 / 次，理发 5 次）。因此，按参考基期价格计算的 CPI 市场篮子成本为 50 美元（10 美元 + 40 美元）。

表 4-1b 部分包含当期价格数据。

表 4-1　CPI 的简化计算

a）按参考基期价格计算的 CPI 市场篮子成本：2010 年

项目	CPI 市场篮子		CPI 篮子成本
	数量	价格	
橙子	10	1 美元 / 个	10 美元
理发	5	8 美元 / 次	40 美元
按参考基期价格计算的 CPI 市场篮子成本 50 美元			

b）按当期价格计算的 CPI 市场篮子成本：2019 年

项目	CPI 市场篮子		CPI 篮子成本
	数量	价格	
橙子	10	2 美元 / 个	20 美元
理发	5	10 美元 / 次	50 美元
按当期价格计算的 CPI 市场篮子成本 70 美元			

一个橙子的价格从 1 美元涨到 2 美元，增幅为 100%（ 1 ÷ 1 × 100% = 100%）。理发服务的价格从 8 美元涨到 10 美元，增幅为 25%（ 2 ÷ 8 × 100% = 25%）。

CPI 通过比较市场篮子的成本而不是每个项目的价格，提供了一种衡量平均价格上涨的方法。要计算 2019 年当期 CPI 市场篮子的成本，需要将篮子中的商品和价格数量分别与 2019 年的价格相乘。橙子的价格是 20 美元（ 每个 2 美元，购买 10 个），理发的价格是 50 美元（ 每次 10 美元，理发 5 次）。因此，按当期价格计算，CPI 市场篮子的成本为 70 美元（ 20 美元 + 50 美元）。

现在，你已经完成了计算 CPI 的前两个步骤。第三步则要使用刚刚算出的结果来计算 2010 年和 2019 年的 CPI。CPI 的计算公式为

$$CPI = \frac{当期 CPI 篮子成本}{基期 CPI 篮子成本} \times 100$$

在表 4-1 中，已确定 CPI 市场篮子的成本在 2010 年为 50 美元，在 2019 年为 70 美元。如果我们把这些数字代入 CPI 的计算公式中，我们就可以算出 2010 年和 2019 年的 CPI。参考基期为 2010 年，因此

$$2010 年 CPI = \frac{50 美元}{50 美元} \times 100 = 100$$

$$2019 年 CPI = \frac{70 美元}{50 美元} \times 100 = 140$$

在这个简化的 CPI 计算中应用的原则适用于劳工统计局每月进行的更复杂的计算。

● 衡量通货膨胀和通货紧缩

CPI 是对价格水平的衡量，是特定时期内价格水平（price level）的平均值。通货膨胀率（inflation rate）是衡量从一个时期到下一个时期价格水平变化的百分比。为了用衡量价格水平的 CPI 来计算年通货膨胀率，我们需要使用以下公式

$$通货膨胀率 = \frac{当年 CPI - 上年 CPI}{上年 CPI} \times 100\%$$

假设今年是 2019 年，2019 年的 CPI 是 140。并假设在前一年，即 2018 年，CPI 为 120。那么在 2019 年，

$$通货膨胀率 = \frac{140 - 120}{120} \times 100\% = 16.7\%$$

如果通货膨胀率为负，CPI 下降，人们就会经历通货紧缩（deflation）。美国很少经历通货紧缩，但 2009 年是少有的通货紧缩年之一。你可以通过访

问劳工统计局网站查看最新数据。2009 年 7 月，CPI 为 215.4，2008 年 7 月 CPI 为 220.0。因此在 2009 年 7 月之前的一年中

$$通货膨胀率 = \frac{215.4 - 220.0}{220.0} \times 100\% = -2.1\%$$

● 美国的价格水平、通货膨胀和通货紧缩

图 4-2a 显示了 1970 年至 2019 年间以 CPI 衡量的美国价格水平。在此期间，价格水平每年都在上涨，直到 2009 年略有下降。在 20 世纪 70 年代后期和 20 世纪 80 年代，价格水平快速上涨，但自 20 世纪 80 年代初以来，上涨速度放缓。

图 4-2b 显示了 1970 年至 2019 年间美国的通货膨胀率。当价格水平快速上涨时，通货膨胀率高；当价格水平缓慢上涨时，通货膨胀率低；当价格水平下降时，通货膨胀率为负。

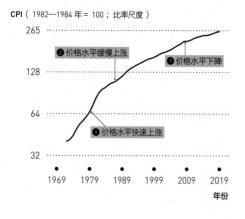

a）CPI：1970—2019 年

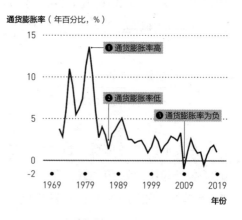

b）CPI 通货膨胀率：1970—2019 年

注：❶20 世纪 70 年代和 80 年代价格水平快速上涨，通货膨胀率较高；❷20 世纪 90 年代和 21 世纪初价格水平缓慢上涨，通货膨胀率较低；❸2009 年价格水平回落，通货膨胀率为负数。

图 4-2 1970—2019 年以 CPI 衡量的价格水平通货膨胀率

资料来源：美国劳工统计局。

聚焦往昔

700 年来的通货膨胀和通货紧缩

图 1 中非同寻常的数据表明，通货膨胀在 1900 年以后才成为一个长期存在的问题。在之前的近 600 年里，通货膨胀几乎无人知晓。16 世纪，欧洲人在美洲发现黄金后，通货膨胀率略有上升。

但这一通货膨胀率仅达到每年 2%——低于今天的通货膨胀率——并最终消退。工业革命见证了短暂的通货膨胀爆发以及随后一段时间的通货紧缩。

通货膨胀率（10 年均值，年百分比，%）

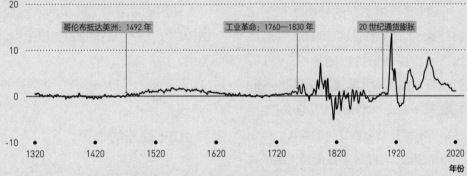

图 1 通货膨胀率

资料来源： E.H. 费尔普斯·布朗和谢拉·V. 霍普金斯，《经济学刊》，1955 年；罗伯特·萨赫尔，俄勒冈州立大学官网。

4.2

CPI 和其他价格水平衡量指标

CPI 是可供选择的价格水平衡量指标之一。它的目的是衡量生活成本，或者说衡量货币的价值。CPI 有时被称为生活成本指数（cost of living index）——一种衡量人们达到一定生活水平所需花费金额变化的指标。但由于两个原因，CPI 并不是衡量生活成本（货币价值）的完美指标。

第一，CPI 并没有试图衡量生活成本的所有变化。例如，随着人们购买更多的天然气和电力来取暖，人们在严冬时的生活成本会有所上升。这些商品价格的上涨会增加 CPI。但是天然气和电力购买量的增加部分并没有改变 CPI，因为 CPI 市场篮子是固定的。因此，这种支出增长的一部分——维持一定生活水平的成本增长——并没有表现为 CPI 的增长。

第二，即使是那些用 CPI 衡量的生活成本的组成部分，也并不总是能准确衡量。其结果是，CPI 可能是衡量生活成本变化的一个有偏差的指标。

让我们来看看 CPI 中的一些偏差来源，以及劳工统计局试图克服这些偏差的方法。

● CPI 偏差的来源

CPI 偏差的来源如下。

» 新商品偏差
» 质量变化偏差
» 商品替代偏差
» 渠道替代偏差

新商品偏差

每年都会有一些新商品出现，一些旧商品消失。如果列出你今天认为理所当然，但 10 年或 20 年前没有的东西的简短清单，那么这个清单会包括智能手机、平板电脑和平板大屏幕电视机。不再出售或很少购买的物品清单包括随身听、黑胶唱片、摄影胶片和打字机。

当我们想要比较 2019 年与 2009 年、1999 年或 1989 年的生活成本时，我们必须通过比较不同商品篮子的价格来做到这一点。我们不能比较相同的商品篮子，因为今天的商品篮子 10 年前没有，10 年前的商品篮子今天也没有。

为了进行比较，美国劳工统计局试图衡量以前的商品和现在的商品所提供的服务的价格。例如，它试图比较听录制音乐的价格，而不考虑提供该服务的技术。但是与过去的随身听相比，今天的智能手机提供了更好的音质和更高的便利性，因此很难进行比较。

新商品中有多大比例代表数量和质量的提高，多大比例代表价格的上涨？劳工统计局尽力去回答这个问题，但没有确定的方法用来进行必要调整。人们认为，新商品的出现使 CPI 及其衡量通货膨胀率的指标出现了上升趋势。

质量变化偏差

汽车、智能手机、计算机和许多其他物品每年都在变得更好。例如，中控锁、安全气囊和防抱死制动系统都会提高汽车的品质，但它们也增加了汽车的成本。品质的提高是否大于成本的增加？汽车价格的上涨是否超过了品质改进所能解释的程度？从某种程度上说，价格上涨是对品质提高的一种补偿，而不是通货膨胀。同样，美国劳工统计局尽了最大努力来估计品质提高对价格变

化的影响。但 CPI 可能过多地把价格上涨算作通货膨胀，因此夸大了通货膨胀。

商品替代偏差

相对价格的变化会导致消费者改变他们购买的物品。人们会减少购买成本较高的物品，增加对成本较低物品的消费。例如，假设胡萝卜的价格上涨，而西兰花的价格保持不变。既然胡萝卜比西兰花贵，你可能会决定多买西兰花，少买胡萝卜。假设你把胡萝卜换成了西兰花，那么在蔬菜上的花费就和以前一样多，并且还能得到和以前一样的享受。你在蔬菜上的花费没有变化。CPI 之所以显示蔬菜价格上涨，是因为它忽略了 CPI 市场篮子中商品之间的替代。

渠道替代偏差

当价格上涨时，人们会更频繁地光顾折扣店，而较少去便利店，这种现象被称为渠道替代。例如，假设汽油价格每加仑上涨 10 美分。现在，你不是从附近的加油站以每加仑 4.299 美元的价格加油，而是开车到更远的加油站加油，那里的汽油价格为每加仑 4.199 美元。那么，你的汽油成本增加了，因为你必须考虑到你的时间成本和你在路上驶过几个街区所用的汽油。但是你的成本增幅并没有每加仑汽油上涨 10 美分那么多。然而，CPI 显示汽油价格每加

仓上涨了 10 美分，因为 CPI 未考虑渠道替代。

近年来，线上购物的增长提供了一种替代折扣店的选择，这使得直销店的替代变得更加容易，并有可能使渠道替代偏差更加严重。

● 偏差的大小

你已经回顾了 CPI 偏差的来源。但偏差有多大呢？1996 年，由斯坦福大学经济学教授迈克尔·博斯金（Michael Boskin）担任主席的国会顾问委员会解答了这个问题，答案是 CPI 将年通货膨胀率夸大了 1.1 个百分点。也就是说，如果 CPI 报告的年通货膨胀率为 3.1%，那么实际年通货膨胀率很可能为 2%。

在国会顾问委员会报告后的一段时间内，美国劳工统计局已采取措施减少 CPI 偏差。我们在本章前面描述的更频繁的消费者支出调查就是这些措施中的一步。除此之外，美国劳工统计局还使用更复杂的模型和方法，试图消除偏差的来源，使 CPI 尽可能准确。

● CPI 偏差的两个后果

CPI 偏差会导致如下两个主要的不良后果。

» 私人合同的扭曲
» 政府支出增加和税收减少

私人合同的扭曲

假设美国汽车工人联合会（UAW）和福特公司达成一项为期 3 年的工资协议，第一年每小时支付 30 美元，随后几年的增长幅度等于 CPI 的变化百分比。如果 CPI 每年上涨 5%，第二年工资率将增至 31.50 美元，第三年工资率将增至约 33.08 美元。

现在假设 CPI 存在偏差，生活成本的真实增长率是每年 3%。第二年工资率为 30.90 美元（不是 31.50 美元），第三年工资率约为 31.83 美元（不是 33.08 美元），即可补偿工人较高的生活成本。因此，在第二年，工人每小时可多赚 60 美分，即每周工作 35 小时多赚 21 美元。第三年，他们每小时可多赚 1.25 美元，即每周工作 35 小时多赚 43.75 美元。

工人的收益正是福特公司的损失。对于有几千名员工的福特公司而言，每周损失数千美元，那么在 3 年工资协议期内的损失将高达数百万美元。

政府支出增加和税收减少

美国 CPI 用于调整 6300 万社会保障受益人、4000 万食品券领取者、1800 万退役军人和联邦公务员（及其未亡配偶）的收入，以及 3100 万学校午餐的预算。大约 1/3 的联邦政府支出与 CPI 直接挂钩。CPI 的偏差将使所有这些支出的增加超过补偿美元购买力下降所需的水平。即使是 1% 的偏差，也会在 10 年内累积到近 10 000 亿美元。

CPI 还被用于调整适用于较高税率的收入水平。高收入人群的税率高于低收入人群，因此，随着收入的增加，如果不进行调整，税收负担毫无疑问将会增大。在某种程度上，CPI 偏差上行，税收调整过度补偿了物价上涨，减少了税收。

其他 CPI 指标

下面我们将介绍旨在改善 CPI 的其他 3 个价格水平衡量指标。这些指标是

» 链式居民消费价格指数（C-CPI）
» 个人消费支出价格指数（PCEPI）
» 不包括食品和能源的 PCEPI

链式居民消费价格指数（C-CPI）

链式居民消费价格指数（Chained Consumer Price Index，C-CPI）是使用当月和上月的价格和支出计算价格水平的衡量指标。它之所以被称为 "链式"，是因为当月计算的通货膨胀率就像链条中的环节一样，与参考基准月挂钩。因为它使用每月更新的当期支出，所以 C-CPI 避免了 CPI 中的偏差。它

考虑了新商品、质量变化和替代效应。C-CPI 的唯一不足是，随着近期支出数据的修正，它会被多次修正。

个人消费支出价格指数（PCEPI）

个人消费支出价格指数（Personal Consumption Expenditures Price Index，PCEPI）是国内生产总值消费支出中商品和服务当前价格的平均值，以占参考基期价格的百分比表示。PCEPI 使用当前价格，因此与 C-CPI 一样，它避免了 CPI 的偏差。

不包括食品和能源的 PCEPI

食品和能源价格的波动幅度远大于其他，它们的变化会掩盖价格水平的潜在趋势。通过排除这些高度可变的项目，可以更清楚地看到基础价格水平和通货膨胀率。不包括食品和能源的 PCEPI 的变化百分比称为核心通货膨胀率（core inflation rate）。

图 4-3 显示了 2000 年以来 CPI 及其他 3 个居民消费价格水平的衡量指标。C-CPI 和 PCEPI 这两个使用当期支出的衡量指标是相似的。它们显示 2018 年的物价水平比 2000 年高出约 139%，这意味着年通货膨胀率为 1.8%。CPI 年均通货膨胀率为 2.1%，高于这两个衡量指标，上行偏差为 0.3 个百分点。不包括食品和能源的 PCEPI，是用于计算核心通货膨胀率的指数，比其他衡量指标上涨得慢。它偏

差下行，平均而言，食品和能源价格比其他价格上涨得更快。本节"聚焦美国经济"着眼于确定潜在通货膨胀率的另一种方法。

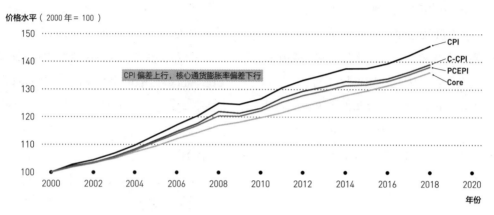

价格水平（2000 年 = 100）

注: 这 4 个衡量价格水平的指标一起上升。

    C-CPI 和 PCEPI 提供了衡量价格水平和通货膨胀率最准确的方法。

    CPI 上涨最快，反映了它的上升偏差。核心通货膨胀率指标（即 Core）上升最慢，反映了其下行偏差。

图 4-3　居民消费价格水平的 4 个衡量指标

资料来源:　美国劳工统计局和经济分析局。

🎯 聚焦美国经济

衡量和预测通货膨胀：黏性价格 CPI

黏性价格 CPI 是由 CPI 中价格变化不频繁（黏性价格）的项目构成的价格指数。这些项目与价格变化频繁（弹性价格）的项目形成对比。

表 1 提供了一些示例。在占 CPI30% 的弹性价格项目中，汽车燃料的价格变化最为频繁——平均每 3 周变化一次。另一个极端是，在占 CPI70% 的黏性价格项目中，医疗服务的价格变化最不频繁，

它在超过一年的时间里保持不变。

图 1 显示，CPI 通货膨胀率分为黏性价格和弹性价格两部分。黏性价格反映出对未来市场状况的预期，波动较小。弹性价格反映出当前的市场状况，波动较大。

由于黏性价格极少被重新设定，因此它们的通货膨胀率提供了有关未来通货膨胀预期如何变化的信息。在如图 1 所

示的 19 年中，黏性价格通货膨胀率平均每年变化 2.4%，介于 2002 年的 3.7% 和 2011 年的 0.7% 之间。

黏性价格 CPI 解决了其他价格水平衡量指标和通货膨胀率指标存在的 3 个问题。

第一个问题是通货膨胀率的波动性以及测算潜在通货膨胀率并预测其未来水平的挑战。CPI 通货膨胀率每个月都有很大波动，很难说目前的通货膨胀率是多少。

核心通货膨胀率通过剔除波动较大的食品和能源价格来衡量潜在通货膨胀率，这导致了第二个问题，即偏差。CPI 高估了通货膨胀率，而核心通货膨胀率低估了通货膨胀率。

黏性价格 CPI 也存在 CPI 中的小幅偏差，因为平均黏性价格通货膨胀率和弹性价格通货膨胀率相等。但与核心通货膨胀率相比，前者对潜在通货膨胀的衡量偏差较小。

第三个问题是时机。C-CPI 克服了偏差问题，但随着更多关于消费者支出

表 1　弹性价格和黏性价格项目示例

弹性价格项目 （占 CPI 的 30%）	调整频率 （周）	黏性价格项目 （占 CPI 的 70%）	调整频率 （周）
汽车燃油	3	娱乐	34
肉类、家禽、鱼类和蛋类	8	通信	36
新车	9	公共交通	41
二手车和卡车	9	主要居所租金	48
女装和女童服装	10	教育	48
谷物和烘焙食品	14	医疗保健服务	61

的信息变得可用，它与 PCEPI 测算通货膨胀率均有延迟。相比之下，黏性价格 CPI 是在劳工统计局公布 CPI 几小时后报告的。

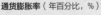

通货膨胀率（年百分比，%）

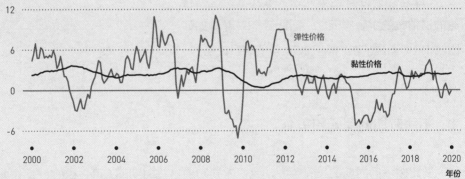

图 1　弹性价格和黏性价格通货膨胀率

资料来源：　亚特兰大联邦储备银行。

4.3

名义价值和实际价值

2019 年，在美国邮寄一封一类信件的费用为 55 美分。100 年前，也就是 1919 年，同样一封信的邮费是 2 美分。如今寄一封信的邮费真的是 100 年前寄一封信的邮费的 27.5 倍吗？

事实并非如此。你知道今天 1 美元能买的东西少于 1919 年 1 美元能买的东西，因此一枚邮票的价格并没有真正增加到 1919 年价格的 27.5 倍。但是邮票价格到底有没有增加？人们在 2019 年寄一封信的成本真的比在 1919 年寄一封信的成本高吗？

CPI 可用于回答这类问题。事实上，这是构建价格指数的主要原因之一。让我们来看看如何比较 1919 年的邮票价格和 2019 年的邮票价格。

哪种邮票的实际价格更高：1919 年的 2 美分邮票还是今天的 55 美分邮票？

● 不同时期的美元和美分

要比较不同时期的美元金额，我们需要知道这些时期的 CPI。目前，参考基期 1982—1984 年的 CPI 等于 100。即 1982、1983、1984 年 CPI 的平均值为 100。（这 3 年的数字分别为 96.4、99.6 和 104，计算这些数字的平均值并检查其是否确实为 100）

2019 年的 CPI 为 255.2，1919 年为 17.4。根据这两个数字，我们可以计算出美元在 1919 年和 2019 年的相对价值。为此，我们用 2019 年的 CPI 除以 1919 年的

CPI，即 255.2 除以 17.4，结果约为 14.7。也就是说，2019 年的平均价格是 1919 年的约 14.7 倍。

我们可以用这个比率将 1919 年 2 美分邮票的价格转换成 2019 年的等值价格。此计算公式为

$$2019\ 年美元邮票价格 = 1919\ 年美元邮票价格 \times \frac{2019\ 年\ CPI}{1919\ 年\ CPI}$$

$$= 2\ 美分 \times \frac{255.2}{17.4} \approx 29\ 美分$$

因此你高祖母确实比你付的邮费少！她寄一封一类信件比你少花约 26 美分。她支付了相当于 2019 年 29 美分的邮费，而你支付了 55 美分。

我们刚刚将 1919 年的邮票价格转换为 2019 年的等值价格，同样地，我们也可以反过来进行类似的计算——将 2019 年的邮票价格换算成 1919 年的等值价格。替代计算公式为

$$1919\ 年美元邮票价格 = 2019\ 年美元邮票价格 \times \frac{1919\ 年\ CPI}{2019\ 年\ CPI}$$

$$= 55\ 美分 \times \frac{17.4}{255.2} \approx 3.75\ 美分$$

对这个数字的解释是，你支付的费用相当于 1919 年的 3.75 美分。以 1919 年的美元价值计算，一张邮票的实际价格是 3.75 美分。

我们刚刚完成的计算是将名义价值转换为实际价值的示例。名义价值是以现值美元表示的价值。实际价值是以给定年份美元表示的价值。我们现在来看看如何使用类似的方法将其他名义宏观经济变量转换为实际变量。

● 宏观经济学中的名义值和实际值

宏观经济学对变量的名义值和实际值之间的区别提出了一个很大的问题。以下 3 组名义和实际变量在宏观经济学中占据中心地位。

» 名义 GDP 和实际 GDP

» 名义工资率和实际工资率

» 名义利率和实际利率

我们通过回顾已经学习过的名义 GDP 和实际 GDP 之间的区别，并以一种新的方式解释这种区别，来开始我们对宏观经济学中实际变量和名义变量的研究。

● 名义 GDP 和实际 GDP

当以 2012 年美元计算 2019 年的实际 GDP 时，我们用 2012 年的价格表示了 2019 年生产的商品和服务的价值。我们直接计算了实际 GDP，没有将 2019 年的名义 GDP 与这两年的价格指数比率相乘。

但我们可以将 2019 年的实际 GDP 解释为 2019 年的名义 GDP 乘以 2012 年价格指数与 2019 年价格指数的比率。我们将使用的价格指数是 GDP 价格指数（GDP price index），它是 GDP 包含的所有商品和服务当前价格的平均值，以参考基期价格的百分比表示。

2012 年（参考基期）的 GDP 价格指数被定义为 100，因此我们可以将任意一年的实际 GDP 解释为名义 GDP 除以当年的 GDP 价格指数再乘以 100。虽然我们不用这种方法计算实际 GDP，但我们可以这样解释。

GDP 价格指数或 CPI 或其他价格指数可用于将名义变量转换为实际变量。

⟨◎⟩ 聚焦美国经济

压缩名义 GDP 气球

如图 1 所示，除 2009 年外，名义 GDP 在 1980 年至 2019 年间每年都在增长。部分增长反映了产量增长，部分增长反映了价格上涨。

你可以把 GDP 想象成一个被产量增长和价格上涨吹大的气球。如图 2 所示，GDP 价格指数或 GDP 平减指数将通货膨胀——价格上涨的贡献——从名义 GDP 中剔除，这样我们就可以看到实际 GDP 发生了什么。

1980 年的灰色小气球表示当年的实际 GDP。黑色气球表示 2019 年的名义 GDP，2019 年的灰色气球表示当年的实际 GDP。

为看到 2019 年的实际 GDP，我们使用 GDP 价格指数来压缩名义 GDP 气球。随着通货膨胀气体的排出，我们可以看到从 1980 年到 2019 年的实际 GDP 增长了多少。

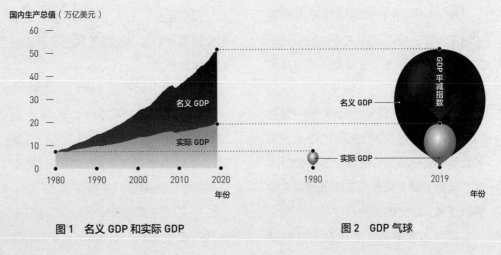

图 1　名义 GDP 和实际 GDP　　　　**图 2　GDP 气球**

资料来源：经济分析局。

● 名义工资率和实际工资率

劳务的价格就是工资率——1 小时劳动的收入。在宏观经济学中，我们对整体经济表现感兴趣，因此我们关注平均小时工资率。名义工资率（nominal wage rate）是以现值美元计算的平均小时工资率。实际工资率（real wage rate）是以给定参考基期美元计算的平均小时工资率。

为了计算与消费者相关的实际工资率，我们将名义工资率除以CPI，然后乘100。也就是

$$2018\ 年实际工资率 = \frac{2018\ 年名义工资率}{2018\ 年 CPI} \times 100$$

2018 年，生产工人的名义工资率（平均小时工资率）为 22.67 美元，CPI 为 251，因此

$$2018\ 年实际工资率 = \frac{22.67\ 美元}{251} \times 100 \approx 9.03\ 美元$$

因为我们用不变基期美元来衡量实际工资率，所以实际工资率的变化衡量了1小时工作收入能够购买的商品和服务数量的变化。

与之相比，名义工资率变化衡量的是1小时工作收入能购买的商品和服务数量的变化以及价格水平的变化。因此，实际工资率从名义工资率的变化中剔除了通货膨胀的影响。

实际工资率是一个重要的经济变量，它衡量的是劳动服务的实际报酬，而劳动报酬是生活水平的主要决定因素。因为它衡量的是劳动服务的实际报酬，对企业愿意雇用的劳动力数量有影响，所以从这个角度看实际工资率也很重要。

图4-4显示了1980年至2018年美国名义工资率和实际工资率的变化。名义工资率是生产工人的平均时薪。这个指标只是我们可以使用的几个不同的平均时薪指标之一。

名义工资率从1980年的每小时6.82美元增加到2018年的每小时22.67美元，但实际工资率几乎没有变化。以1980年美元计算，2018年的实际工资率仅为每小时7.44美元。

当名义工资率增长时，实际工资率几乎没有变化，因为名义工资率的增长率几乎等于通货膨胀率。从名义工资率中剔除通货膨胀的影响后，我们可以看到名义工资率的购买力发生了什么变化。

你也可以看到实际工资率出现了小幅波动。20世纪90年代中期之前略有下降，之后略有上升。

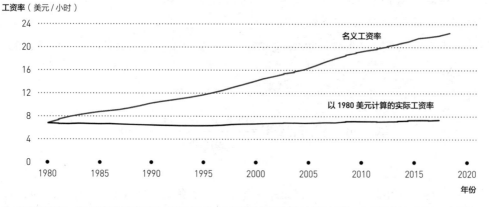

注：自1980年以来，名义工资率每年都在增长。实际工资率从1985年到20世纪90年代中期略有下降，此后略有上升。在整个38年期间，实际工资率基本保持稳定。

图4-4　1980—2018年美国名义和实际工资率变化

资料来源：美国劳工统计局。

⊙ 聚焦往昔

美国总统的名义和实际工资率

2019 年的唐纳德·特朗普（Donald Trump）和 1788 年的乔治·华盛顿（George Washington），谁挣的钱更多？如图 1 所示，1788 年乔治·华盛顿的薪酬为 2.5 万美元（灰色线），但以 2019 年美元计算，他的薪酬为 61.9 万美元（黑色线）。唐纳德·特朗普 2019 年的薪酬

则为 40 万美元（黑色线）。

但如今总统的住所更加舒适，与早些年相比，总统的旅行安排也变得更加容易。因此，算上工作条件的改善，唐纳德·特朗普并没有受到显著的不公平待遇。

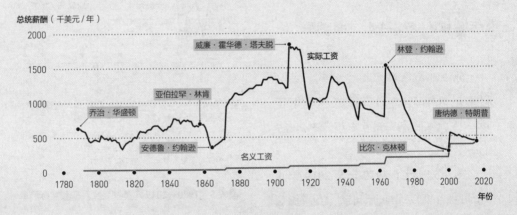

图 1　总统薪酬

资料来源：罗伯特·萨赫尔，俄勒冈州立大学，俄勒冈州立大学官网。

● 名义利率与实际利率

现在你已经知道，我们可以通过使用 CPI 平减名义价值来计算实际价值，为了进行这项计算，我们用名义价值除以价格指数。将名义利率转换成实际利率的算法略有不同。为了解原因，我们先从其定义说起。

名义利率（nominal interest rate）是以贷款金额百分比表示的利息金额。例如，假设你有 1000 美元的银行存款，即你借给银行的贷款，每年会收到 50 美元的利息。名义利率是 50 美元占 1000 美元的百分比，即每年 5%。

实际利率（real interest rate）是以贷款金额百分比表示的剔除物价上涨后

的利率。接着上面的例子，一年后你的银行存款增加到 1050 美元，即原来的 1000 美元加上 50 美元的利息。假设一年中物价上涨了 3%，那么现在你需要 1030 美元来购买一年前 1000 美元可以买到的东西。你到底收到了多少利息？答案是 20 美元，相当于每年 2% 的实际利率。

要把名义利率转换成实际利率，需要减去通货膨胀率。也就是说，

实际利率 = 名义利率 - 通货膨胀率。

把上述数字放进这个公式。名义利率是每年 5%，通货膨胀率是每年 3%，因此实际利率是 5% 减去 3%，等于每年 2%。

图 4-5 显示了 1970 年至 2019 年间美国的名义利率和实际利率。当通货膨胀率较高时，实际利率与名义利率之间的差距较大。有时，实际利率为负（如 20 世纪 70 年代末），相当于贷款人向借款人付款！

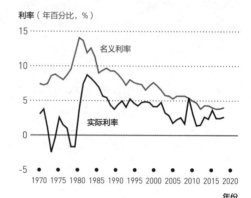

注：图 4-5 显示的利率是最安全的大公司支付的长期债券（被称为穆迪 AAA 级债券）利率。

实际利率等于名义利率减去通货膨胀率，名义利率和实际利率之间的纵向差距就是通货膨胀率。实际利率通常是正的，但在 20 世纪 70 年代末，它变成了负的。

图 4-5　1970—2019 年美国名义利率和实际利率

资料来源：　美联储和美国劳工统计局。

聚焦票房大片

哪部电影票房最高

我们在本章开头提出的这个问题，在美国，答案是《乱世佳人》（Gone with the Wind）。

为得出答案，电影票房统计网站票房 Mojo（Box Office Mojo）将赚到的美元换算成等值的现值美元来计算电影的实际收入。但它并没有使用 CPI，而是使用电影的平均价格作为其价格指数。

《乱世佳人》制作于 1939 年。仅看它在美国的表现，这部电影随后连续上

映了 9 年，及至 2019 年，它的票房总收入接近 2.01 亿美元。

2019 年上映的《复仇者联盟：终局之战》（Avengers: Endgame）赚了 8.58 亿美元。因此，2019 年《复仇者联盟：终局之战》的票房收入是《乱世佳人》的 4 倍多。

为了将《乱世佳人》的票房收入转换为 2019 年美元收入，票房 Mojo 将其每年的票房收入与 2019 年的票价相乘，然后除以该年的票价。

按 2019 年的电影票价计算，《乱世佳人》的票房收入为 18.22 亿美元，是《复仇者联盟：终局之战》的 2 倍多。

因为票房魔力采用的是平均票价，所以它真正比较的变量是售出的门票数量。2019 年的平均票价为 9.01 美元，这意味着有约 2.02 亿人看过《乱世佳人》，约 9500 万人看过《复仇者联盟：终局之战》。《乱世佳人》最受欢迎，因为其观看人数最多。

⊡ 聚焦生活

学生的 CPI

CPI 可衡量典型城市家庭购买的商品和服务篮子的平均价格变化的百分比。

学生不是典型家庭。学生购买的商品和服务篮子平均的价格发生了怎样的变化？答案是比一般家庭要大得多。

假设一名学生将收入的 25% 用于房租，25% 用于学费，25% 用于书籍和学习用品，10% 用于食品，10% 用于交通，5% 用于服装。

我们可以使用这些权重和劳工统计局收集的各种价格数据来计算学生的 CPI 和它所暗示的通货膨胀率。

图 1 显示了一名学生的通货膨胀率与官方 CPI 通货膨胀率的比较。从 2006 年到 2019 年，该学生的年均通货膨胀率为 4%，是官方 CPI 通货膨胀率的 2 倍。房租、书籍和学习用品以及学费是

造成这种差异的主要原因。但自 2016 年以来，该学生的通货膨胀率也在下降，大部分时间都低于官方 CPI 通货膨胀率。

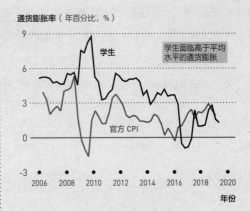

图 1　通货膨胀率比较

资料来源：　美国劳工统计局。

第 4 章要点小结

1. 阐释居民消费价格指数（CPI）的含义及其计算方法。

- 居民消费价格指数（CPI）是衡量城市普通家庭购买的商品和服务组合的平均价格的指标。
- CPI 的计算方法是将 CPI 市场篮子的当期成本除以其基期成本，再乘以 100。

2. 阐释 CPI 的局限性，并描述价格水平的其他衡量指标。

- CPI 不包括构成生活成本的所有项目。
- 由于新商品、质量变化以及相对价格变化，消费者会购买替代品，CPI 无法准确衡量价格变化。
- 价格水平的其他衡量指标包括链式居民消费价格指数（C-CPI）、个人消费支出价格指数（PCEPI）以及不包括食品和能源的 PCEPI。
- C-CPI 和 PCEPI 都使用当前价格，在一定程度上避免了 CPI 中的偏差来源。
- 不包括食品和能源的 PCEPI 用于计算显示通货膨胀趋势的核心通货膨胀率。

3. 根据通货膨胀调整货币价值，计算实际工资率和实际利率。

- 为根据通货膨胀调整货币价值（也称为名义价值），我们用给定年份的美元来表示价值。
- 要将 B 年份的美元价值转换为 A 年份的美元价值，应将 B 年份的美元价值乘以 A 年份的价格水平，然后除以 B 年份的价格水平。
- 实际工资率等于名义工资率除以 CPI，再乘以 100。
- 实际利率等于名义利率减去通货膨胀率。

为什么美国人比欧洲人收入高、产出多

潜在 GDP 与自然失业率

本章学习目标

» 阐释潜在 GDP 的决定因素;

» 阐释自然失业率的决定因素。

了解宏观经济的方法和途径

你学习了经济学家如何定义和衡量实际GDP、就业和失业、价格水平和通货膨胀率——这些是描述宏观经济表现的关键变量。你在这一章和后面章节的任务是学习宏观经济理论，这些理论解释了宏观经济表现，并为可能改善宏观经济表现的政策提供了基础。

我们提出的宏观经济理论是当今经济学家关于经济运行方式的共识，但它并不是所有宏观经济学家的观点。今天的共识是对三大思想流派的整合，它们对衰退的原因和应对衰退的最佳政策有着截然不同的看法。一些经济学家认同这些思想流派，2008—2009年的经济衰退和缓慢复苏引发了激烈争论，为持各种观点的经济学家提供了一个表达观点的平台。

我们首先概述形成当今共识的三大思想流派。

● 三大思想流派

宏观经济学三大思想流派如下。

» 古典宏观经济学
» 凯恩斯主义宏观经济学
» 货币主义宏观经济学

古典宏观经济学

根据古典宏观经济学理论（classical macroeconomics），市场运作良好并能提供最佳的宏观经济表现。总体波动是经济扩张和生活水平提高的自然结果，政府干预只能阻碍市场有效配置资源的能力。第一批古典宏观经济学家包括亚当·斯密（Adam Smith）、大卫·李嘉图（David Ricardo）和约翰·穆勒（John Mill），他们都生活在18世纪和19世纪。现代古典经济学家包括亚利桑那州立大学的2004年诺贝尔奖获得者爱德华·普雷斯科特（Edward Prescott）和卡内基梅隆大学和加利福尼亚大学圣芭芭拉分校的芬恩·基德兰德（Finn Kydland）。

古典宏观经济学在 20 世纪 30 年代的经济大萧条时期声名狼藉，当时许多人认为基于私有制、自由市场的资本主义政治制度无法存续。古典宏观经济学者预测经济大萧条最终会结束，但没有提供更快结束经济大萧条的方法。

凯恩斯主义宏观经济学

根据凯恩斯主义宏观经济学理论（Keynesian macroeconomics），市场经济具有内在的不稳定性，需要政府积极干预才能实现充分就业和经济持续增长。约翰·梅纳德·凯恩斯（John Maynard Keynes）和他在 1936 年出版的《就业、利息和货币通论》一书开创了这一学派。凯恩斯的理论是，当家庭消费品和服务支出不足，企业新资本投资支出不足时，就会出现萧条和高失业率。也就是说，私人支出太少是萧条（和衰退）的原因。为了应对私人支出过少的问题，政府支出必须增加。

凯恩斯主义的观点吸引了许多追随者，在 20 世纪 50 年代，它成为主流，但在通货膨胀严重的 20 世纪 70 年代，它似乎离那个年代的问题越来越远，失去了人气。2008—2009 年的金融危机和对另一场大萧条的担忧重新激起了人们对凯恩斯主义宏观经济学的兴趣，并带来了对古典宏观经济学的新一波攻击，诺贝尔奖得主保罗·克鲁格曼（Paul Krugman）在《纽约时报》的专栏中率先发起了攻击。

货币主义宏观经济学

根据货币主义宏观经济学理论（monetarist macroeconomics），古典世界观大体是正确的，除了经济扩张的正常运行引起的波动，货币数量的波动也会产生经济周期。货币增速放缓带来经济衰退，货币数量大幅减少带来大萧条。

米尔顿·弗里德曼（Milton Friedman）是 20 世纪 60 年代和 70 年代芝加哥学派的思想领袖，也是最杰出的货币主义者。如今，很少有经济学家认为货币紧缩是萧条（和衰退）的唯一根源。但是，货币数量在经济波动中起作用的观点被所有经济学家所接受，它也是当今共识的一部分。

● 当今的共识

每个思想流派都提供了在当今的共识中幸存下来的见解和成分。古典宏观经济学解释了经济处于或接近充分就业的情形，但它不能解释经济在支出大幅下滑的情况下表现如何。

凯恩斯主义宏观经济学在衰退或萧条时占据主流。当支出削减时，市场对大多数商品和服务的需求以及对劳动力的需求都会下降，价格和工资率不会下降，但商品和服务的销量以及劳动力数量会下降，因此经济会陷入衰退。在经济衰退时，政府增加支出或者减税，让人们有更多的支出用于消费，都有助于恢复充分就业。

货币主义宏观经济学通过强调货币数量的收缩带来更高的利率和借贷成本丰富了凯恩斯主义宏观经济学，其认为这是导致支出减少、经济最终衰退的主要原因。在经济衰退时，增加货币数量和降低利率有助于恢复充分就业。保持货币数量随着经济生产可能性的扩大而稳步增长，有助于抑制通货膨胀，也有助于缓和经济衰退的严重程度。

当今的共识的另一个组成部分是认为经济增长的长期问题比经济衰退的短期问题更重要。看看本节的"聚焦美国经济"，你就会明白原因了。即使是经济增长的小幅放缓，也会带来巨大的代价，即长期降低人均收入水平。这一成本远大于经济衰退期间的收入损失，但经济衰退的代价是巨大的，因为损失集中在那些失业者身上。

◎ 聚焦美国经济

卢卡斯楔形和奥肯缺口

如图 1 所示，20 世纪 60 年代，美国人均实际 GDP 以每年 2.9% 的速度增长，其中灰线显示了如果保持这一增长率其将会沿循的路径。1970 年后，增长率放缓至每年 2.0%，黑线显示的是人均实际 GDP 的变化路径。芝加哥大学经济学家小罗伯特·E.卢卡斯（Robert E. Lucas, Jr）指出，这种增长的放缓导致了巨大的产出损失。图 1 将这一损失显示为卢卡斯楔形，这部分总量相当于惊人的人均 631 000 美元或 11 年的收入。

实际 GDP 围绕潜在 GDP 波动，当产出缺口为负时，产出就损失了。布鲁金斯学会经济学家亚瑟·B.奥肯（Arthur B. Okun）重点研究了这一损失。图 2 将这种损失显示为奥肯缺口，相当于人均 31 000 美元或大约 7 个月的收入。

平滑经济周期和消除奥肯缺口有很大的好处。想办法将实际 GDP 增长率恢复到 20 世纪 60 年代的水平，则会带来更大的好处。

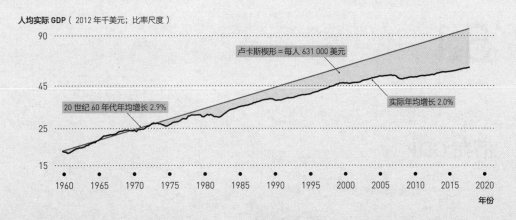

图 1　卢卡斯楔形

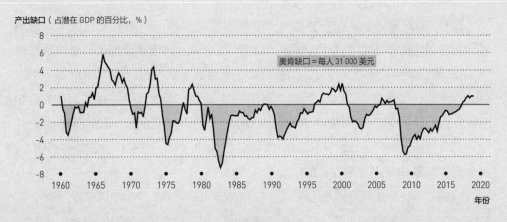

图 2　奥肯缺口

资料来源：　经济分析局，国会预算办公室以及作者的假设和计算。

● **前方的路**

　　本书以当今的共识为基础，开启宏观经济学之旅。我们通过本章和接下来的两章解释决定潜在 GDP 及其增长速度的因素，然后我们研究货币并解释是什么导致了通货膨胀。最后，我们将解释现实力量和货币力量是如何相互作用，从而产生经济周期的，我们还将解释政府和中央银行可用于改善宏观经济表现的政策工具。

5.1

潜在 GDP

潜在 GDP（potential GDP）是经济中所有生产要素——劳动力、资本、土地和企业家能力——都得到充分利用时的实际 GDP 值。出于 3 个原因，理解决定潜在 GDP 的因素至关重要。首先，当经济处于充分就业状态时，实际 GDP 等于潜在 GDP。因此，实际 GDP 的决定因素与潜在 GDP 的决定因素相同；其次，实际 GDP 只能在接近经济周期高峰时暂时超过潜在 GDP，然后从峰值回落，因此潜在 GDP 是生产的可持续上限；最后，实际 GDP 围绕潜在 GDP 波动，这意味着在经济周期内，整体而言实际 GDP 等于潜在 GDP。

我们使用生产要素来生产构成实际 GDP 的商品和服务：劳动力和人力资本、实物资本、土地（和自然资源）以及企业家能力。在任何给定时间内，资本、土地和企业家能力以及技术水平都是固定的，但劳动力数量并不固定。这取决于人们对工作和休闲时间分配的选择。

因此，在资本、土地、企业家能力和技术水平固定的情况下，实际 GDP 取决于劳动力数量。为了描述实际 GDP 和劳动力数量之间的关系，我们使用了一种类似于生产可能性边界的关系，这种关系被称为生产函数。

● 生产函数

生产函数（production function）显示了当所雇用的劳动力数量发生变化而所有其他影响因素保持不变时，可以生产的实际 GDP 的最大值。图 5-1 展示了一个生产函数，即标记为 PF 的曲线。

在图 5-1 中，劳动时长为 1000 亿小时可以生产 15 万亿美元的实际 GDP（A 点）；

聚焦全球经济

美国和欧盟的潜在 GDP

　　2018 年，美国实际 GDP 几乎达到每个工时 76 美元。欧洲四大经济体（法国、德国、意大利和英国）实际 GDP 平均为每个工时 70 美元——差距为 8%。（两个数字均以 2018 年美元计算）图 1 显示了这种差异。

　　美国人不仅每小时产出比欧洲人多，而且工作时间也比欧洲人长。2018 年，美国人平均每周工作 34 小时，而欧洲人平均每周工作近 30 小时——相差约 15%。图 2 显示了这种差异。欧洲人比美国人工作时间少源于其假期较长、病假时间也较长。

　　每小时产出更多、工作时间更长，这两个因素相结合，意味着美国工人人均实际 GDP 比欧洲高得多。

　　2018 年，美国工人人均实际 GDP 为 135 000 美元，而欧洲仅为 106 000 美元，差距近 28%，如图 3 所示。

　　学完本章，你就会了解工资率、工作时间和生产差异的来源。

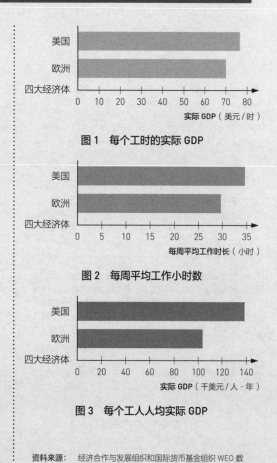

图 1　每个工时的实际 GDP

图 2　每周平均工作小时数

图 3　每个工人人均实际 GDP

资料来源：　经济合作与发展组织和国际货币基金组织 WEO 数据库。

劳动时长为 2000 亿小时可以生产 20 万亿美元的实际 GDP（ *B* 点）；劳动时长为 3000 亿小时可以产生 23 万亿美元的实际 GDP（ *C* 点）。

　　与生产可能性边界（PPF）一样，生产函数是可实现和不可实现之间的界限。可以在生产函数曲线及其下方阴影区域的任何一点进行生产，但是不可能在生产函数曲线之上的点进行生产，这些点代表的 GDP 无法实现。

　　生产函数呈现收益递减（diminishing returns）——每多劳动 1 小时，实际 GDP 的增加量会逐渐减少。第一个 1000 亿小时的劳动生产了 15 万亿美元的实际 GDP；

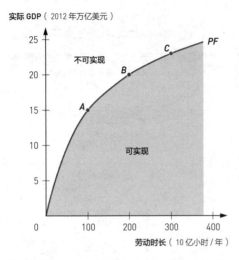

实际 GDP（2012 年万亿美元）

劳动时长（10 亿小时 / 年）	100	200	300
实际 GDP（2012 年万亿美元）	15	20	23
	A	B	C

注: 生产函数表示当雇用的劳动力数量发生变化而所有其他影响因素保持不变时，可以生产的实际 GDP 的最大值。在图 5-1 中，1000 亿小时的劳动可以在 A 点生产 15 万亿美元的实际 GDP，2000 亿小时的劳动可以在 B 点生产 20 万亿美元的实际 GDP，3000 亿小时的劳动可以在 C 点生产 23 万亿美元的实际 GDP。

生产函数将劳动时间和实际 GDP 的可实现组合与不可实现组合分开，并呈现收益递减: 每多劳动 1 小时，生产的实际 GDP 会逐渐减少。

图 5-1　生产函数

第二个 1000 亿小时的劳动使实际 GDP 从 15 万亿美元增加到 20 万亿美元，因此第二个 1000 亿小时只生产了 5 万亿美元的实际 GDP；第三个 1000 亿小时的劳动使实际 GDP 从 20 万亿美元增加到 23 万亿美元，因此第三个 1000 亿小时仅生产了 3 万亿美元的实际 GDP。

收益递减的原因是资本（和其他生产要素）的数量是固定的。当更多的劳动力被雇用时，产出增量会减少，因为增加的工人用于工作的资本减少了。例如，林务局有 3 把链锯和 1 把斧头，雇用 3 名工人在春季解冻期清理道路和小径上倒下的树木和瓦砾。雇用第四个工人对清理工作量的贡献将小于第三个工人，而雇用的第五个工人增加的清理工作量会更少。

因为实际 GDP 取决于所雇用的劳动力数量，而潜在 GDP 取决于生产函数和所雇用的劳动力数量，所以为了算出潜在 GDP，我们必须了解是什么决定了所雇用的劳动力数量。

● 劳动力市场

你已经学习了用来确定劳动力数量的工具：需求和供给。在宏观经济学中，我们将需求、供给和市场均衡的概念应用于整个经济的劳动力市场。

雇用的劳动力数量取决于企业决定雇用多少劳动力（劳动力需求）。另外，它也取决于家庭决定如何分配就业和其他活动之间的时间（劳动力供给），以及劳动力市场如何协调企业和家庭的决策（劳动力市场均衡）。

因此，我们会学习以下内容。

» 劳动力需求
» 劳动力供给
» 劳动力市场均衡

劳动力需求

劳动力需求量（quantity of labor demanded）是整个经济中所有企业在给定的时间段内以给定的实际工资率计划雇用的总劳动时间。劳动力需求（demand for labor）是在所有其他影响企业雇用计划的因素保持不变的情况下，劳动力需求量与实际工资率之间的关系。实际工资率越低，对劳动力的需求量就越大。

实际工资率是名义工资率除以价格水平。我们用不变美元表示实际工资率——今天以 2012 年美元表示。我们可以把实际工资率想象成 1 小时劳动所赚取的实际 GDP 的数量。

实际工资率越低，企业可以雇用的有利可图的劳动力数量就越多。实际工资率影响劳动力需求量，因为对企业来说重要的不是他们为 1 小时劳动支付的美元金额（名义工资率），而是他们必须出售多少产品才能赚到这些美元。因此，企业将 1 小时劳动的产出增量与实际工资率进行比较。

如果多劳动 1 小时的产出增量至少与实际工资率一样多，企业就会雇用该劳动力。在少量劳动力的情况下，多劳动 1 小时的产出增量超过了实际工资率。但每多劳动 1 小时，产出增量比前 1 小时要少。当公司雇用更多的劳动力时，最终 1 小时劳动的产出增量等于实际工资率。这种等量关系决定了按实际工资率计算的劳动力需求量。

- 汽水厂的劳动力需求　考虑单个公司而不是整个经济，你可能会更好地理解劳动力需求。假设货币工资率为每小时 15 美元，一瓶苏打水的价格为 1.5 美元。对汽水厂来说，实际工资率是出售汽水的数量。要计算汽水厂的实际工资率，应将货币工资率除以其产出的价格——每小时 15 美元 ÷ 每瓶 1.5 美元，实际工资率是每小时 10 瓶苏打水。这家汽水厂雇用 1 小时的劳动力要出售 10 瓶汽水。只要汽水厂能雇用每小时生产 10 瓶以上汽水的劳动力，雇用更多的劳动力就是可获利的。只有当增加 1 小时劳动力的产出增量下降到每小时 10 瓶时，汽水厂才达到利润最大化的劳动力数量。

- 劳动力需求表和劳动力需求曲线　我们可以用需求表或需求曲线来表示劳动力需求。表 5-1 展示了劳动力需求表的一部分。它告诉我们在 3 种不同的实际工资率下的劳动力需求量。例如，如果实际工资率为每小时 50 美元（B 行），则每年劳动力需求量为 2000 亿小时。

如果实际工资率上升到每小时 80 美元（A 行），劳动力需求量将减少到每年 1000 亿小时。如果实际工资率

表 5-1 劳动力需求表

	实际工资率 （2012 年美元 / 小时）	劳动力需求量 （10 亿小时 / 年）
A	80	100
B	50	200
C	25	300

下降到每小时 25 美元（C 行），劳动力需求量将增加到每年 3000 亿小时。图 5-2 显示了劳动力需求曲线。劳动力需求曲线上的 A、B 和 C 点对应表 5-1 的 A、B 和 C 行。

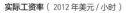

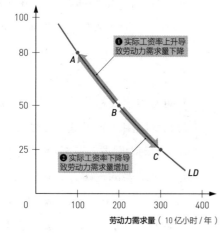

实际工资率（2012 年美元 / 小时）

❶ 实际工资率上升导致劳动力需求量下降

❷ 实际工资率下降导致劳动力需求量增加

劳动力需求量（10 亿小时 / 年）

注： 只有当劳动力的产出高于其实际工资率时，企业才愿意雇用该劳动力。因此，实际工资率越低，企业就可以雇用越多的劳动力来获利，劳动力需求量也就越大。

以每小时 50 美元的实际工资率计算，B 点的劳动力需求量为 2000 亿小时。

❶ 如果实际工资率上升到每小时 80 美元，则在 A 点的劳动力需求量减少到 1000 亿小时。

❷ 如果实际工资率下降到每小时 25 美元，则在 C 点的劳动力需求量增加到 3000 亿小时。

图 5-2 劳动力需求曲线

劳动力供给

劳动力供给量（quantity of labor supplied）是经济中所有家庭计划在给定时间段内以给定实际工资率工作的劳动小时数。劳动力供给（supply of labor）是当所有其他影响工作计划的因素保持不变时，劳动力供给量与实际工资率之间的关系。

我们可以用供给表或供给曲线来表示劳动力供给。表 5-2 显示了劳动力供给表。它告诉我们在 3 种不同的实际工资率下的劳动力供给量。例如，如果实际工资率为每小时 50 美元（B 行），则每年的劳动力供给量为 2000 亿小时；如果实际工资率下降到每小时 25 美元（A 行），则劳动力供给量减少至每年 1000 亿小时；如果实际工资率上升到每小时 75 美元（C 行），则劳动力供给量将增加到每年 3000 亿小时。

表 5-2 劳动力供给表

	实际工资率 （2012 年美元 / 小时）	劳动力供给量 （10 亿小时 / 年）
C	75	300
B	50	200
A	25	100

图 5-3 显示了劳动力供给曲线，与表 5-2 相对应，供给曲线上的 A、B、C 点对应于表 5-2 的 A、B、C 行。

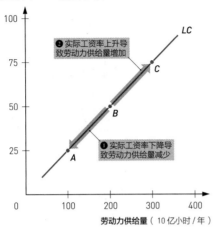

注： 只有在实际工资率高到足以从其他活动中吸引劳动力的情况下，家庭才愿意提供劳动力。实际工资率越高，劳动力供给量就越大。

以每小时 50 美元的实际工资率计算，B 点的劳动力供给量为 2000 亿小时。

❶ 如果实际工资率下降到每小时 25 美元，则在 A 点的劳动力供给量减少至 1000 亿小时。

❷ 如果实际工资率上升到每小时 75 美元，则在 C 点的劳动力供给量增加到 3000 亿小时。

图 5-3　劳动力供给曲线

实际工资率影响劳动力供给量，因为对人们来说重要的不是他们赚了多少美元，而是这些美元能买到什么。

随着实际工资率的增加，劳动力供给量也会增加，原因有以下两个。

» 人均工作时间增加
» 劳动力参与率提高

- **人均工作时间**　实际工资率是休闲和不工作的机会成本。在其他影响因素保持不变的情况下，随

着休闲的机会成本上升，家庭选择更多地工作。但其他影响因素不会保持不变，更高的实际工资率带来更高的收入，从而增加了人们对休闲的需求，并鼓励其减少工作。

因此，实际工资率的上升会产生两种相反的效果。但对大多数家庭来说，机会成本效应强于收入效应，因此实际工资率的上升带来了劳动力供给量的增加。

- **劳动力参与率**　未参与工作的大多数人都拥有生产性机会，只有在实际工资率超过其他生产性活动的价值时，他们才会选择工作。例如，父母可能选择花时间照顾孩子，也可能选择日托。只有在实际工资率足以支付日托费用，并且有足够的盈余，让工作值得付出时，父母才会选择工作。实际工资率越高，父母选择工作的可能性就越大，劳动力参与率也就越高。

- **对劳动力供给决策的其他影响**　除实际工资率外，还有许多因素影响劳动力供给决策并影响劳动力供给曲线的位置。所得税和失业救济金是其中两个因素。

工作－休闲决策取决于税后工资率，即家庭实际收到的工资

率。因此，对于给定的工资率，所得税降低了税后工资率，劳动力供给量减少，劳动力供给减少。（所得税税率不会改变劳动力需求，因为对雇主来说，劳动力成本就是税前工资率）

失业救济金降低了找工作的成本，使得失业人员可以花更长时间寻找可能的最好工作。其结果是劳动力供给减少。

更高的所得税率和更慷慨的失业救济金减少了劳动力供给——劳动力供给曲线向左移动。

现在让我们看看劳动力市场如何决定就业、实际工资率和潜在 GDP。

劳动力市场均衡

供求力量在劳动力市场中起作用，就像在商品和服务市场中一样。劳务价格是实际工资率。实际工资率的上升通过减少需求量和增加供给量来消除劳动力短缺；实际工资率的下降通过增加需求量和减少供给量来消除劳动力过剩。如果既没有短缺也没有过剩，劳动力市场就处于均衡状态。

图 5-4a 显示了均衡的劳动力市场，其中需求曲线 LD 和供给曲线 LS 与图 5-2 和图 5-3 中的曲线相同。在图 5-4a 部分，如果实际工资率低于每小时 50 美元，则劳动力需求量超过劳动力供给量，出现劳动力短缺。在这种情况下，实际工资率上升。

如果实际工资率超过每小时 50 美元，则劳动力供给量超过劳动力需求量，劳动力过剩。在这种情况下，实际工资率下降。

如果实际工资率为每小时 50 美元，则劳动力需求量等于劳动力供给量，既不存在劳动力短缺，也不存在劳动力过剩。

在这种情况下，劳动力市场处于均衡状态，实际工资率保持不变。均衡劳动量为每年 2000 亿小时。当雇用均衡数量的劳动力时，经济处于充分就业状态。因此，劳动力的充分就业数量为每年 2000 亿小时。

充分就业与潜在 GDP

当劳动力市场处于均衡状态时，经济处于充分就业状态，实际 GDP 等于潜在 GDP。

你已经看到，实际 GDP 取决于所雇用的劳动力数量。生产函数告诉我们，一定数量的就业可以生产多少实际 GDP。既然我们已经确定了充分就业的劳动量，就可以算出潜在 GDP。

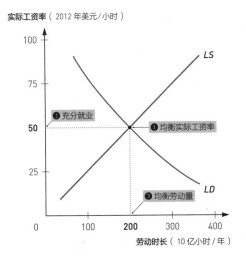

注：❶ 当劳动力需求量等于劳动力供给量时，就达到了充分就业。❷ 均衡实际工资率为每小时 50 美元。❸ 均衡劳动量为每年 2000 亿小时。

a）劳动力市场

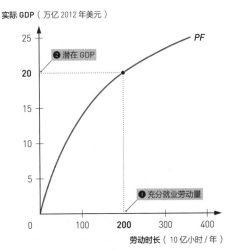

注：潜在 GDP 是在生产函数中充分就业劳动量生产的实际 GDP。❶ 充分就业劳动量，每年 2000 亿小时，生产了。❷20 万亿美元的潜在 GDP。

b）潜在 GDP

图 5-4　劳动力市场均衡与潜在 GDP

图 5-4b 显示了劳动力市场均衡和潜在 GDP 之间的关系。图 5-4a 中的均衡劳动量是 2000 亿小时。图 5-4b 中的生产函数告诉我们，2000 亿小时的劳动生产了 20 万亿美元的实际 GDP。这个实际 GDP 就等于潜在 GDP。

聚焦潜在 GDP

为什么美国人比欧洲人收入高、产出多

美国人经常在午餐时间工作，而欧洲人则延长午休时间。为什么？

答案是美国的人均资本量高于欧洲，而且，总体来说美国技术比欧洲技术更具生产力。

美国和欧洲之间的这些差异意味着美国劳动力比欧洲劳动力的生产率更高。

因为美国劳动力的生产率高于欧洲劳动力，所以美国雇主愿为给定数量的劳动力支付比欧洲雇主更高的工资。因此，如图 1 所示，美国的劳动力需求曲线 $LD_{美国}$ 位于欧洲的劳动力需求曲线 $LD_{欧洲}$ 的右侧。

劳动力生产率的这种差异也意味着，

美国的生产函数 $PF_{美国}$ 高于欧洲的生产函数 $PF_{欧洲}$（见图 2）。

　　欧洲较高的所得税和失业救济金意味着要吸引一个人找工作，欧洲的公司必须提供比美国的公司更高的工资率。因此，欧洲的劳动力供给曲线 $LS_{欧洲}$ 位于美国的劳动力供给曲线 $LS_{美国}$ 的左侧。

　　美国的均衡就业率高于欧洲——美国人工作时间更长——美国的均衡实际工资率高于欧洲。

　　美国的潜在 GDP 高于欧洲，原因有二：美国工人的每小时工作效率更高，工作时间也比欧洲工人更长。

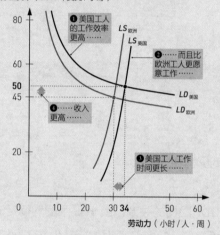

图 1　欧洲和美国的劳动市场

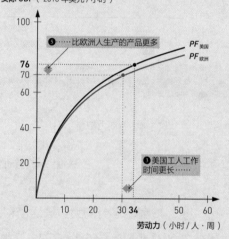

图 2　欧洲和美国的生产函数

5.2

自然失业率

到目前为止，我们关注的是决定实际工资率、就业劳动力数量和充分就业时的实际 GDP 因素。现在我们要考虑失业问题。

你已了解到，劳工统计局通过计算过去 4 周内没有工作、愿意工作且在找工作的人数来衡量失业人数。你也学习了我们如何将失业分为摩擦性、结构性或周期性失业。最后，你还了解到当经济处于充分就业状态时，所有的失业都是摩擦性或结构性的，此时的失业率被称为自然失业率。

通过衡量、描述和将失业分类使我们可以了解很多它的信息，但这些仍不能解释当前失业的数量，失业率随时间的变化，以及不同经济体的不同失业率。

许多因素相互作用，共同决定失业率。了解这些因素是一项具有挑战性的任务，经济学家通过两个步骤来完成这项任务。第一步是了解自然失业率的决定因素——经济处于充分就业状态

时的失业率；第二步是理解失业率围绕自然失业率波动的原因。在本章中，我们先学习第一步。当我们研究经济波动时，会学习第二步。

为了解自然失业率下摩擦性失业和结构性失业的数量，经济学家关注贯穿摩擦性和结构性失业分类的两个根本原因。这两个根本原因如下。

» 找工作
» 工作配给

● 找工作

找工作（job search）是寻找可接受的空缺职位的活动。由于劳动力市场处于不断变化的状态，总有一些人尚未找到合适的工作，正在积极寻找。企业的失败会摧毁就业机会，企业的扩张和新企业的成立会创造就业机会。随着人们经历人生的不同阶段，一些人进入或

⟨◉⟩ 聚焦往昔

70 多年来的自然失业率

如果我们观察几十年来的失业率，就会看到经济周期的起伏。虽然大多数波动是周期性失业——围绕自然失业率的波动，但自然失业率也会波动。

图 1 显示了自 1950 年以来每 10 年自然失业率的平均值。在 20 世纪 50 年代和 60 年代，自然失业率的平均值略高于 5%。在 20 世纪 70 年代，这一比例的平均值攀升至 6% 以上，并在 20 世纪 80 年代保持在较高水平。在 20 世纪 90 年代、21 世纪初和 21 世纪 10 年代，自然失业率的平均值下降到略低于 20 世纪 50 年代和 60 年代的水平。

这些变化是由我们在本节中描述的人口统计因素和其他影响因素造成的。

你将成为 21 世纪 20 年代劳动力中的一员，但 21 世纪 30 年代的自然失业率将对你在就业市场的情况产生重大影响。

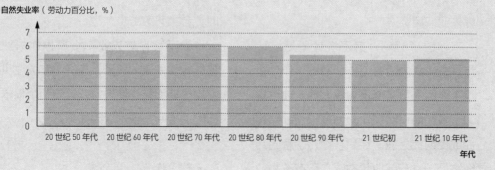

图 1　自然失业率的平均值

资料来源：　国会预算办公室。

重新进入劳动力市场，另一些人离职去寻找更好的工作，还有一些人退休。劳动力市场的不断波动意味着总有一些人在找工作，而这些人就是失业者的一部分。

找工作的人数取决于许多随时间变化的因素。主要有

» 人口变化
» 失业救济金
» 结构变化

人口变化

劳动适龄人口比例的增加带来了劳动力参与率的增加和失业率的上升。

这一因素在 20 世纪 70 年代的美国劳动力市场中非常重要。20 世纪 40 年代末和 50 年代初的出生率飙升增加了 20 世纪 70 年代新进入劳动力市场的人口比例，并导致失业率上升。

随着出生率的下降，生育高峰期出生的人口进入了更老的年龄组，新进入劳动力市场的人口比例在 20 世纪 90 年代有所下降。在此期间，失业率下降。

人口变化的另一个原因是双职工家庭数量的增加。当这些家庭中有一人失业时，在收入仍流入的情况下，他们可以花费更长的时间找新工作。这一因素可能增加了摩擦性失业。

失业救济金

求职的机会成本会影响失业人员找工作时间的长短。没有失业救济金，找工作的机会成本很高，一个人很可能会接受很快找到的工作。有了丰厚的失业救济金，找工作的机会成本很低，一个人可能会花相当多的时间寻找理想的工作。

丰厚的失业救济金是造成欧洲和其他一些国家（例如加拿大）高失业率的主要原因——请参阅本节的"聚焦全球经济"。

结构变化

技术变革影响失业。有时它会带来结构性衰退，即一些行业甚至地区衰退，而另一些行业和地区繁荣。当这些事件发生时，劳动力流动率很高，找工作的人数增加，自然失业率上升。

有时，技术变革也会带来结构性繁荣，为那些失去工作的人创造新的就业机会。当这些事件发生时，劳动力流动率可能会很高，但由于失业人员很快就能找到新工作，因此求职人数会减少，自然失业率也会下降。20 世纪 90 年代的互联网经济是结构性繁荣的一个例子。所有人口较多的地区都出现了大量新工作机会，这些工作与现有技能非常匹配，因此自然失业率下降了。

聚焦全球经济

失业救济金与自然失业率

美国和加拿大失业率之间的差距反映了失业救济金的影响。两国失业率周期相似，但加拿大的失业率高于美国，这表明加拿大的自然失业率高于美国（见图 1）。

原因是什么？1980 年，加拿大增加了

失业救济金，所有失业者都可以领取。在美国，只有大约一半的失业者领取救济金。

在 2008—2009 年经济衰退期间，美国为失业者延长发放 20 周的失业救济金，这一变化有助于缩小加拿大与美国的失业差距。但是，美国周期性失业率高于加拿大，这是两个失业率之间差距逆转的主要原因。

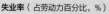

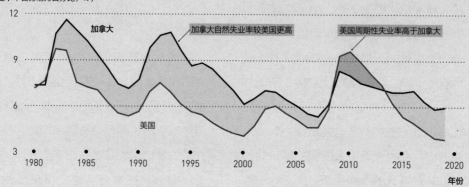

图 1　美国和加拿大的失业率

资料来源：　美国劳工统计局，加拿大统计局。

● 工作配给

当实际工资率高于充分就业均衡水平时，就会出现工作配给（job rationing）。你已经知道，市场通过调整市场价格来分配稀缺资源，使购买计划和销售计划达到平衡。你可以把市场看作对稀缺资源的配给。在劳动力市场上，实际工资率配给就业，因此也配给工作。实际工资率的变化使找工作的人数和可获得的工作数量保持平衡，但实际工资率并不是配给工作的唯一可能工具。

一些行业的实际工资率高于充分就业均衡水平，导致劳动力过剩。在这些劳动力市场中，工作岗位是通过其他方式配给的。

实际工资率高于充分就业均衡水平，有 3 个可能的原因。

» 效率工资
» 最低工资
» 工会工资

效率工资

效率工资（efficiency wage）是为激励员工更加努力工作而设定的高于充

分就业均衡工资率的实际工资率。其理念是，如果一家公司只支付现行市场平均工资，员工就没有动力努力工作，因为他们知道即使他们因懈怠而被解雇，他们也可以在另一家公司找到工资水平相当的工作。但是，如果一家公司支付的工资高于现行市场平均工资，员工就有动力努力工作，因为他们知道，如果被解雇，不能指望在另一家公司找到工资水平相当的工作。

此外，通过支付效率工资，公司可以吸引最有生产力的员工。而且，其员工辞职的可能性较小，因此该公司面临较低的劳动力流失率和较低的培训成本。最后，公司的招聘成本较低，因为有源源不断的新员工前来面试。

支付效率工资的成本很高，因此只有那些不能直接监督员工努力工作的公司才会采取这种措施。例如，卡车司机和工厂维修工人可能会获得效率工资。如果有足够多的企业支付效率工资，平均实际工资率将超过充分就业均衡水平。

最低工资

《最低工资法》是一项政府法规，规定以低于规定工资雇用劳动力是非法的。如果最低工资低于均衡工资，则最低工资不起作用，这时《最低工资法》和市场力量并不冲突。但是，如果最低工资高于均衡工资，最低工资就会与市场力量相冲突，失业就会出现。

目前的联邦最低工资是每小时 7.25 美元，最低工资对低技能劳动力市场有重大影响。因为技能会随着工作经验的增长而增长，青少年劳动力尤其受到最低工资的影响。

工会工资

工会工资（union wage）是工会与企业之间集体谈判产生的工资率。因为工会代表一群工人，它通常可以获得超过竞争性劳动力市场普遍水平的工资率。

就美国而言，据估计，工会工资比非工会工资平均高 30%。但这一估计可能夸大了工会对工资率的真实影响。在一些行业，工会工资高于非工会工资，因为工会成员从事的工作比非工会成员从事的工作需要更高的技能水平。在这些情况下，即使没有工会，这些工人也会获得更高的工资。

计算工会影响的一种方法是考察从事几乎相同工作的工会工人和非工会工人的工资。对于技能水平相似的工人，工会工资与非工会工资的差距在 10% ~ 25% 之间。例如，作为航空公司飞行员协会成员的飞行员比同等技能水平的非工会飞行员的收入高出约 25%。

工会在欧洲的影响力比在美国大得多。在欧洲，工会不仅实现了高于竞争市场的工资率，还对劳动力市场状况产生了广泛的政治影响。

工作配给和失业

无论是因为效率工资、《最低工资法》还是工会工资，如果实际工资率高于充分就业均衡水平，自然失业率就会上升。高于充分就业均衡水平的实际工资率减少了劳动力需求量，增加了劳动力供给量。

图 5-5 显示了工作配给及其造成的摩擦性失业和结构性失业。在充分就业均衡时，实际工资率为每小时 50 美元，均衡劳动量为每年 2000 亿小时。效率工资、最低工资和工会工资的存在将经济的平均实际工资率提高到每小时 60 美元。在这个工资率下，劳动力需求量减少到 1750 亿小时，而劳动力供给量则增加到 2400 亿小时。企业对工作进行配给，根据教育背景和以前的工作经验等标准选择要雇用的工人。劳动力市场就像一场大量的椅子被移走的抢

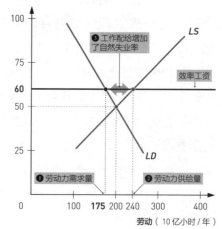

实际工资率（2012 年美元 / 小时）

注：在充分就业均衡时，实际工资率是每小时 50 美元。效率工资、最低工资和工会工资使平均实际工资率高于充分就业均衡水平——每小时 60 美元。

❶ 劳动力需求量减少至每年 1750 亿小时。

❷ 劳动力供给量增加至每年 2400 亿小时。

❸ 劳动力过剩，自然失业率上升。

图 5-5　工作配给与自然失业率

椅子游戏。因此，劳动力供给量持续超过需求量，工作配给导致失业增加。

聚焦美国经济

联邦最低工资

美国在 1938 年颁布的《公平劳动标准法》将联邦最低工资定为每小时 25 美分。多年来，最低工资一直在上涨，2019 年为每小时 7.25 美元。虽然联邦最低工资已经提高了，但仍赶不上生活费用的上涨。

图 1 显示了以 2019 年美元计算的实际最低工

资率。可以看到，在 20 世纪 60 年代末，以 2019 年美元计算的实际最低工资率是每小时 12 美元。该实际最低工资率在 20 世纪 70 年代和 80 年代期间下降，然后在每小时 8 美元左右波动。在 2008—2009 年的经济衰退期间，实际最低工资率达到每小时 8.5 美元的峰值，但随后再次下降。

图 1　实际最低工资率

资料来源：劳工统计局，作者计算数据。

自然失业

你会在人生的很多时候遇到自然失业。

如果你现在有一份工作，你可能在找工作的时候经历了一段自然失业时期。

当你毕业并寻找一份全职工作时，你很可能会花更多的时间来寻找最适合你的技能和地点偏好的工作。

在如今这个技术日新月异的世界中，我们大多数人至少要换一次工作，甚至对我们中的许多人来说，不止换一次工作。

你可能认识一位最近失业的老员工，他正在痛苦地思索着下一步该做什么。

虽然自然失业对经历过的人来说可能是痛苦的，但从社会角度来看，自然失业是有益的。它使稀缺的劳动力资源能够被重新分配到最有价值的用途上。

第 5 章要点小结

1. 阐释潜在 GDP 的决定因素。

- 潜在 GDP 是充分就业的劳动力数量所生产的实际 GDP。
- 生产函数描述了当所有其他影响因素保持不变时，实际 GDP 与就业劳动力数量之间的关系。随着劳动力数量的增加，实际 GDP 增加。
- 其他影响因素保持不变，劳动力需求量随着实际工资率下降而增加。
- 其他影响因素保持不变，劳动力供给量随着实际工资率的上升而增加。
- 在充分就业均衡时，实际工资率使劳动力需求量等于劳动力供给量。

2. 阐释自然失业率的决定因素。

- 充分就业时的失业率是自然失业率。
- 由于找工作和工作配给，失业总是存在。
- 找工作受人口变化、失业救济金和结构变化的影响。
- 工作配给源于效率工资、最低工资和工会工资。

为什么有些国家富裕而另一些国家贫穷

第 6 章

经济增长

本章学习目标

» 定义和计算经济增长率，并阐释持续增长的含义；

» 阐释劳动生产率增长的来源；

» 回顾经济增长的原因及影响的理论；

» 描述促进经济增长的政策。

6.1

经济增长的基础

之所以一些国家富裕而另一些国家贫穷，是因为它们把握住了或错过了经济增长（economic growth）——生产可能性的持续扩大。保持几十年的快速经济增长会将一个贫穷的国家变成富裕国家，例如一些亚洲经济体。经济增长缓慢或停滞会使一个国家陷入毁灭性贫困，这就是塞拉利昂、索马里、赞比亚和非洲地区其他大部分国家的经历。

经济增长不同于从衰退中复苏期间出现的收入增长。经济增长是一种持续趋势，而不是暂时的周期性扩张。

● 计算经济增长率

我们将经济增长率（economic growth rate）表示为实际 GDP 的年度变化百分比（实际 GDP 增长率）。为了计算该增长率，我们使用以下公式计算

$$实际\,GDP\,增长率 = \frac{当年实际\,GDP - 上年实际\,GDP}{上年实际\,GDP} \times 100\%$$

例如，如果当年实际 GDP 为 8.4 万亿美元，前一年实际 GDP 是 8.0 万亿美元，那么，

$$实际\,GDP\,增长率 = \frac{8.4\,万亿美元 - 8.0\,万亿美元}{8.0\,万亿美元} \times 100\% = 5\%$$

实际 GDP 增长率告诉我们经济总量扩张的速度有多快。这一指标有助于我们了解各国经济实力平衡的潜在变化，但它不能告诉我们生活水平的变化。生活水平取决于人均实际 GDP，即实际 GDP 除以人口，因此实际 GDP 增长对生活水平变化的贡献取决于人均实际 GDP 的增长率。我们使用上面的公式来计算该增长率，用人均实际 GDP 代替实际 GDP。

例如，假设当年实际 GDP 为 8.4 万亿美元，人口为 2.02 亿人。那么当年的人均实际 GDP 是 8.4 万亿美元除以 2.02 亿人，约为 41 584 美元。假设上年实际 GDP 为 8.0 万亿美元，人口为 2 亿人。那么上年人均实际 GDP 是 8.0 万亿美元除以 2 亿人，为 40 000 美元。

将这两个人均实际 GDP 值与增长率公式结合起来，计算出人均实际 GDP 的增长率。也就是，

$$人均实际 \text{ GDP } 增长率 = \frac{41\,584 \text{ 美元} - 40\,000 \text{ 美元}}{40\,000 \text{ 美元}} \times 100\% = 3.96\%$$

🎯 聚焦往昔

人均实际 GDP 增长速度有多快

如果你在美国属于中产阶级，你就会知道一个每天花费大约 160 美元的家庭的生活是什么样的。试着想象一下每天只能花 1 美元的生活。当今世界有 10 亿人每天用这 1 美元挣扎着生活，而这仍然比我们的祖先在人类出现的最初 100 多万年里每天的花费还要多。

图 1 显示了以 2020 年美元价值表示的 100 多万年来的收入（实际人均 GDP）估计值。在 1620 年之前，人均实际 GDP 平均为每年 225 美元，每天 62 美分！当亚里士多德和柏拉图在雅典任教时，人均实际 GDP 涨到了每年 300 美元，但在接下来的 1000 年里，它又随着罗马帝国的衰落而回落。

当黑死病在 13 世纪 40 年代席卷欧洲时，欧洲人的收入降到了 100 多万年来的最低点，甚至当清教徒在 17 世纪 20 年代来到美国时，他们的收入仍然和古希腊时期相同。

大约从 1750 年开始，首先在英国，然后在欧洲其他国家和美国，发生了一场被称为工业革命的惊人变革。人均实际 GDP 呈爆炸式增长。1850 年人均实

际 GDP 是 1650 年水平的两倍。1950 年人均实际 GDP 达到 1850 年水平的 5 倍多，2020 年人均实际GDP 几乎是 1950 年水平的 6 倍。本章将探讨经济增长的故事——经济增长的原因及其影响。

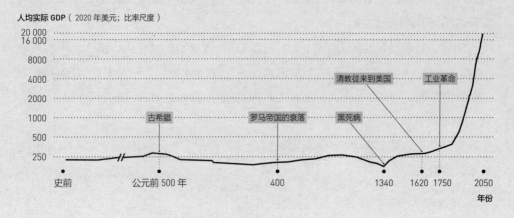

图 1　人均实际 GDP

资料来源：J.Bradford DeLong, "Estimating World GDP, One Million B.C.–Present"，更新并转换为 2020 年美元。

我们还可以使用以下公式计算人均实际 GDP 增长率。

人均实际 GDP 增长率 = 实际 GDP 增长率 − 人口增长率。

在你刚刚看过的例子中，实际 GDP 的增长率是 5%。人口从 2 亿变为 2.02 亿，因此

$$人口增长率 = \frac{2.02\,亿 - 2\,亿}{2\,亿} \times 100\% = 1\%$$

$$人均实际\,GDP\,增长率 = 5\% - 1\% = 4\%$$

这个公式清楚地表明，只有在实际 GDP 增长快于人口增长时，人均实际 GDP

才会增长。如果人口增长率超过实际 GDP 增长率，那么人均实际 GDP 就会下降。

● 持续增长的魔力

人均实际 GDP 的持续增长可以将贫困社会转变为富裕社会，原因是经济增长就像复利。如果你把 100 美元存入银行，每年赚取 5% 的利息，一年后，你就有 105 美元。如果你将这笔钱在银行里再存一年，你将在原来的 100 美元和去年赚取的 5 美元利息的基础上再获得 5% 的利息。

你现在赚取利息的利息！下一年，情况会变得更好。你会从最初的 100 美元和第一年、第二年的利息中获得 5% 的收益。你存入银行的存款正以每年 5% 的速度增加。过不了多少年，你在银行里就会有 200 美元。但是要在多少年之后呢？

70 法则（rule of 70）提供了答案。该法则指出，任何变量水平翻倍所需的年数约为 70 除以该变量的年增长率。使用 70 法则，现在可以计算出你的 100 美元需要多少年才能变成 200 美元。70 除以 5，即 14 年。

表 6-1 显示了在不同年增长率下人均实际 GDP 翻倍所需的时间。以每年 1% 的速度增长，人均实际 GDP 将在 70 年后翻一番——这是人类的平均寿命。但是，如果年增长率为 2%，人均实际 GDP 在 35 年后就会翻一番；如果年增长率为 7%，则人均实际 GDP 在 10 年后就会翻一番。

表 6-1　不同增长率下人均实际 GDP 翻倍所需时间

增长率（%）	变量水平翻倍所需年数
1	70
2	35
5	14
7	10
10	7

◎ 聚焦美国经济

美国经济增长放缓

要实现对生活水平的变革性影响，经济增长率必须很高并保持多年。从图 1 中可以看出，美国经济并没有保持高速增长。

自 20 世纪 60 年代以来，人均潜在

GDP 增长率每 10 年放缓一次，结果是翻倍期从 20 世纪 60 年代的 24 年延长至 21 世纪 10 年代的 82 年。

美国经济增长放缓的原因还没有被完全理解，但我们将在本章中探讨可能的原因。

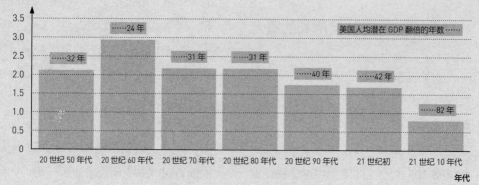

人均潜在 GDP 增长率（% / 年）

图1　人均潜在 GDP 增长率

资料来源：国会预算办公室和作者的计算。

6.2

劳动生产率增长

当生产要素数量增加或技术持续进步使其生产率不断提高时，实际 GDP 就会增长。要了解是什么决定了实际 GDP 的增长率，我们必须了解是什么决定了生产要素增长率及其生产率增长率。你将看到储蓄和投资如何决定物质资本增长率，以及物质资本、人力资本和技术进步如何相互作用并决定经济增长率。

我们对实际 GDP 的增长感兴趣，因为它有助于提高我们的生活水平。但是，只有当每小时劳动生产更多的商品和服务时，我们的生活水平才会提高。因此，我们更关心使劳动更具生产力的因素。让我们从定义劳动生产率开始。

● 劳动生产率

劳动生产率（labor productivity）是 1 小时劳动产出的实际 GDP，计算公式如下。

$$劳动生产率 = \frac{实际\ GDP}{总工时}$$

例如，如果实际 GDP 是 80 000 亿美元，总工时是 2000 亿小时，那么我们可以计算劳动生产率为

$$劳动生产率 = \frac{80\ 000\ 亿美元}{2000\ 亿小时} = 40\ 美元/小时$$

当劳动生产率增长时，人均实际 GDP 也会增长。因此，劳动生产率的提高是生活水平提高的基础。是什么让劳动生产率增长？我们将从影响劳动生产率增长的两大因素来回答这个问题。

» 储蓄与实物资本投资
» 人力资本扩张和新技术的出现

这两种影响劳动生产率增长的重要因素相互作用，成为过去 200 年劳动生产率迅速增长的根源。虽然它们相互作用，但我们先只考虑要素本身。

● 储蓄与实物资本投资

储蓄与实物资本投资增加了工人人均资本量，提高了劳动生产率。在工业革命期间，当人均资本量增加时，劳动生产率急剧上升。

使用手工工具可以创造出漂亮物件，但使用人均资本量大的生产方法，例如汽车工厂装配线，可以使工人的工作效率更高。农场和建筑工地、纺织厂、铸铁厂和钢铁厂、煤矿、化工厂和汽车厂、银行和保险公司的资本积累，极大地提高了我们的劳动生产率。

1830 年，一位身强力壮、经验丰富的农场工人，用一把大镰刀，一天可以收割 3 英亩 ① 小麦。1831 年，一名农场工人使用机械收割机，每天可以收割 15 英亩小麦。今天的农场工人使用联合收割机，每天可以收割和脱粒几百英亩小麦。

下次你观看以美国老西部为背景的电影时，仔细看看那里的资本少到什么程度。试着想象一下，与今天的工作效率相比，你在这种情况下的工作效率如何。

资本积累与边际收益递减

虽然储蓄和实物资本投资是劳动生产率增长的源泉，但没有人力资本扩张和技术变革，就不会带来持续的经济增长。劳动生产率的增长最终会放缓，甚至很可能会停止。原因是关于资本的一个基本事实，即边际收益递减规律。

如果资本数量很少，则资本的增加会带来产量的大幅增加；如果资本数量很大，则资本的增加会带来产量的小幅增加。

该规律适用于所有生产要素，而不只是资本，这也是劳动力需求曲线向下倾斜的原因。

通过思考你拥有的资本如何影响你的生产力，你就会明白为什么边际收

---

① 1 英亩 = 0.004 047 平方千米。

益递减规律适用于资本。当你拥有第一台计算机时，你的资本少量增加，你的生产力却大大提高了。你很可能没有两台计算机，但是如果你有，第二台计算机带来的生产力提升比第一台计算机要小得多。如果你没有两台计算机，原因之一便是你怀疑它是否值得，因为它对你的劳动生产率贡献实在太小。

说明边际收益递减规律

图 6-1 说明了资本与生产率之间的关系。生产率曲线（productivity curve, PC）显示了每小时劳动产出的实际

GDP 如何随着每小时劳动匹配的资本数量的变化而变化。

在图 6-1 中，当每小时劳动匹配的资本数量（以实际美元衡量）从每小时 40 美元增加到 80 美元时，每小时劳动产出的实际 GDP 从 30 美元增加到 50 美元，增加了 20 美元或约 67%。但是，当每小时劳动匹配的资本数量从 180 美元增加到 220 美元时，虽然和以前一样增加了 40 美元，但每小时劳动产出的实际 GDP 从 80 美元增加到 84 美元，只增加了 4 美元或 5%。如果每小时劳动匹配的资本数量不断增加，劳动生产率的增幅就会越来越小，最终停止增长。

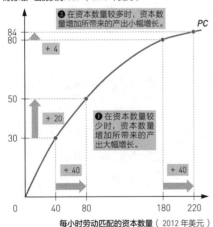

每小时劳动产出的实际 GDP（2012 年美元）

注：当工人匹配更多资本时，他们的生产率就会提高。生产率曲线 PC 显示了每小时劳动匹配的资本数量的增加如何使每小时劳动产出的实际 GDP 增加。

❶ 当每小时劳动匹配的资本数量从 40 美元增加到 80 美元时，每小时劳动产出的实际 GDP 增加 20 美元。

❷ 当每小时劳动匹配的资本数量从 180 美元增加到 220 美元时，每小时劳动产出的实际 GDP 增加 4 美元。

每小时劳动匹配的资本数量的同等规模增加所带来的产出增加递减，增加同等规模的产出所需要投入的资本数量递增。

图 6-1　资本与生产率之间的关系

● 人力资本扩张和新技术的出现

人力资本扩张和新技术的出现对劳动生产率的影响与资本积累产生的影响截然不同。它们不会表现出边际收益递减。

* 人力资本扩张　人力资本——人们积累的技能和知识——有以下 3 个来源。

1. 教育培训
2. 工作经验
3. 健康与饮食

在美国，100 年前，大多数人上学时间为 8 年左右。200 年前，大多数人根本没有受过正规教育。今天，90% 的美国人完成了高中学业，超过 60% 的美国人上了大学。人们有效阅读、写作和交流的能力极大地提高了他们的生产力。

成千上万的科学家、工程师、数学家、生物学家、计算机程序员和许多其他拥有专业技能的人所接受的教育为劳动生产率增长和技术进步做出了巨大贡献。

虽然正规教育富有成效，但学校并不是人们获得人力资本的唯一场所。我们还可以从工作经验中学习——从实践中学习。一个经过仔细研究的例子说明了边做边学的重要性，1941 年至 1944 年（第二次世界大战期间），美国造船厂生产了 2500 艘自由舰——按照标准化设计建造的货船。1941 年，建造一艘自由舰需要 120 万工时；1942 年，需要 60 万工时；到 1943 年，只需要 50 万工时。这几年，美国的实物资本投资没有太大变化，但积累了大量的人力资本。成千上万的工人和管理人员从经验中学习，他们的劳动生产率在两年内提高了一倍多。

强壮、健康、营养良好的工人比那些缺乏良好营养、医疗保健和锻炼机会的工人更有效率。这个事实会形成良性循环，改善医疗保健、饮食和锻炼可以提高劳动生产率；劳动生产率的提高带来收入的增加，从而使这些健康改善成为可能。

人力资本扩张是经济增长最基本的源泉，它直接提高劳动生产率，是发现新技术的源泉。

- **新技术的出现**　实物资本增长和人力资本扩张对经济增长贡献很大，但新技术的出现对经济增长的贡献更大。

  写作是人类最基本的技能之一，它的发展是最早期生产力增长的来源。保留书面记录的能力使人们从专业化和贸易中获得更大收益成为可能。想象一下，如果所有的账目、发票和协议都只存在于人们的记忆中，做生意会变得多么困难。

  后来，数学的发展为物理、化学和生物知识的最终扩展奠定了基础。这一学科的知识基础是 200 年前工业革命和当今信息革命技术进步的基础。

  自工业革命以来，技术变革已经成为人们日常生活的一部分。企业通常会进行研究，以开发更有成效的技术，企业和大学之间的合作在生物技术和电子等领域也很常见。

说明人力资本和技术变革的影响

图 6-2 说明了人力资本扩张、新技术出现和劳动生产率的影响：它们使生产率

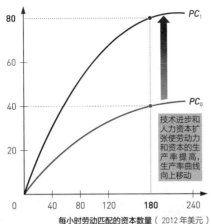

每小时劳动产出的实际 GDP（2012 年美元）

注： 当人力资本扩张或技术进步时，劳动变得更有生产力——每小时劳动匹配的资本数量可以产出更多的实际 GDP。

在 1960 年技术下的 PC_0，每小时劳动匹配 180 美元的资本可以生产 40 美元的商品和服务——每小时劳动产出的实际 GDP。

在 2020 年技术下的 PC_1，同样每小时劳动匹配 180 美元的资本可以生产 80 美元的商品和服务——每小时劳动产出的实际 GDP。

人力资本扩张和新技术的出现使生产率曲线向上移动，不受边际收益递减的影响。

图 6-2 人力资本与技术变革对劳动生产率的影响

曲线向上移动。在图 6-2 中，这些影响将生产率曲线从 PC_0 移动到 PC_1。假设 PC_0 是 1960 年的生产率曲线，PC_1 是 2020 年的生产率曲线。若 1960 年每小时劳动匹配的资本数量为 180 美元，2020 年工人每小时劳动产出的实际 GDP 为 80 美元。如果工人匹配相同的资本数量，但使用 1960 年的技术，他们每小时劳动只能产出 40 美元的实际 GDP。

生产率曲线向上移动说明了这样一个事实，即在每小时劳动匹配的每个

资本数量下，劳动力和资本的生产率都提高了。资本仍然受边际收益递减的影响，但随着人力资本扩张和生产力技术的提高，总体劳动生产率水平会更高。

综合影响促进劳动生产率增长

要从技术变革中获益——使用新技术提高劳动生产率——资本必须增加。一些最强大和影响深远的技术体现在人力资本中，例如，语言、写作、数学、物理学、生物学和工程学。但大多数技术都体现在实物资本中。例如，为了利用内燃机提高运输工人的生产率，几百万辆马车被汽车和卡车所取代；最近，为了使用计算机文字处理来提高办公室工作人员的劳动生产率，几百万台打字机被计算机和打印机所取代。

图 6-3 显示了资本积累、人力资本扩张和新技术出现如何共同促进劳动生产率增长。1960 年，生产率曲线是 PC_0，工人每小时劳动匹配 80 美元的资本，他们每小时劳动产出 25 美元的实际 GDP。到 2020 年，每小时劳动匹配 180 美元的资本，如果没有人力资本扩张或技术进步，每小时劳动产出的实际 GDP 将增加到 40 美元。但使用 2020 年的人力资本和技术，每小时劳动产出的实际 GDP 增加到 80 美元。

现在你已经看到了是什么让劳动生产率增长。本节的"聚焦美国经济"着眼于 1960 年以来增长来源数量的重要性。实际 GDP 的增长既是因为劳动

每小时劳动产出的实际 GDP（2012 年美元）

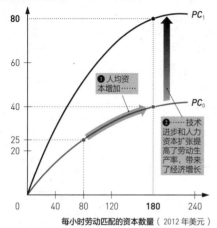

每小时劳动匹配的资本数量（2012 年美元）

注：1960 年，工人每小时劳动匹配 80 美元的资本，在 PC_0 上每小时劳动产出 25 美元的实际 GDP。

❶ 当资本数量从 1960 年每小时劳动匹配 80 美元增加到 2020 年每小时劳动匹配 180 美元时，每小时劳动产出的实际 GDP 沿着 PC_0 从 25 美元增加到 40 美元。

❷ 人力资本扩张和新技术的出现使生产率曲线向上移动，使每小时劳动产出的实际 GDP 从 40 美元增加到 80 美元。

图 6-3　促进劳动生产率增长的因素

生产率提高了，也是因为劳动力数量的增加。图 6-4 总结了经济增长的来源，并显示了劳动生产率增长和劳动力数量增加如何带来实际 GDP 的增长。

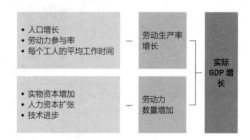

注：实际 GDP 取决于劳动力数量和劳动生产率。

劳动力数量取决于人口数量、劳动力参与率和每个工人的平均工作时间。

劳动生产率取决于实物资本和人力资本的数量以及技术状况。

劳动力数量的增长和劳动生产率的提高带来了实际 GDP 的增长。

图 6-4　经济增长的来源

聚焦美国经济

1960 年以来美国劳动生产率的增长

图 1 显示了自 1960 年以来美国劳动生产率的增长情况。它还显示了技术进步以及实物资本和人力资本积累对劳动生产率增长的贡献。可以看到，20 世纪 60 年代的劳动生产率增长率大约是 70 年代的两倍。在 20 世纪 80 年代和 90 年代

该增长率略有回升，2007 年后再次放缓。

蓬勃发展的 60 年代

20 世纪 60 年代，塑料、激光、计算机、晶体管、太空竞赛、州际高速公路系统、购物中心和客机等技术的进步带

来了劳动生产率的大幅增长。

停滞不前的 70 年代

　　20 世纪 70 年代，油价上涨和石油禁运以及税收增加、监管扩大导致劳动生产率增长放缓，能源成本增加使技术变革的重点转向了节约能源，而不是提高劳动生产率。

信息时代

　　互联网改变了我们的生活，解锁人类基因组开启了医疗保健显著进步的可能性。但信息时代劳动生产率的增长低于 1960 年代；2007 年之后，金融危机导致该增长率降至低于 20 世纪 70 年代的水平。

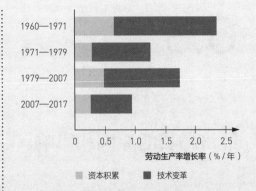

图 1　劳动生产率的增长情况

资料来源：　经济分析局、美国劳工统计局、国会预算办公室和作者的计算。

20 世纪 60 年代，飞机和州际高速公路系统的建设均为提高劳动生产率的技术进步。

对美国石油出口的禁运和能源成本增加导致了 20 世纪 70 年代劳动生产率增长放缓。

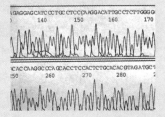

信息技术和生物技术的进步虽然在 20 世纪 90 年代、21 世纪前 10 年和 10 年代提高了劳动生产率，但没有 20 世纪 60 年代技术进步带来的劳动生产率增幅大。

6.3

经济增长的原因和影响

你已经看到,当劳动生产率和劳动力数量增长时,实际 GDP 也会增长。当储蓄和投资增加实物资本、教育和在职培训扩大人力资本、研究带来新技术的出现时,劳动生产率就会提高。但是,是什么导致了新资本的储蓄和投资、人力资本的扩张、新技术的出现和人口的增长?自18世纪亚当·斯密时代以来,经济学家一直在试图回答这个问题,并试图理解穷国为何以及如何变富,富国如何变得更富。我们将讨论两种理论:古典增长理论和新增长理论。

● 古典增长理论

一个古老的增长理论仍然适用今天的情况,因为有些人相信它可能是正确的。该理论被称为古典增长理论(classical growth theory),它预测人口爆炸与有限资源之间的冲突最终将导致经济停止增长。根据古典增长理论,劳动生产率的增长是暂时的。当劳动生产率上升并使人均实际 GDP 超过维持生活所需的最低实际收入水平时,人口爆炸就会发生。最终,人口增长如此之大,导致人均资本和劳动生产率下降,人均实际 GDP 回到最低维持生计的水平。

18世纪末19世纪初的著名经济学家亚当·斯密、托马斯·罗伯特·马尔萨斯(Thomas Robert Malthus)和大卫·李嘉图提出了这一理论,但其中观点与马尔萨斯关系最为密切,有时被称为马尔萨斯理论。它有时也被称为世界末日理论。

当今许多人都是马尔萨斯主义者。他们说,如果当前80多亿的全球人口到2200年会激增到110亿,我们将耗尽许多自然资源,人口增速将超过资本数量增速,因此劳动生产率会下降,我们将回到工业革命之前的生活水平。马尔萨斯主义者说,我们必须采取行动,控制人口增长。这种令人沮丧的暗示导致经济学被称为令人沮丧的科学。

● 新增长理论

新增长理论（new growth theory）预测，我们无限的需求将引导我们实现更高的劳动生产率和永久的经济增长。根据新增长理论，人均实际 GDP 增长是因为人们在追求利润时所做的选择。斯坦福大学的保罗·罗默（Powl Romer）在 20 世纪 80 年代提出了这一理论，其基础是约瑟夫·熊彼特（Joseph Schumpeter）在 20 世纪 30 年代和 40 年代提出的思想。

选择与创新

新增长理论强调有关市场经济的如下 3 个事实。

- » 人力资本因选择而扩张
- » 发现源于选择
- » 发现带来利润，竞争破坏利润

- **人力资本扩张和选择**　人们决定在学校待多久、学习什么以及学习的努力程度。当他们从学校毕业时，人们对工作培训和在职学习做出了更多选择。所有这些选择决定了人力资本扩张的速度。

- **发现和选择**　当人们发现新产品或新技术时，他们认为自己很幸运。他们是对的，但机遇并不能决定新发现出现的速度以及技术进步的速度。这取决于有多少人正在寻找新技术以及他们寻找的强度。

- **发现和利润**　利润是技术变革的动力。竞争的力量挤压利润，为了增加利润，人们不断地寻求更低成本的生产方法或人们愿意支付更高价格的更好的新产品。发明者可以通过取得专利或版权来维持几年的利润，但最终新发现会被复制，利润消失。

　　另外两个事实在新增长理论中起着关键作用。

- » 许多人可以同时使用发现
- » 体力活动可以复制

- **所有人都使用的发现**　一旦有了有利可图的新发现，每个人都可以使用它。例如，马克·安德森（Marc Andreeson）创建了 Mosaic 网络浏览器，该浏览器催生了网景浏览器和微软的 IE 浏览器，每个对浏览互联网感兴趣的人都可以使用一种新的、更高效的工具。一个人使用网络浏览器并不妨碍其他人使用它。这一事实意味着，随着新发现的好处扩散，免费资源变得可用。这些资源是免费的，因为当一个人使用它们时，不会放弃任何东西。资源的机会成本为 0。

- **复制活动**　生产活动可以复制。例如，可能有 2 家、3 家或 53 家相同的公司使用相同的装配线和生产技术制造光纤电缆。如果一家公司增加其资本和产出，该公司就会经历边际收益递减。但是，经济可以通过增加另一个相同的光纤电缆工厂来增加其资本和产出，并且经济不会经历边际收益递减。

资本不经历边际收益递减的假设是新增长理论的核心新命题。这个简单而吸引人的想法的含义令人惊讶。随着资本的积累，只要人们投入资源扩大人力资本和引进新技术，劳动生产率就会无限增长。

永动机

经济增长就像如图 6-5 所示的永动机。增长是由永不满足的需求驱动的，这种需求引导我们追求利润和创新。这个过程产生了新的、更好的产品；新企业成立，老企业消亡。随着企业的成立和消亡，就业机会也随之产生和消失，新的、更好的工作带来更多的休闲、更多的消费品和服务。但我们永不满足的需求仍然存在，这个过程还在继续——需求、利润激励、创新和新产品。经济增长率取决于创新的能力和动力。

● 经济增长和收入分配

随着实际 GDP 的增长，高收入者和低收入者之间的差距会扩大还是缩小？是什么决定了收入不平等的长期水平和趋势？经济学家西蒙·库兹涅茨（Simon Kuznets）在 20 世纪 50 年代提出了这

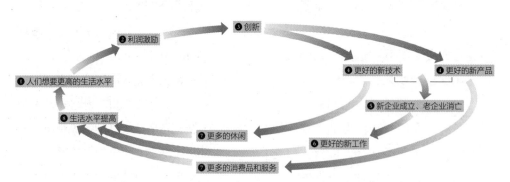

注：❶人们想要更高的生活水平，在❷利润激励下进行❸创新，从而带来❹更好的新技术和更好的新产品，这反过来又导致❺新企业成立和一些老企业消亡，出现❻更好的新工作，❼更多的休闲及更多的消费品和服务。结果是❽生活水平提高了。但人们想要更高的生活水平，增长过程仍在继续。

图 6-5　永动机

资料来源：图 6-5 基于达拉斯联邦储备银行 1993 年年度报告《过去的好时光：关于美国生活水平的报告》中的一个类似图形绘制。

些问题。他表示,数据匮乏和固有观念阻碍了人们获得答案。自 20 世纪 50 年代以来,已有更多数据可供使用,但固有观念仍在妨碍人们进行清晰的思考。

数据

从 20 世纪 80 年代初开始,收入不平等在一个被称为"大分流"(Great Divergence)的过程中加剧。美国收入最高的 1% 人口的收入占美国人总收入的份额从 1980 年的 8% 上升到 2014 年

的 18%。许多其他发达经济体也出现了类似趋势。相应地,低收入群体的收入份额减少了。

"大分流"与之前的"大压缩"(Great Compression)相反。从 1913 年到 1980 年,收入最高的 1% 人口的收入份额从 18% 下降到 8%。收入差距缩小是库兹涅茨关注到的唯一趋势。他的数据显示,从 1880 年至 1950 年,美国收入最高的 5% 人口的收入份额从 31% 下降到 20%,在英国该收入份额从 46% 下降到 24%。

⊙ 聚焦美国经济

经济增长收益份额的变化

近年来,人们普遍认为美国经济正在让美国中产阶级失望。富人越来越富,而其他人的收入则停滞不前。这个描述准确吗?如果是这样,那么经济增长的收益就主要流向了富人。

为了检验这种说法,我们需要看看最富有人口和最贫穷人口的收入,看看他们这些年的收入水平是如何变化的。图 1 和图 2 分别显示了 1970 年(图 1)和 1929 年(图 2)不同收入群体的收入水平(人均收入)占总收入的百分比。

图 1 显示,从 1970 年开始,在大约 10 年的时间里,富人(收入最高的 1% 人口)的收入增长速度与其他群体的(紧随其后的 19% 人口和收入最低的 20% 人口)相似。然后,在 1983 年,收入最高

的 1% 人口的收入开始超过其他群体。到 2007 年,收入最高的 1% 人口的收入是其 1970 年水平的 5 倍,紧随其后 19% 人口的收入是其 1970 年水平的 2 倍,收入最低的 20% 人口的收入仅是其 1970 年水平的 1.8 倍。从 1999 年到 2014 年,收入最低的 20% 人口的收入没有任何增长。看来确实出现了"大分流"。

图 2 讲述了一个不同的故事。从 1929 年到 1970 年,虽然 99% 人口的收入上升到其 1929 年水平的 3 倍,但最富有的 1% 人口的收入却停滞不前。当最富有的 1% 人口的收入在图 1 的"大分流"中增加时,他们的收入在图 2 中的"大合流"中也增加了。

人均实际 GDP（占 1970 年水平百分比，%）

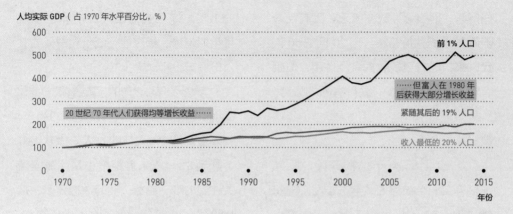

图 1　1970 年不同收入群体的收入水平占总收入的百分比

人均实际 GDP（占 1929 年水平的百分比，%）

图 2　1929 年不同收入群体的收入水平占总收入的百分比

资料来源：经济分析局、美国人口普查局、世界财富和收入数据库以及作者的计算。

　　本节的"聚焦美国经济"从一个令人印象深刻的视角分析这两个截然不同的事件。

解释

　　库兹涅茨解释说，在充满活力的经济中，由于市场力量的作用，随着收入的增加，不平等现象会减少。每个人都可以自由创业，有些人成功，有些人失败。低收入企业家比富裕企业家成功的机会更多，因此差距缩小了。

　　保罗·克鲁格曼说，库兹涅茨对市场力量导致收入差距缩小的解释不符合时机，实际上是累进所得税、工会的加强以及第二次世界大战对工资和价格的控制缩小了高收入者和低收入者之间的差距。但时机使这种基于政策的解释也存在问题。最大的收入合流发生在 20 世纪 30 年代末，远早于据称导致收入合流的政治事件发生的时间。

克鲁格曼还表示，"大分流"是对富人的税收降低、福利计划受到侵蚀、工会会员人数减少以及高级管理者薪酬飙升造成的，所有这些都是由罗纳德·里根采取的保守经济政策促成的。

畅销书《21 世纪资本论》的作者、法国经济学家托马斯·皮凯蒂（Thomas Piketty）说，"大分流"源于利率 r 和经济增长率 g 之间的关系。利率超过了经济增长率，即 $r > g$。富人的收入来自资本，而资本的增长率为 r；其他人从劳动中获得收入，劳动增长率为 g。因为 $r > g$，富人的收入比其他人的收入增长更快。

对皮凯蒂来说，没有任何自动机制会阻碍财富的稳定集中。快速增长（快速的技术变革）暂时抵消了不平等的加剧，只有政府再分配才能避免收入差距的加剧。

对于库兹涅茨在 60 年前提出的问题，经济学家还没有找到合理的答案。我们还无法判断收入差距的走向。

聚焦生活

你如何影响经济增长且又受到经济增长的影响

你所做的许多选择都会影响你个人的经济增长率——你自己生活水平的提高速度。这些相同的选择，加上其他数百万人做出的类似选择，对国家和世界经济的增长产生了深远的影响。在这些选择中最重要的是你扩张人力资本的选择。通过上学，你已经扩张你的人力资本了。

在毕业后很长一段时间内，你将继续扩张你的人力资本，因为你的赚钱能力会随着工作经验的增加而提高。你甚至可能决定在人生以后的某个阶段重返校园。在你以后的生活中，一个日益重要的选择是积累退休金。当你最终退休时，这个选择不仅为你提供了收入来源，也为公司提供了金融资源，用于为实物资本投资提供资金。

你的选择会影响经济增长，经济增长对你也有很大的影响——你如何赚取收入以及你的收入能实现什么样的生活水平。

由于经济增长，今天的工作比 100 年前的工作更有趣，且不那么危险和费力。如今，工作的报酬要高得多。但对我们许多人来说，经济增长意味着我们必须接受变化，准备好学习新技能，获得新工作。

6.4

实现更快增长

　　为什么人类生活了 100 多万年，经济才开始增长？为什么即使在今天的一些国家经济仍然几乎没有增长？为什么不是所有的社会都大规模储蓄和投资新资本、扩张人力资本、发现和应用新技术，从而实现快速的经济增长？政府可以采取什么措施来鼓励经济增长？

● 经济增长的先决条件

　　经济增长缺失或缓慢的主要原因是一些社会缺乏鼓励经济增长活动的激励制度。创造经济增长动力的基本前提之一是经济自由。

经济自由

　　当人们能够做出个人选择，他们的私有财产受到法律保护，他们可以在市场上自由交易时，经济自由（economic freedom）就存在了。法治、高效的法律体系和执行合同的能力是创造经济自由的重要基础。经济自由的障碍包括：法院和政府官僚机构的腐败；贸易壁垒，例如进口禁令；高税率；严格的商业法规，例如健康、安全和环境法规；对银行的限制；限制企业雇用和解雇员工的劳动力市场法规；以及非法市场，例如侵犯知识产权的市场。

　　实现经济自由不需要独特的政治制度。民主政治制度做得很好，但实现经济自由的关键要求是法治，而不是民主。尊重法治的非民主政治制度也能很好地发挥作用。经济自由度高的国家不会出现经济贫困，但许多经济自由度低的国家的经济增长却会停滞不前。

产权

经济自由要求保护私有财产——人们拥有的生产要素和商品。支配保护私有财产的社会安排被称为产权(property rights)。它们包括有形产权(土地、建筑物和资本设备)、金融产权(一人对另一人的索赔)和知识产权(如发明)。明确规定和实施的产权可以激励人们工作和储蓄。如果有人试图窃取财产,法律制度会保护失窃者。这种产权还确保人们的收入或储蓄不会被政府没收。

市场

经济自由也需要自由市场。买家和卖家在市场上互相获取信息和做生意。市场价格向买方和卖方发出信号,激励他们增加或减少需求量和供给量。市场使人们能够交易、储蓄和投资。但是没有产权,市场就无法运作。

产权和市场激励人们进行专业化与交易、储蓄和投资、扩张人力资本以及发现和应用新技术。以狩猎和采集为基础的早期人类社会之所以没有经历经济增长,是因为缺乏产权和市场。经济增长始于社会发展出创建激励制度的机构。但是,激励制度的存在及创建该制度的机构并不能保证经济增长会发生。它们允许经济增长,但不会使其成为必然。

当适当的激励制度存在时,经济增长就开始了,人们可以专门从事他们具有比较优势的活动并进行交易。通过专业化与交易,每个人都能以尽可能低的成本获得商品和服务。因此,人们可以从劳动中获得更多的商品和服务。

当一个经济体从专业化程度较低的经济体转向从专业化与交易中获益的经济体时,其生产和消费就会增长。人均实际 GDP 增加,生活水平提高。

但要实现持久的经济增长,人们必须受到激励,使其从事能够带来持续经济增长的 3 项活动:储蓄和投资、扩张人力资本以及发现和应用新技术。

● 实现更快经济增长的政策

为实现更快的经济增长,我们必须提高每小时劳动匹配的资本数量的增长率,提高人力资本增长率,或者加快技术进步的步伐。为实现这些目标,各国政府可以采取的主要措施包括以下几个。

» 建立激励机制
» 鼓励储蓄
» 鼓励研究和开发
» 鼓励国际贸易
» 提高教育质量

建立激励机制

当储蓄、投资和创新的激励足够强大时,经济增长就会出现。这些激励措施需要一个运作良好的法律制度来执行产权。产权和法律制度是许多社会所缺少的关键要素。例如，它们在非洲大部分地区都不存在。经济增长政策的首要任务是建立机构以激励储蓄、投资和创新。俄罗斯就是一个例子，该国曾试图采取这一措施为经济增长创造条件。

鼓励储蓄

储蓄为投资提供资金，投资带来资本积累。因此，鼓励储蓄可以促进资本增加，刺激经济增长。东亚经济体拥有最高的储蓄率和最高的经济增长率。一些非洲经济体的储蓄率和经济增长率最低。

税收优惠可以增加储蓄。个人退休账户（IRA）是储蓄税收激励的一个例子。经济学家声称，对消费征税而不对收入征税，是刺激储蓄的最佳手段。

鼓励研究和开发

每个人都可以使用基础研究和发明的成果。例如，所有的生物技术公司都可以利用基因拼接技术。因为基础发明可以被复制，发明者的利润有限，所以市场为这项活动分配的资源极少。

政府可以将公共资金用于资助基础研究，但这一解决方案并非万无一失。它需要建立一种机制，将公共资金分配给最有价值的用途。美国国家科学基金会是向大学和公共研究机构分配公共资金以资助和鼓励基础研究的一个可能有效的渠道。国防和太空探索等政府项目也带来了应用广泛的创新。笔记本电脑和不粘涂层是美国太空计划进行创新的两个突出例子。

鼓励国际贸易

国际贸易通过从专业化与交易中获取所有可能的收益来刺激经济增长。当今经济增长最快的国家是那些进出口增长最快的国家。《北美自由贸易协定》的缔结以及通过组建欧盟实现欧洲经济一体化，是各国政府为通过国际贸易刺激经济增长而采取措施的成功例子。

提高教育质量

自由市场极少推动教育。它带来的社会利益会超出带给接受教育者的个人利益。通过资助基础教育并确保语言、数学和科学等技能的高标准，政府可以为国家的增长潜力做出巨大贡献。教育质量也可以通过使用税收优惠以鼓励改善私立教育的方式来提高和改善。新加坡的教育信息技术计划是通过教育成功刺激经济增长的最佳范例之一。

● 政策能带来多大改变

列出可以提高国家经济增长率的政策措施清单很容易。将该列表转化为可以产生重大影响且可接受的行动却很难。

　　政治均衡源于不同集团之间的利益平衡。变化会给一些人带来收益，也会给另一些人带来损失，因此变化是缓慢的。即使发生变化，假设经济增长率能够提高半个百分点，也需要很多年才能获得全部效益。

　　政府不可能直接大幅提高经济增长率，但它可以实行推动经济增长率上升的政策。随着时间的推移，这些政策会带来很大的好处。

[◎] 聚焦富国与穷国

为什么有些国家富有而另一些国家贫穷

　　政治稳定、产权受法治保护、政府对市场的有限干预：这些是高收入或经济快速增长的经济体的关键特征，也是仍然贫穷的经济体所缺少的特征。几十年来，所有富裕国家都拥有这些促进经济增长的特征，在此期间，它们的劳动生产率和生活水平一直在提高。

　　美国人均实际 GDP 在 150 年前开始快速增长，并在 20 世纪初超过欧洲。在过去的 50 年里，这些国家之间的差距没有太大变化，如图 1 所示。

　　从计划经济向市场经济过渡后，东欧现在发展得更快。

　　非洲的部落冲突和中南美洲国家的官僚机构负担过重使这些地区的国家经济增长缓慢，与美国的差距进一步扩大。

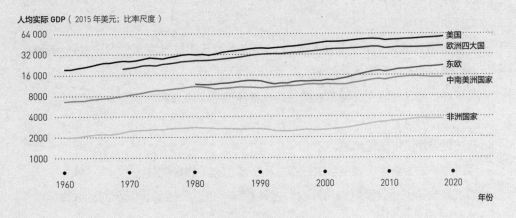

图 1　各国人均实际 GDP 差距

资料来源：Robert C.Feenstra，Robert Inklaar 和 Marcel P.Timmer，《宾夕法尼亚世界》，表 8.1；国际货币基金组织，世界经济展望数据库。

第 6 章要点小结

1. 定义和计算经济增长率，并阐释持续增长的含义。

- 经济增长是生产可能性的持续扩大。实际 GDP 的年度变化百分比用于衡量经济增长率。
- 如果要提高生活水平，人均实际 GDP 就必须增长。
- 持续的经济增长使贫穷国家变为富裕国家。
- 70 法则告诉我们，实际 GDP 翻一番的年数——70 除以实际 GDP 的年增长率。

2. 阐释劳动生产率增长的来源。

- 实际 GDP 随着总工时和劳动生产率的增长而增长。
- 当劳动生产率增长时，人均实际 GDP 也会增长。
- 储蓄与实物资本投资、人力资本扩张和新技术的出现的相互作用带来了劳动生产率的增长。
- 由于资本的边际收益递减，仅靠储蓄和实物资本投资无法带来持续稳定的劳动生产率增长。

3. 回顾经济增长的原因及影响的理论。

- 古典经济增长理论认为，经济增长将终止，因为人口爆炸会使实际人均 GDP 降至维持生计的水平。
- 新经济增长理论认为，资本积累、人力资本增长和技术变革会对激励做出反应，并能带来劳动生产率的持续增长。
- 关于经济增长对收入分配影响的理论是推测性的，没有明确预测未来的趋势。

4. 描述促进经济增长的政策。

- 经济增长需要一个由经济自由、产权和市场创造的激励制度。
- 通过鼓励储蓄、鼓励研究和开发、提高教育质量以及鼓励国际贸易，或许可以实现更快的经济增长。

金融、储蓄与投资

本章学习目标

» 对金融市场和金融机构进行描述，并阐释其经济功能和效益；

» 阐释借贷决策是如何制定的，以及这些决策在可贷资金市场上是如何相互作用的；

» 阐释政府预算盈余或预算赤字如何影响实际利率、投资及储蓄。

7.1

金融市场和金融机构

金融市场和金融机构是数字技术革命的核心。要解释这场革命所带来的影响，你需要先了解金融市场的运作方式及其带来的经济效益。金融市场的健康状况影响着储蓄、投资以及经济的整体表现和增长速度。我们先来看一些与金融相关的定义。

资本（capital）是一种生产要素。它是过去生产出来的用于生产商品和服务的工具、仪器、机器、建筑物及其他物品。原材料、半成品和零部件也是资本的一部分。用于购买资本的资金称为金融资本（financial capital）。有关投资、储蓄以及借贷的决策都将影响资本量。

投资 (investment) 使资本量增加，折旧使资本量减少。用于购买新资本的总金额称为总投资（gross investment）。资本量的变化称为净投资（net investment）。净投资等于总投资减去折旧值。如图 7-1 所示，汤姆森 VR 股份有限公司的年终资

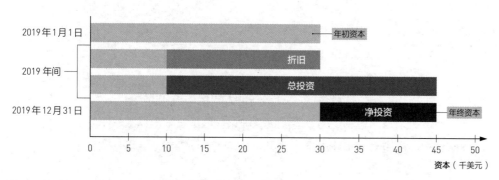

注：2019 年 1 月 1 日，汤姆森 VR 股份有限公司拥有价值 3 万美元的 VR 设备和计算机。

2019 年间，该公司资本折旧 2 万美元，用于购买新计算机的总投资为 3.5 万美元，因此净投资为 1.5 万美元。截至 2019 年年底，其年末资本为 4.5 万美元。

图 7-1　资本和投资

本为 4.5 万美元，即 3 万美元的年初资本加上 1.5 万美元的净投资；净投资等于总投资 3.5 万美元减去 2 万美元的折旧。

财富（wealth），也称为净资产（net worth），是家庭或公司所拥有的资产减去所欠资产后的市场价值。人们的财富与收入相挂钩，但二者并不是一回事。收入指的是在给定时间内人们通过提供自身资源所带来的服务而获得的资金。

将税后或未用于消费的收入进行储蓄，可以增加财富。当资产的市场价值上升时，财富也会增加。我们将其称为资本收益（capital gains）。

如果在学年结束时，你的银行账户里总共存有 250 美元，那么你的财富就是 250 美元。如果你在暑期赚了 5000 美元，又花了 1000 美元，那么你的银行账户金额增加到 4250 美元，你的财富就是 4250 美元。增加的 4000 美元的财富相当于你的储蓄，即 5000 美元收入减去 1000 美元支出。

国民财富和国民储蓄的计算与上述个人储蓄的例子相同。国家的年终财富等于年初财富加上当年的储蓄，也就是收入减去消费支出。为实现实际 GDP 增长，储蓄和财富必须转变为投资和资本。

这种转变发生在金融资本市场中，并通过我们现在所描述的金融机构活动实现。

● 金融资本市场

储蓄是用于融资投资的资金来源，这些资金的供求存在于 3 种金融市场类型中。

» 贷款市场
» 债券市场
» 股票市场

贷款市场

当汤姆森 VR 股份有限公司想要增加公司存款或延长客户信贷时，可能需要从银行贷款。当你需要资金购买一台新计算机时，你可以通过透支信用卡向银行贷款。

当一个家庭想要购买新房时，可以向银行申请按揭贷款（mortgage loan）。按揭贷款是一种法律合同，若借款人未能按约定时间偿还贷款和利息，则将房屋的所有权授予贷方。

以上几类融资都发生在贷款市场。

债券市场

当沃尔玛想要扩大业务时，会通过发行债券获得所需资金。美国联邦政府、州政府和市政府也通过发行债券来填补财政预算赤字。

债券（bond）是在指定日期支付特定款项的承诺。例如，2019 年，沃尔玛发行了 12.5 亿美元的债券，承诺每年支付 3.25 美元的券息，持续到

2029 年，最后再支付 100 美元本金。年度兑付称为债券息票（coupon），最终付款日称为赎回日（redemption date）。公司债券和政府债券均在债券市场上进行交易。

债券的期限称为到期期限（term to maturity），既可能是长期的（如沃尔玛债券），也可能是短期的（只有一两个月），期限不同，债券利率也不同。债券的期限与债券利率之间的关系称为收益率曲线。通常，长期债券的利率较高，因此收益率曲线向上倾斜。但有时长期债券的利率低于短期债券，收益率曲线发生倒挂。

聚焦美国经济

利率图表

图 1a 显示了两条收益率曲线。长期债券利率通常高于短期债券利率，收益率曲线向上倾斜。但在 2019 年，收益率曲线发生倒挂。5 年期债券利率低于 3 月期债券利率。

图 1b 显示了债券利率因风险不同而变化。政府债券风险最低，利率也最低。风险最高的公司（Ccc）支付的债券利率远高于风险最低的公司（Aaa）。

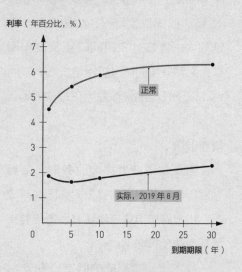

a）收益率曲线

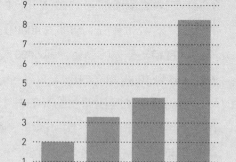

b）风险溢价

图 1　利率图表

资料来源：　美国联邦储备系统委员会及作者的计算。

债券利率也随其违约风险的不同而变化。违约风险即债券发行人无法履行承诺偿付的风险。风险更高的债券的利率更高。债券的等级就像学生的考试一样，从 Aaa 级到 Ccc 级依次递增。

股票市场

当波音公司想要筹集资金以扩大其飞机制造业务时便会发行股票（stock）。股票是公司所有权的证明和获取公司利润的凭证。波音公司已发行约 9 亿股股票。拥有 900 股波音公司的股票，就代表拥有百万分之一的波音公司，并有权获得其利润的百万分之一。

股票市场（stock market）是进行股票交易的金融市场。纽约证券交易所、伦敦证券交易所、法兰克福证券交易所和东京证券交易所都是股票市场。

● 金融机构

金融市场之所以竞争激烈，是因为金融机构在其中发挥的作用。金融机构（financial institution）是在供求双方市场运作金融资本的公司，即在一个市场借款，在另一个市场放贷。主要的金融机构有以下几个。

- » 投资银行
- » 商业银行
- » 政府资助抵押贷款机构
- » 养老基金管理机构
- » 保险公司

投资银行

投资银行是通过发行出售债券和股票帮助其他金融机构和政府筹集资金的公司，且就并购等交易提供建议。高盛集团（Goldman Sachs）是当今最大的投资银行之一。

商业银行

为你提供银行服务和发行信用卡的银行是商业银行。我们将在研究货币在经济中的作用时解释它们发挥的作用。

政府资助抵押贷款机构

联邦国民抵押协会（Federal National Mortgage Association，FNM）又称房利美（Fannie Mae）、联邦住房抵押贷款公司（Federal Home Loan Mortgage Corporation，FHLMC）又称房地美（Freddie Mac），这两家美国大型金融机构都是政府资助的企业，它们从银行购买抵押贷款，将其打包成抵押担保证券（mortgage – backed securities），然后出售给银行和其他金融机构。

养老基金管理机构

养老基金管理机构是利用企业和工人的养老金来购买债券和股票的金融机构。一些养老基金规模非常大，在其持有股票的公司中发挥着积极作用。

保险公司

保险公司与家庭和企业签订协议，在发生事故、盗窃、火灾、疾病和其他一系列灾祸时提供赔偿。例如，一些公司会提供保险，在企业破产且无法履行其债券义务时进行赔付；一些公司则在复杂的分保网络中为其他保险公司提供保险。

保险公司向客户收取保费，为其支付索赔费用，并将他们收到但未支出的资金用于购买债券和股票，从中赚取利息。

● 利率与股票、债券价格

债券或股票的利率（interest rate）是其价格的百分比。如果债券或股票价格上涨，而其他影响因素保持不变，则利率下降；如果债券或股票价格下跌，而其他影响因素保持不变，利率就会上升。

为了解资产价格与利率之间的反向关系（inverse relationship），假设有一张每年支付 5 美元券息且价格为 200 美元的债券，该债券的利率为

$$利率 = \frac{5}{200} \times 100\% = 2.5\%$$

如果债券价格跌至 100 美元，则债券的利率将变为

$$利率 = \frac{5}{100} \times 100\% = 5\%$$

这种关系意味着资产价格和利率是同时确定的，二者相互关联。在本章的下一部分，我们将学习金融市场中资产价格和利率是如何确定的。

● 金融市场和金融机构的经济效益

我们刚才描述的金融市场和金融机构带来了 3 个经济效益。它们使家庭、企业和政府能够实现

» 资本投资

» 平稳的消费支出

» 交易风险

资本投资

无论是家庭购置新房，企业扩大生产规模，还是政府修建高速公路，投入资金几乎总是超过所需资金。金融市场和金融机构实现了这些投资开支的可行性。

平稳的消费支出

我们幼时由父母供养，学成毕业后有了工作收入，直到退休后依靠养老金生活。我们每年的消费支出比我们的年收入更均衡（更平稳）。金融市场和金融机构使我们能够在整个生命周期中保持平稳的消费支出。

交易风险

投资新资本是有风险的，可能得不到回报。贷款也有风险，借款人可能无法偿还债务。金融市场和金融机构则替贷方分散了风险。如果没有这些好处，那么成功的风险投资数量可能就会减少。

聚焦美国经济

借贷规模

截至 2018 年年底，美国家庭已利用他们累积的储蓄发放贷款 85 万亿美元，平均每人 26.5 万美元。金融机构发放的贷款价值 100 万亿美元。

这 185 万亿美元贷款的借款人包括家庭、企业、政府和金融机构，数额如图 1 所示，图 1 显示了当今美国经济中庞大的借贷规模。

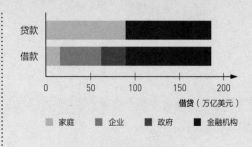

图 1　美国经济的借贷规模

资料来源：　美国联邦储备系统委员会。

7.2

可贷资金市场

在宏观经济学中，我们将所有单个金融市场组合成了单一的可贷资金市场。可贷资金市场（loanable funds market）是贷款市场、债券市场和股票市场的总和。在可贷资金市场上，只有一个平均利率，我们称之为利率。

之所以将金融市场视作一个单一的可贷资金市场，是因为单个市场与许多常见影响因素高度相关，这些影响因素共同作用使得单个资产的利率上下波动。

● 可贷资金市场的资金流动

循环流动模型描述了可贷资金市场资金流动的计算框架。

可贷资金的 3 个用途如下。

1. 商业投资
2. 政府预算赤字
3. 国际投资或贷款

可贷资金的 3 个来源如下。

1. 个人储蓄
2. 政府预算盈余
3. 国际借款

公司经常利用留存收益（retained earnings）——未分配给股东的利润——为商业投资融资。这些留存收益属于公司的股东，是从股东那里借来的，而不是作为股息支付给他们的。为了尽可能保证账目清晰，我们认为这些留存收益既是可贷资金的用途，也是其来源。就用途而言，留存收益是商业投资的一部分；就来源而言，留存收益是私人储蓄的一部分。

我们以 2012 年美元不变价格来衡量所有可贷资金的实际流动。

通过学习以下内容，你将了解在可贷资金市场中，可贷资金的实际流动和实际利率是如何确定的。

» 可贷资金需求
» 可贷资金供给
» 可贷资金市场均衡

● 可贷资金需求

可贷资金需求量（demand for loanable funds）是在一定时期内用于投资、政府预算赤字和国际投资或贷款的资金总量。投资是我们解释可贷资金市场需求侧影响因素的重点，其他两项——政府预算赤字和国际投资或贷款——可以被认为是要增加到投资中的数额。

什么决定了投资和可贷资金需求？亚马逊公司如何决定用于建造新仓库的借款数额？虽然影响决定的因素有许多，但我们可以将它们归纳为以下两个因素。

1. 实际利率
2. 预期利润

实际利率是用于购买资本的资金的机会成本，公司将实际利率与他们预期从新资本中获得的利润率进行比较。只有当预期利润超过实际利率的利润时，他们才会进行投资。实际利率高的项目比实际利率低的项目盈利要少，因此，

在其他条件不变的情况下，实际利率越高，可贷资金需求量越小；实际利率越低，可贷资金需求量越大。

可贷资金需求曲线

可贷资金需求指的是当其他所有影响借款规划的因素保持不变时，可贷资金需求量与实际利率之间的关系。表 7-1 和图 7-2 分别用表和需求曲线对可贷资金需求进行了说明。

为解释可贷资金需求，请设想亚马逊公司决定借款 1 亿美元建造一些新仓库。假设在支付利息成本之前，亚马逊期望每年从这项投资中获得 500 万美元的回报。如果年利率低于 5%，亚马逊预计盈利，那么它就会建造新仓库；如果年利率超过 5%，亚马逊预计亏损，那么它就不会建造新仓库。可贷资金需求量越大，年利率越低。

表 7-1 可贷资金需求表

	实际利率 （年百分比，%）	可贷资金 （2012 年万亿美元）
A	10	1.0
B	8	1.5
C	6	2.0
D	4	2.5
E	2	3.0

注：表 7-1 中需求表显示了在 5 种实际利率下可贷资金的需求量。

可贷资金需求的变化

当预期利润发生变化时，可贷资金需求也发生变化。在其他条件不变的情况下，新资本的预期利润越大，投资量越大，对可贷资金的需求就越大。

预期利润在经济周期扩张期上升，在商业周期衰退期下降；在技术变革创造出有利可图的新产品时上升；随人口增长带来的需求增加而上升；随着乐观主义和悲观主义的感染性情绪波动而涨落。凯恩斯称之为"动物精神"（animal spirits），美联储前主席艾伦·格林斯潘（Alan Greenspan）称之为"非理性繁荣"（irrational exuberance）。

图 7-3 显示了当预期利润变化时，可贷资金需求曲线如何移动。平均利润预期下的可贷资金需求曲线为 DLF_0，预期利润的增加使可贷资金需求曲线 DLF_0 向右移动到 DLF_1；预期利润下降使可贷资金需求曲线 DLF_0 向左移动到 DLF_2。

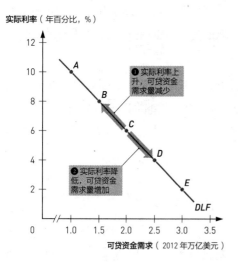

注：图 7-2 显示了可贷资金需求曲线 DLF。A 到 E 点对应表 7-1 中的 A 到 E 行。

❶ 实际利率上升，可贷资金需求量减少。

❷ 实际利率降低，可贷资金需求量增加。

图 7-2 可贷资金需求

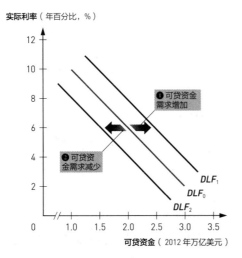

注：预期利润的变化会改变可贷资金需求和可贷资金需求曲线。

❶ 预期利润增加，可贷资金需求增加，可贷资金需求曲线 DLF_0 右移至 DLF_1。

❸ 预期利润下降，可贷资金需求减少，可贷资金需求曲线 DLF_0 左移至 DLF_2。

图 7-3 可贷资金需求曲线的变化

1. 实际利率
2. 可支配收入
3. 财富
4. 预期未来收入
5. 违约风险

实际利率会影响可贷资金供给，因为它是消费支出的机会成本。消费支出的 1 美元是未在可贷资金市场上储蓄和供给的 1 美元。因此，储蓄利息为 0。较高的实际利率激励人们减少消费支出、增加储蓄和可贷资金供给。较低的实际利率很难使人们减少消费，因此实际利率低会使人们增加消费支出、减少储蓄和可贷资金供给。因此：

在其他条件不变的情况下，实际利率越高，可贷资金供给量越大；实际利率越低，可贷资金供给量越小。

⬤ 可贷资金供给

可贷资金供给量（quantity of loanable funds supplied）指的是一定时期内的私人储蓄、政府预算盈余和国际借款的可用资金总额。储蓄是可贷资金的主要供给来源。政府预算盈余和国际借款属于其他来源。

储蓄和可贷资金供给皆取决于个人。假设你已经毕业并找到了一份报酬丰厚的工作，每年收入 5 万美元。你如何决定你的收入有多少用于消费品，有多少用于储蓄和可贷资金供给？你的决定会受到许多因素的影响，但其中最主要的如下。

可贷资金供给曲线

可贷资金供给（supply of loanable funds）指的是在其他影响贷款规划的因素保持不变时，可贷资金供给量与实际利率之间的关系。表 7-2 和图 7-4 对可贷资金供给进行了说明。

为了解可贷资金供给及其受实际利率影响的原因，请设想一下学生贷款。如果学生贷款的实际利率跃升至每年 20%，毕业生将更加节省开支（购买更便宜的食物，寻找价格更低廉的住

表 7-2　可贷资金供给表

	实际利率 （年百分比，%）	可贷资金 （2012 年万亿美元）
A	10	3.0
B	8	2.5
C	6	2.0
D	4	1.5
E	2	1.0

注：表 7-2 中供给表显示了在 5 种实际利率下的可贷资金供给量。

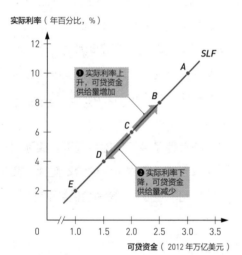

注：图 7-4 为可贷资金供给曲线 SLF。A 点到 E 点对应供给表格中 A 到 E 行。
❶ 实际利率上升，可贷资金供给量增加。
❷ 实际利率下降，可贷资金供给量减少。

图 7-4　可贷资金供给

宿）以尽快还清学生贷款，并尽可能避免支付更高贷款利息成本。如果学生贷款的实际利率下降到每年 1%，毕业生将减少储蓄，并花费更长的时间来还贷，因为利息负担变得更容易承担了。

可贷资金供给的变化

除实际利率外，任何影响储蓄的因素发生变化，都会改变可贷资金的供给。下面列出的其他 4 种因素——可支配收入、财富、预期未来收入和违约风险——是改变可贷资金供给的主要影响因素。

- **可支配收入**　家庭的可支配收入（disposable income）是总收入减去净税收后的收入。在其他条件不变的情况下，一个家庭的可支配收入越多，其储蓄就越多。例如，一名学生的可支配收入为每年 1 万美元，他将其全部花掉，没有任何储蓄。一名可支配收入为每年 5 万美元的经济学专业毕业生会花费 4 万美元，并储蓄 1 万美元。

- **财富**　家庭的财富就是它所拥有的一切。财富更多的家庭，在其他条件不变的情况下，将比财富更少的家庭储蓄更少。

  帕蒂是一家百货公司的主管，她的银行存款为 1.5 万美元，且没有任何债务——她今年决定花 5000 美元去度假，不存钱。另一位百货公司主管托尼在银行里没有存款，且信用卡欠款 1 万美元——他决定削减开支并开始存钱。

- **预期未来可支配收入**　随着家庭

预期未来可支配收入增加，在其他条件保持不变的情况下，其当前的储蓄就会越少：如果两个家庭的当前可支配收入相同，那么预期未来可支配收入较高的家庭将把现有可支配收入的更大一部分用于购买消费品和服务，因此当前的储蓄会更少。

回看帕蒂和托尼。帕蒂刚刚升职，明年将加薪 1 万美元。托尼则被告知他将在年底被解雇。收到这个消息后，帕蒂买了一辆新车——增加了消费支出并减少储蓄，而托尼卖掉了他的车并选择乘坐公交车——减少了消费支出并增加储蓄。

大多数年轻家庭预计在一定年限内有较高的未来可支配收入，然后在退休期间收入会较低。这种贯穿生命周期的收入模式导致年轻人储蓄少，中年人储蓄多，退休的人逐渐花光积蓄。

- **违约风险**　违约风险指的是贷款无法偿还或无法全额偿还的风险。风险越大，放贷所需的利率就越高，可贷资金供给量就越小。在正常时期，违约风险较低，但在资产价格暴跌的金融危机时期，违约可能会变得普遍。

可贷资金供给曲线的移动

当刚才描述的 4 种影响因素中的任

何一种发生变化时，可贷资金的供给就会发生变化，可贷资金的供给曲线就会移动。可支配收入的增加、财富、预期未来可支配收入和违约风险的减少，都会增加可贷资金的供给。

图 7-5 显示了可贷资金供给曲线是如何移动的。最初，可贷资金供给曲线为 SLF_0。随着可支配收入的增加，或财富、预期未来可支配收入和违约风险减少，可贷资金供给曲线从 SLF_0 向右移动到 SLF_1。这些影响因素的反向变化则会使可贷资金供给曲线从 SLF_0 向左移动到 SLF_2。

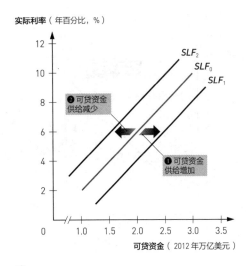

注：
❶ 可支配收入增加或财富、预期未来可支配收入和违约风险减少时，可贷资金供给量增加，可贷资金供给曲线从 SLF_0 右移至 SLF_1。
❷ 可支配收入减少或财富、预期未来可支配收入和违约风险增加时，可贷资金供给量减少，可贷资金供给曲线从 SLF_0 左移至 SLF_2。

图 7-5　可贷资金供给曲线的变化

可贷资金市场均衡

可以看到，在其他条件不变的情况下，可贷资金的需求量和供给量取决于实际利率。实际利率越高，储蓄量越大，可贷资金供给量越大，但投资量和可贷资金需求量会越小。然而，在均衡实际利率下，可贷资金需求量和供给量相等。

图 7-6 显示了可贷资金的需求和供给如何决定实际利率。*DLF* 曲线是需求曲线，*SLF* 曲线是供给曲线。当实际利率超过每年 6% 时，可贷资金的供给量就超过了需求量。借方很容易得到他们需要的资金，但贷方却无法借出他们所有的可用资金。实际利率会持续下降，直到可贷资金的供给量等于需求量。

当实际利率低于每年 6% 时，可贷资金的供给量小于需求量。借方借不到他们想要的资金，但贷方可以借出他们所有的可用资金。因此，实际利率会持续上升，直到可贷资金的供给量等于需求量。

无论可贷资金过剩还是短缺，实际利率都会发生变化，并被拉向均衡水平。在图 7-6 中，均衡实际利率为每年 6%。按照该利率，资金既不过剩也不短缺。借方可以获得他们想要的资金，而贷方可以借出他们所有的可用资金。借方（投资者）和贷方（储户）的计划是一致的。

供需变化

无论是可贷资金需求的波动，还是可贷资金供给的波动，都会引起实际利率和借贷资金均衡量的涨落。在这里，我们将说明供需增长会带来的影响。

预期利润的增长使可贷资金需求量增加。在可贷资金供给量不变的情况下，会出现资金短缺，利率上升，直到恢复均衡。在图 7-7a 中，可贷资金需求的增加使可贷资金需求曲线从

注：
❶ 如果实际利率为每年 8%，可贷资金的需求量小于供给量。资金过剩，实际利率下降。
❷ 如果实际利率为每年 4%，可贷资金的需求量超过供给量。资金短缺，实际利率上升。
❸ 当实际利率为每年 6% 时，可贷资金需求量等于供给量。资金既不短缺也不过剩，实际利率处于均衡水平。

图 7-6　可贷资金市场均衡

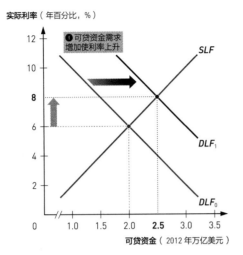

注：❶如果可贷资金需求增加，而供给保持不变，则实际利率上
升，均衡资金量增加

a）投入增加

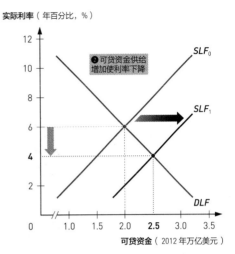

注：❷如果可贷资金供给增加，而需求保持不变，则实际利率下
降，均衡资金量增加

b）储蓄增加

图 7-7　可贷资金市场供需变化

DLF_0 向右移动到 DLF_1，实际利率为每年 6% 时，资金出现短缺，实际利率上升到每年 8%，均衡资金量增加。

如果影响储蓄计划的因素之一发生变化，使得储蓄增加，那么可贷资金供给量就会增加。在可贷资金需求量不变的情况下，就会出现资金过剩、利率下降，直到恢复均衡。在图 7-7b 中，可贷资金供给量的增加使可贷资金供给曲线从 SLF_0 向右移动到 SLF_1，当实际利率为每年 6% 时，资金出现过剩，实际利率下降到每年 4%，均衡资金量增加。

随着时间的推移，可贷资金市场的需求和供给都会波动，而实际利率也会上升和下降。可贷资金的供给量和需求量都会随着时间的推移而增加。一般来说，它们以相似的速度增长，因此虽然需求和供给呈上升趋势，但实际利率并不存在任何趋势，它围绕一个恒定的平均水平波动。

7.3

可贷资金市场中的政府

政府在出现预算盈余或预算赤字时会介入可贷资金市场。因此，改变政府预算平衡的行为会影响可贷资金市场和实际利率。实际利率的变化会影响储蓄和投资。为了完善对投资量和实际利率的决定性因素的研究，我们调查了政府预算平衡所起的作用。

● 政府预算盈余

政府预算盈余增加了可贷资金的供给。实际利率下降，使得私人储蓄和私人可贷资金的供给量减少。较低的实际利率会增加可贷资金的需求量及投资量。

图 7-8 显示了政府预算盈余的影响。私人可贷资金的供给曲线是 *PSLF*。可贷资金供给曲线 *SLF* 显示了私人供给与政府预算盈余的总和。此处，政府预算盈余为 1.0 万亿美元，因此在每个实际利率下，*SLF* 曲线都位于 *PSLF* 曲

线右侧 1.0 万亿美元距离的位置。*PSLF* 曲线与 *SLF* 曲线之间的水平距离即为政府预算盈余。

实际利率（年百分比，%）

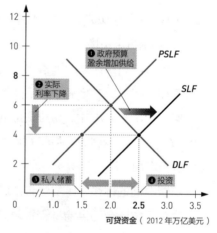

注：可贷资金需求曲线为 *DLF*，私人供给曲线为 *PSLF*。在政府预算平衡的情况下，实际利率为每年 6%，投资为每年 2.0 万亿美元。私人储蓄和投资每年达 2.0 万亿美元。

❶ 私人储蓄加上 1.0 万亿美元的政府预算盈余，以确定可贷资金供给曲线 *SLF*。

❷ 实际利率下降至每年 4%。

❸ 私人储蓄减少至 1.5 万亿美元。

❹ 可贷资金需求和投资增至 2.5 万亿美元。

图 7-8　政府预算盈余的影响

在政府预算没有盈余的情况下，实际利率为每年 6%，可贷资金量为每年 2.0 万亿美元，投资为每年 2.0 万亿美元。但当政府预算盈余为每年 1.0 万亿美元时，均衡实际利率下降到每年 4%，可贷资金量增加到每年 2.5 万亿美元。

实际利率下降使私人储蓄减少至 1.5 万亿美元，但投资增加至 2.5 万亿美元，可贷资金来自私人储蓄和政府预算盈余（政府储蓄）。

● 政府预算赤字

政府预算赤字增加了对可贷资金的需求。实际利率上升，会增加私人储蓄和私人可贷资金的供给量。但较高的实际利率会减少投资量和企业投资融资所需的可贷资金需求量。

图 7-9 显示了政府预算赤字的影响。私人对可贷资金的需求曲线是 *PDLF*。可贷资金需求曲线 *DLF* 显示了私人需求与政府预算赤字的总和。此处，政府预算赤字为 1.0 万亿美元，因此在每个实际利率下，*DLF* 曲线都位于 *PDLF* 曲线右侧 1.0 万亿美元距离的位置。*PDLF* 曲线与 *DLF* 曲线的水平距离即为政府预算赤字。

在没有政府预算赤字的情况下，实际利率为每年 6%，可贷资金量为每年 2.0 万亿美元，投资为每年 2.0 万亿

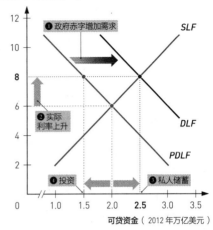

实际利率（年百分比，%）

注：可贷资金供给曲线为 *SLF*，私人对可贷资金的需求曲线为 *PDLF*。在政府预算平衡的情况下，实际利率为每年 6%，可贷资金量为每年 2.0 万亿美元。私人储蓄和投资每年达 2.0 万亿美元。

❶ 私人对可贷资金的需求加上 1.0 万亿美元的政府预算赤字，以确定可贷资金需求曲线 *DLF*。

❷ 实际利率上升至每年 8%。

❸ 私人储蓄和可贷资金量增至 2.5 万亿美元。

❹ 投资减至 1.5 万亿美元。投资被挤出。

图 7-9　政府预算赤字的影响

美元。但当政府预算赤字达到 1.0 万亿美元时，实际利率从每年 6% 上升到每年 8%，可贷资金量从 2.0 万亿美元增加到 2.5 万亿美元。

实际利率的上升使私人储蓄增加到 2.5 万亿美元，但投资减少到 1.5 万亿美元。政府预算赤字提高实际利率、减少投资的趋势称为挤出效应（crowding-out effect）。投资减少的数量与政府赤字并不对等，因为私人储蓄增加了。在这个例子中，私人储蓄增加了 0.5 万亿美元，达到了 2.5 万亿美元。

李嘉图 - 巴罗效应

李嘉图 - 巴罗效应（the Ricardo-Barro effect）最早由英国经济学家大卫·李嘉图在 18 世纪提出，并在 20 世纪 80 年代由哈佛大学的罗伯特·巴罗（Robert Barro）进一步完善。该效应认为，我们刚才所说的挤出效应是错误的，其主张政府预算赤字对实际利率或投资没有影响。巴罗称，理智的纳税人可以发现，今天的政府预算赤字意味着未来的税收会更高，未来的可支配收入会更少。随着预期未来可支配收入减少，储蓄将增加。储蓄的增加使得可贷资金的供给增多——SLF 曲线向右移动——增多的量与政府预算赤字相等。可贷资金的供给可能会加剧或减轻政府预算赤字对实际利率和投资的影响，但大多数经济学家认为绝对的李嘉图 - 巴罗效应发生的可能性不大。

◎ 聚焦生活

个人在可贷资金市场中的参与

想一想你的储蓄金额。你把多少可支配收入存起来了？你的储蓄是正数还是负数？

如果是正数，你会用这些储蓄做什么？是把它们存入银行、投入股票市场、购买债券，还是放在家里？你利用储蓄获利的利率是多少？

如果是负数，那意味着什么？这意味着赤字（如政府赤字）。你的支出超过了你的可支配收入。在这种情况下，你如何为赤字融资？你有助学贷款吗？你是否有未结清的信用卡欠款？你花了多少钱来支付你的负储蓄（支出多于收入的情况）？

当你毕业并找到一份薪水更高的工作时，你认为你的储蓄会有什么变化？

还要考虑你的投资金额。上学就是在投资人力资本，这项投资使你付出了多少代价？你如何为这项投资融资？

当你毕业并找到一份高薪工作时，你需要决定是买房还是租房。

你会如何决定是买房还是租房？借 30 万美元来买房是否明智？利率将如何影响你的决定？

这些例子只是你将在可贷资金市场做出的众多决定和进行的众多交易中的一部分，即你的储蓄和投资之间的联系。

⟨◎⟩ 聚焦金融科技

什么是金融科技以及技术如何改变金融市场

Fintech 是"金融科技"(financial technology)的简称。该术语诞生于 2005 年左右，涵盖广泛的互联网金融服务和定制应用程序，它们实现了交易自动化。当你使用智能手机付款或向朋友转账时，你就使用了金融科技。

金融科技在刚起步时，只有大银行和其他金融机构使用它来提供更好的金融服务。但如今，在迅速扩张的世界中出现了许多提供广泛金融服务的新业务，传统机构在可贷资金市场中的份额正在缩小（见图 1）。

金融科技贷款

截至 2018 年年底，约 2000 万美国人的个人贷款总额为 1380 亿美元，比 5 年前增加了 890 亿美元。传统金融机构贡献了其中一部分贷款，但新兴金融科技公司在新增贷款中占了 500 亿美元。图 2a 说明了个人贷款的增长和金融科技份额的扩大。

通过在线申请和放款的方式，金融科技贷款比传统金融机构的贷款更容易、更快捷，且能提供更好的交易。对处于中低风险的借方而言，金融科技贷款的利率比传统贷方收取的利率低 4 个百分点，如图 2b 所示。

众筹

众筹是另一种金融科技服务。这

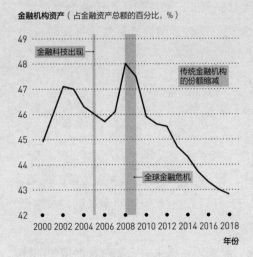

图 1　大银行和其他金融机构可贷资金份额变化

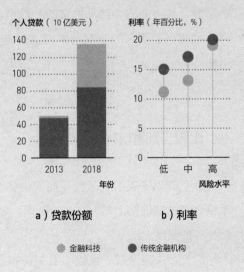

图 2　金融科技在个人贷款市场的占有率

资料来源： 联邦储备系统董事会，圣路易斯联邦储备银行以及作者的计算。

项筹资服务旨在消除企业家在着手开发有风险但有潜在利润的产品时所面临的阻碍。

Kickstarter、Indiegogo 和其他 400 多个平台可以帮助企业家筹集资金,这些资金为他们实现广泛的可盈利想法和创造百万美元企业提供了资助。

例如,帕尔默·拉奇(Palmer Lucky)在他父母的车库里创造了 Oculus 虚拟现实耳机。Kickstarter 众筹活动所筹得的资金大大超过了其 25 万美元的目标,共有 240 万美元。两年后,帕尔默·拉奇以 20 亿美元的高价将他的产品卖给了脸书公司!

附录:现值

本附录解释了现值(present value)的概念及其计算方法。我们在本章中阐述了如何通过将实际利率与预期利润进行比较来做出投资、储蓄以及借贷决策。但这些决策涉及将当前的金额与未来的金额进行比较。例如,要决定是否申请学生贷款,你必须将当前借入的金额与未来支付的金额进行比较。现值计算使这种比较成为可能。

● 比较当前和未来的美元

为了确定未来的一笔钱在当下值多少钱,我们可以计算这笔未来金额的现值。未来金额的现值指的是,在考虑到可以赚取的利息后,当前投资将增长到与未来金额相等的金额。

因此,未来金额的现值小于未来的金额。我们用来将未来金额转换为现值的计算称为贴现(discounting)。

理解贴现和现值最简单方法是反向考虑:现值如何因复利而增长为未来的金额。

● 复利

复利（compound interest）是初始投资加上先前投资获利的利息。由于复利的存在，现在的一笔钱（现值）在未来会增长到更大的金额。未来金额等于现在金额（现值）加上它在未来赚取的利息。也就是说，

$$\text{未来金额} = \text{现值} + \text{利息收入}$$

第 1 年的利息等于现值乘利率 r，因此

$$\text{1 年后的金额} = \text{现值} + (r \times \text{现值})$$

或者

$$\text{1 年后的金额} = \text{现值} \times (1 + r)$$

如果你今天投资 100 美元，年利率为 10%（$r = 0.1$），那么 1 年后你将拥有 110 美元——原来的 100 美元本金加上 10 美元的利息。

如果第 2 年你继续将这 110 美元留作投资，赚取 10% 的利息，那么到年底你将拥有

$$\text{2 年后的金额} = \text{现值} \times (1 + r)^2$$

检验公式：

$$110 \text{ 美元} = 100 \text{ 美元} \times 1.1$$

2 年后，你将拥有 121 美元。在第 2 年，你最初的 100 美元赚了 10 美元，在第 1 年赚取的 10 美元利息赚取了 1 美元。

如果你将 100 美元投资 n 年，它会增长到

$$\text{n 年后的金额} = \text{现值} \times (1 + r)^n$$

检验公式：

$$121 \text{ 美元} = 100 \text{ 美元} \times (1.1)^2 = 100 \text{ 美元} \times 1.21$$

如果年利率为 10%，这 100 美元将在 7 年后（$n = 7$）增长到 195 美元——几乎是 100 美元现值的 2 倍。

未来金额贴现

在已知现值和利率的情况下，我们刚刚计算了未来 1 年、2 年和 n 年的金额。要计算这些未来金额的现值，我们只需向后倒推计算。

要计算未来 1 年金额的现值，我们将未来金额除以（$1 + r$）。即

$$现值 = \frac{未来 1 年的金额}{(1 + r)}$$

检验公式

$$现值 = \frac{110 \text{ 美元}}{(1 + 0.1)}$$

$$= \frac{110 \text{ 美元}}{1.1} = 100 \text{ 美元}$$

我们通过计算 1 年后 110 美元在利率为 10％ 的情况下的现值来检验现值公式。你可以猜到，答案是 100 美元，因为我们刚刚计算过，今天以 10％ 的年利率投资 100 美元，1 年后可以赚取 110 美元。因此，1 年后收到的 110 美元的现值为 100 美元。

我们可以用公式计算未来 n 年金额的现值

$$现值 = \frac{未来 n 年的金额}{(1 + r)^n}$$

例如，如果年利率为 10％，则 10 年后收到的 100 美元的现值为 38.55 美元。也就是说，如果今天以每年 10％ 的利率投资 38.55 美元，它将在 10 年后累积到 100 美元。

● 一系列未来金额的现值

你已经了解了如何计算未来 1 年或 n 年收到的一笔钱的现值。现值的实际应用大多为计算未来几年内一系列金额的现值（present value）。偿还学生贷款就是一个例子。

计算几年内一系列金额的现值，我们可以把学过的公式应用于每一年的计算。然后，我们将所有年份的现值相加，便得出了这一系列金额的现值。

例如，假设你希望在未来 5 年每年支付 100 美元，利率为每年 10%（$r = 0.1$）。这每笔 100 美元的在 5 年中的现值使用以下公式计算。

$$现值 = \frac{100\ 美元}{1.1} + \frac{100\ 美元}{1.1^2} + \frac{100\ 美元}{1.1^3} + \frac{100\ 美元}{1.1^4} + \frac{100\ 美元}{1.1^5}$$

等于

$$现值^{[1]} = 90.91\ 美元 + 82.64\ 美元 + 75.13\ 美元 + 68.30\ 美元 + 62.09\ 美元$$
$$= 379.07\ 美元$$

许多决策的做出都取决于刚刚所做的这种计算。购买或租赁公寓、汽车，偿还学生贷款或延期贷款等都可以利用现值计算来帮助我们做出决策。

---

[1] 取近似值。

第 7 章要点小结

1. 对金融市场和金融机构进行描述，并阐释其经济功能和效益。

- 企业使用金融资本购买和经营实物资本。
- 总投资是在给定时期内花费在实物资本上的总额。净投资等于总投资减去折旧。
- 财富是人们拥有的资产减去所欠资产后的市场价值；储蓄是未花费的可支配收入数额，属于财富。
- 金融市场由贷款市场、债券市场和股票市场组成。

2. 阐释借贷决策是如何制定的，以及这些决策在可贷资金市场上是如何相互作用的。

- 其他条件不变，实际利率越低或预期利润率越高，可贷资金需求量越大。
- 当预期利润发生变化时，可贷资金需求也会发生变化。
- 其他条件不变，实际利率越高，可贷资金供给量越大。
- 当可支配收入、财富、预期未来收入或违约风险发生变化时，可贷资金供给量也会发生变化。
- 可贷资金市场均衡决定了实际利率。
- 在均衡实际利率下，可贷资金的需求量等于可贷资金的供给量。

3. 阐释政府预算盈余或预算赤字如何影响实际利率、投资和储蓄。

- 政府预算盈余会增加可贷资金的供给，政府预算赤字会增加可贷资金的需求。
- 在私人储蓄没有变化的情况下，政府预算赤字的增加会提高实际利率并减少投资的趋势。
- 政府预算赤字可能会增加私人储蓄，因为它会减少预期未来可支配收入。

美联储如何创造货币并调控货币数量

第 8 章

货币体系

本章学习目标

» 阐释货币的定义并描述其功能；

» 描述银行的功能；

» 描述美国联邦储备系统的功能；

» 阐释银行体系如何创造货币以及美联储如何控制货币数量。

8.1

什么是货币

货币（money）就像火和轮子一样，已经存在了很长时间，许多物品都充当过货币。印第安人使用贝壳串珠（由贝壳制成的珠子）充当货币，斐济人使用鲸鱼牙齿，早期的美国殖民者使用烟草，埃塞俄比亚使用盐饼。贝壳串珠、鲸鱼牙齿、烟草和盐饼有什么共同点？为什么它们可以充当货币？今天，当我们想买东西时，我们会使用硬币或纸币、支票、电子支票、信用卡或借记卡，以及智能手机应用程序。我们今天使用的所有这些东西都是货币吗？要回答这些问题，我们需要明确货币的定义。

● 货币的定义

货币是被普遍接受作为支付手段（means of payment）的商品或代币。

该定义包含 3 个部分，我们将依次进行研究。

商品或代币

货币总是能够被识别，并且可以被分割成更小的单位的。因此，货币可能是实际商品，例如银条或金条；也可能是一种代币，例如 25 美分的硬币或 10 美元的钞票。货币还可能是一种虚拟代币，例如银行数据库中的电子记录（稍后将详细介绍此类货币）。

被普遍接受

货币被普遍接受，这意味着它可以用来购买任何东西。有些代币只能用来购买某些东西，但不能用来购买其他东西。例如，公交卡可以用于支付乘车费用，但不能用于购买牙膏。因此，公交卡不是货币。相比之下，你可以使用 5 美元的钞票支付乘车费或购买牙膏，以及购买任何其他价值小于或等于 5 美元的东西。因此，5 美元的钞票就是货币。

支付手段

支付手段指的是清偿债务的方式。

支付行为执行后，交易就完成了。假设格斯从他的朋友安那里买了一辆汽车，他现在的钱不足以支付购买这辆车的费用，但 3 个月后他发了工资就会有足够的钱，安同意格斯可以在 3 个月后支付购买汽车的费用。格斯向安贷款买了这辆车，然后又还清了贷款。贷款不是货币，货币是格斯用来还清贷款的钱。

因此，贝壳串珠、鲸鱼牙齿、烟草和盐饼的共同点是它们已成为被普遍接受的支付手段，这就是为什么它们可以成为货币。

● 货币的功能

货币有 3 个重要功能。它可以充当

» 交换媒介
» 记账单位
» 价值储存手段

交换媒介

交换媒介（medium of exchange）是人们普遍接受的用于换取商品和服务的物品。货币是一种交换媒介。没有货币，你就不得不直接用商品和服务交换其他商品和服务——这种交换称为易货（barter）。易货需要双方需求重合。例如，如果你想要一瓶汽水，但你只有一本小说可以换取它，那么你就必须找到一个既卖汽水也想要你这本小说

的人。货币保证了双方需求的重合，因为卖东西的人总是会接受用货币进行交易。货币充当着润滑剂的角色，使交换机制更为顺畅。货币使你能够专注于你具有比较优势的活动，而不是去寻找重合的需求。

记账单位

用于说明商品和服务价格的商定计量单位称为记账单位（unit of account）。为了最大限度地利用你的预算，你必须弄清楚去听一场摇滚音乐会与其机会成本相比是否值得。但这种机会成本指的不是美元和美分，而是你为了听一场音乐会而必须放弃的看电影、卡布奇诺咖啡、冰激凌甜筒或口香糖的数量。当所有这些商品的价格都以美元和美分表示时，计算成本便很容易（见表 8-1）。如果听一场音乐会花费 64.0 美元，而看一部电影花费 8.0 美元，你马上就会知道去听音乐会要花看 8 部

表 8-1　记账单位简化价格对比

商品	货币单位计价（美元）	商品单位计价
摇滚音乐会	64.0	8 场电影
电影	8.0	2 杯卡布奇诺咖啡
卡布奇诺咖啡	4.0	2 个冰激凌甜筒
冰激凌甜筒	2.0	4 片口香糖
口香糖	0.5	

电影的钱。如果买一杯卡布奇诺咖啡要4.0美元，那么去听一场音乐会就相当于买16杯卡布奇诺咖啡。你只需要进行一次运算就可以得出任意一对商品和服务的机会成本。例如，听一场音乐会的机会成本是128片口香糖（$64 \div 0.5 = 128$）。

现在想象一下，如果音乐会售票员将其价格标为8部电影，如果电影院将电影票价格标为2杯卡布奇诺咖啡，如果咖啡店将卡布奇诺咖啡的价格标为2个冰激凌甜筒，如果冰激凌店将冰激凌甜筒的价格标为4片口香糖！现在，你需要多少奔波和计算才能得出你为参加这场音乐会所必须放弃的看电影、卡布奇诺咖啡、冰激凌甜筒或口香糖的数量？从售票员张贴的牌子上，你马上就能知道看一部电影的价格。对于所有其他商品，你得去许多不同的地方，以确定每种商品相对于另一种商品的价格，然后将相关商品进行价格上的计算。将表8-1中标有"货币单位计价"的一栏遮盖起来，你就会发现计算听一场音乐会要花费多少片口香糖有多么困难。这足以让人发誓再也不听音乐会了！但使用美元和美分计算就简单多了。

价值储存手段

任何可以持有并在以后交换商品和服务的商品或代币都称为价值储存手段。货币具有价值储存的功能。如果没有这一功能，货币就不会用于商品和服务的交换。商品或代币的价值越稳定，它作为价值储存手段的效应就越好，作为货币就越有用。没有任何价值储存手段是完全稳定的，房屋、汽车或艺术品等实物的价值会随时间而波动。我们用作货币的商品和代币的价值也会波动，当出现通货膨胀时，货币的价值会持续下跌。

● 当今货币

当今世界的货币被称为法定货币（fiat money）。Fiat是一个拉丁词汇，意思是法令或命令。法定货币之所以是货币，是因为法律规定如此。用作货币的物品之所以有价值，是因为它们具有货币的法律地位。

如今的法定货币包括

» 现金（currency）
» 银行及其他金融机构中的存款

存款

在商业银行、信用合作社、储蓄银行以及储蓄和贷款协会里的存款也是货币。存款之所以是货币，是因为它们可以执行作为支付手段的职能。你无须去银行取款即可完成支付。你可以通过写支票或使用借记卡的方式，告诉银行将你账户上的钱转到他人的账户。

银行里的现金不是货币

　　虽然现金和银行存款属于货币，但银行里的现金不是货币。当现金存在银行里时，它不能作为一种支付手段。当你从自动柜员机取款时，你便将银行存款兑换成了货币。你改变了货币的形式，但你拥有的货币数量没有变化。你的银行存款减少，而货币持有量增加。

　　如果我们把银行存款和银行里的现金都算作货币，想一想当你从自动柜员机取钱时，货币数量会发生什么变化。货币数量看起来减少了，而你手中的现金会增加，但银行存款和银行里的现金都会减少。

　　可以看到，将银行存款和银行里的现金都算作货币将会重复计算。

● 官方货币计量单位：M1 和 M2

　　图 8-1 显示了美国两种官方货币计量单位的构成。M1（狭义货币供给量）包括个人和企业持有的现金、旅行支票以及个人和企业拥有的支票存款。M2（广义货币供给量）包含了 M1，再加上储蓄存款和小额定期存款（小于 10 万美元）、货币市

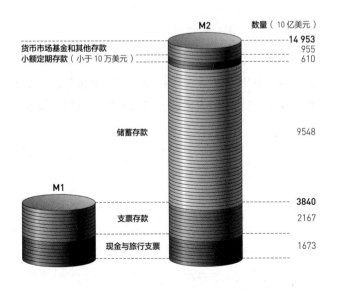

注：2019 年 8 月，M1 为 38 400 亿美元——16 730 亿美元的现金与旅行支票以及 21 670 亿美元的支票存款之和。M2 为 149 530 亿美元——M1、95 480 亿美元储蓄存款、6100 亿美元定期存款以及 9550 亿美元货币市场基金和其他存款的总和。

M2 中的部分储蓄存款也可以立即转换为支付手段，你可以使用自动柜员机提取现金来支付杂货或汽油的费用。但因为定期存款、货币市场基金和其他存款不能立即实现转换，所以不是支付手段。

图 8-1　美国两种官方货币计量单位的构成（2019 年 8 月）

资料来源：美联储。

场基金和其他存款。定期存款是只能在固定期限过后提取的存款，货币市场基金是投资于短期证券的存款。

M1 和 M2 是否为支付手段

判断某物是否为货币的标准，要看它是否为被普遍接受的支付手段。现金和支票存款都符合货币的标准，因为它们可以通过借记卡或支票从一个人转给另一个人。因此，M1 的所有组成部分都可充当支付手段。

● 支票、信用卡、借记卡和电子钱包

如今在定义货币和描述充当货币的事物时，我们没有将支票、信用卡或电子钱包囊括在内。买东西时用的这类钱不是货币吗？

支票

支票不是货币，它是指示银行进行付款的指令。要弄清楚为什么支票不是货币，最简单的方法就是想象如果你开一张支票，你拥有的钱的数量会发生怎样的变化。你不会因为开出一张支票而突然有了更多的钱。你的钱是你的银行存款，而不是你开出的支票的价值。

信用卡

信用卡不是货币，它是一种特殊类型的身份证，可以让你获得即时贷款。假设你使用信用卡购买一本教科书，你只需要签名或输入密码，然后就可以带着书离开商店了。

借记卡

借记卡的功能与支票很相似，只是其交易速度更快。正如支票不是货币一样，借记卡也不是货币。为理解借记卡的功能为何与支票相似，请假设你使用借记卡去购买教科书，想想会发生什么。当售货员在书店刷你的借记卡时，书店银行系统的电脑上会收到一条信息：从你的账户中取出 100 美元存入书店的账户。交易瞬间完成。但同样地，银行存款就是货币，借记卡是使货币从你的账户转移到书店的工具。

电子钱包

电子钱包是实体钱包的电子版本。它是智能手机、平板电脑或智能手表中的一款应用程序，可用于存储和访问信用卡或借记卡数据以进行购买活动。例如苹果支付（Apple Pay）、三星支付（Samsung Pay）、安卓支付（Android Pay）和移动支付网络联盟（Current C）。因此，就像信用卡和借记卡存储的数据一样，电子钱包不是货币。

现在你知道了支票、信用卡和借记卡以及电子钱包都不是货币，但一种新的信息时代货币正逐渐浮现——电子现金。

新兴货币：电子现金

电子现金（electronic cash 或 e-cash）是纸币和硬币的电子等价物。它是一种电子货币，对愿意使用它的人来说，电子现金就像其他形式的货币一样。但要使电子现金成为一种广泛使用的货币形式，它必须进化出一些实物货币的特征。

人们使用实物货币是因为它具有便携性、可识别性、可转让性、不可追踪性和匿名性，并且可以用来找零。电子现金的设计者旨在复刻纸币和硬币的所有特征。今天的电子现金是便携的、无法追踪的和匿名的，但它作为支付手段还未达到被普遍接受的认可度。电子现金仍不符合货币的定义。

与纸币和硬币一样，电子现金可以在商店中使用，也可以在互联网上使用。要在商店中使用电子现金，买家需使用存储电子现金的智能卡，而商店需使用智能卡读卡器。进行交易时，电子现金从智能卡直接转入商店的银行账户。智能卡用户通过使用特殊的自动柜员机或智能手机从银行账户中提取电子现金。

互联网上有多种版本的美元、欧元和其他货币的电子现金。美国最受欢迎和使用最广泛的电子现金系统是易贝（eBay）旗下的 PayPal。

当钱包丢失时，如果钱包里面塞满了美元钞票，那你就倒霉了；如果里面装的是电子现金智能卡，银行就可以帮你消除存储在旧卡上的电子现金，并为你转换到新卡上。

尽管电子现金尚未被普遍接受，但它的用处可能会越来越大，并且会逐渐取代实物货币。

8.2

银行体系

美国银行体系由美联储、银行和其他接收存款、为个人和企业提供接收付款服务的机构组成。美国联邦储备系统（Federal Reserve System，the Fed，后文简称美联储）位于银行体系的顶端（见图 8-2），负责制定规则并监管和干预银行及其他机构的活动。以国家货币形式接收存款的金融机构有以下 3 种类型。

» 商业银行
» 储蓄机构
» 货币市场基金

本节我们将介绍这些机构的功能，下一节我们将描述美联储的结构和功能。

● 商业银行

商业银行（commercial bank）是由美国货币监理署（Office of Comptroller

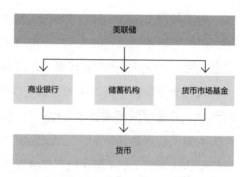

注：美联储监管并干预商业银行、储蓄机构和货币市场基金的活动，这些机构内的储蓄构成了美国的国家货币。

图 8-2　美国银行体系的组成机构

of the Currency）或国家机构特许接受存款和发放贷款的公司。2016 年，美国约有 5260 家商业银行在运营，少于 20 世纪 80 年代的 1.5 万家。商业银行数量缩减的原因在于 1997 年商业银行经营规则发生了变化，它们可以在各州开设分行。随着规则的改变，出现了一波兼并浪潮。此外，在 2008—2009 年的经济衰退期间，有 130 多家商业银行倒闭。

银行存款

商业银行接受 3 种类型的存款：支票存款、储蓄存款和定期存款。银行对支票存款支付低利率（有时为 0 ），而对定期存款支付最高利率。

利润与风险：平衡之法

商业银行试图通过提供高利率长期贷款以及向储户和其他人借款来使其股东的财富最大化。但是贷款有风险。风险贷款有时得不到偿还，风险证券的价格有时会下跌。在这两种情况中，任何一种都会使商业银行蒙受损失，甚至可能使股东的财

聚焦往昔

银行业的"诞生"

在 16 世纪欧洲的某处：由于黄金价值高且容易被盗，金匠们制造了严密的保险箱，以供人们"存放"黄金。金匠开具黄金收据，让黄金持有者有权按需收回他们的"存款"。

例如，伊莎贝拉在塞缪尔·戈德史密斯（Samuel Goldsmith）处有一张 100 盎司黄金的存放收据，她从亨利那里购买了一些土地。土地费用的支付方式有两种：她可以拜访塞缪尔，收回她的金子，然后将金子交给亨利；也可以将黄金收据交给亨利，使亨利能够领取 100 盎司黄金。使用黄金收据是一种更简单、更安全的交易。当亨利想买东西的时候，他也可以把黄金收据转给别人。因此，塞缪尔的黄金收据可作为一种支付手段流通，属于货币！

由于黄金收据在流通时，黄金仍存放于塞缪尔的保险箱中，他意识到他可以贷出黄金收据并收取利息。

塞缪尔给存放在他这里却不属于他的黄金开具收据，然后借出这些收据。塞缪尔算得上最早的银行家之一。

富化为乌有。此外，当储户看到他们的银行遭受损失时，会大量提款（称为银行挤兑），这可能会引发危机。因此，商业银行必须采取平衡措施。它必须谨慎使用储户资金，并在储户和股东的资金安全与高风险回报之间寻求平衡。为了权衡风险和利润，商业银行将其资产划分为 4 个部分：准备金、流动资产、有价证券和贷款。

准备金

商业银行的准备金（reserves）包括其金库中的现金加上其在美联储的准备金账户中的余额。

银行金库中的现金用来满足储户取款。每次你和你的朋友半夜为买比萨而突然跑去自动柜员机取钱后，银行就必须在机器上补充现金。

商业银行在美联储的存款类似于你在商业银行的存款。商业银行使用其在美联储的准备金账户来接收和付款给其他商业银行，并获取现金。美联储要求商业银行持有最低比例的存款作为准备金，称为法定准备金率（required reserve ratio）。商业银行的预期准备金可能会超过法定准备金，尤其是在准备金借贷成本很高的情况下。

流动资产

商业银行的流动资产是短期国库券和提供给其他商业银行的隔夜贷款。流动资产的利率很低，但它们是低风险资产。银行同业拆借利率，称为联邦基金利率（federal funds rate），这是美联储货币政策行动的中心目标。

有价证券和贷款

有价证券（securities）是由美国政府和其他组织发行的债券。有些债券利率低，风险小；有些债券利率高，风险大。抵押贷款支持证券（MBS）是风险证券的例子。

贷款（loans）指的是向企业和个人提供的资金。贷款能为银行赚取高额利息，但存在风险，即使风险不大，也不能在约定日期之前收回贷款。银行从信用卡的未清偿金额上赚取最高利息，这些额度即银行向信用卡持有人提供的贷款。

● 银行资产和负债：相对量级

图 8-3 显示了 2019 年商业银行资产和负债（存款和其他借款）的相对量级。在实现利润与风险平衡后，商业银行将总资产的 11% 存为准备金（和流动资产），25%

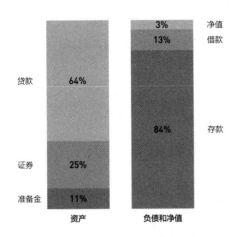

注：2019 年，商业银行贷款占其总资产的 64%，证券占 25%，准备金占 11%。银行获取分配给这些资产的资金来源有 3 个：84% 来自支票存款（M1 的一部分）、储蓄存款和小额定期存款（M2 的一部分）；13% 借自债券持有人；3% 来自商业银行的股东——商业银行的净值。

图 8-3　2019 年商业银行资产、负债和净值

资料来源：　美联储。

投入证券，64% 留作贷款。支票存款（M1 的一部分）和储蓄存款以及小额定期存款（M2 的一部分）占资金总额的 84%。另外 13% 的资金来自借款，商业银行自有资本——其股东的净资产——占总资金的 3%。

2019 年商业银行资产配置进入新常态，这是 2008—2009 年金融危机的结果。本节"聚焦美国经济"将金融危机前的正常时期与金融危机严重时进行对比。

● 储蓄机构

美国储蓄机构分为 3 种类型，分别是储蓄贷款协会、储蓄银行和信用合作社。储蓄贷款协会（savings and loan association）是接受支票存款和储蓄存款并提供个人、商业和购房贷款的金融机构；储蓄银行（savings bank）是接

◎ 聚焦美国经济

金融危机压力下的美国商业银行

在正常时期，商业银行准备金不到其总资产的 1%，流动资产不到 4%，贷款占 68%，有价证券占 28%。2007 年 7 月正是这样的正常时期（见图 1）。

在始于 2007 年并于 2008 年 9 月愈演愈烈的金融危机期间，商业银行因证券和贷款价值下跌而遭受重创。

面对风险加剧的世界经济环境，各商业银行增加了其流动资产和准备金量。2009 年 9 月，商业银行的流动资产几乎达到其总资产的 10%，准备金达到 8%。平衡措施从冒进转向了求稳。

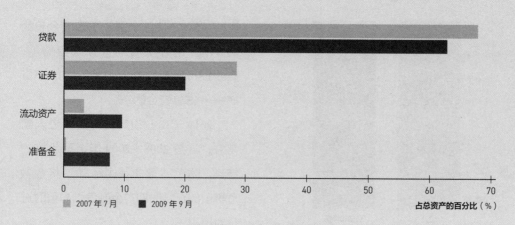

图1　金融危机压力下的美国商业银行

资料来源：　美联储。

受储蓄存款并主要提供消费和购房贷款的金融机构，储户可以成为部分储蓄银行的所有者（称为互助储蓄银行）；信用合作社（credit union）是归社会或经济团体（例如公司员工）所有的金融机构，它接受储蓄存款并主要发放消费贷款。

　　与商业银行一样，储蓄机构需持有准备金，且必须满足美联储设定的最低准备金率。

● 货币市场基金

　　货币市场基金（money market fund）是通过出售股票获得资金，并用这些资金购买美国国库券等资产的金融机构。货币市场基金股票就像银行存款一样，股东可以在他们的货币市场基金账户上开具支票，但大多数账户都有限制。例如，最低存款额可能是2500美元；允许存款人开立的最小支票可能是500美元。

8.3

联邦储备系统

美联储是美国的中央银行。中央银行是向各银行和政府提供银行服务，并监管金融机构和市场的公共机关。中央银行不向企业和公民个人提供银行服务，它的客户只有美国银行和花旗银行等银行以及美国政府。美联储分为 12 个联邦储备区。

美联储的主要任务是调节利率和货币数量，以预测通货膨胀，将其控制在较低水平，并保持经济扩张。

● 美联储的结构

美联储结构的关键要素如下。

» 理事会主席
» 理事会
» 地区联邦储备银行
» 联邦公开市场委员会

理事会主席

理事会主席是美联储的首席执行官、门面以及权力和责任中心，美联储的运转情况也时刻关系着理事会主席的声誉。美联储前理事会成员杰罗姆·鲍威尔（Jerome Powell）是美联储现任主席。

理事会

理事会共有 7 名成员（包括主席），由美国总统任命并经参议院确认，每人任期 14 年，彼此任期错开，因此理事会每两年就会空出一个席位。总统任命一名理事会成员担任主席，任期 4 年，可以连任。

地区联邦储备银行

有 12 家地区联邦储备银行，在 12 个联邦储备区中各有一个。每个地区联邦储备银行有 9 名董事，其中 3 名由理事会任命，6 名由联邦储备区的商业银行选举产生。每个地区联邦储备银行的董事任命该银行的行长，并由理事会批准。

纽约联邦储备银行（简称纽约联储）拥有特殊地位，因为它负责执行美联储的一些核心政策决定。

联邦公开市场委员会

联邦公开市场委员会（Federal Open Market Committee，FOMC）是美联储的主要决策委员会。联邦公开市场委员会由以下 12 名成员组成。

» 理事会主席和其他 6 名理事会成员
» 纽约联邦储备银行行长
» 其他地区联邦储备银行的 4 名行长（每年轮换）

联邦公开市场委员会大约每 6 周召开一次会议，以审查经济状况并落实纽约联储行动决策。

● 美联储的政策工具

美联储最重要的工作是影响利率和调控美国的货币流通量。那么美联储是如何落实这些工作的呢？通过调整银行体系的准备金来落实。此外，通过调整银行体系的准备金和向商业银行提供即时贷款，美联储能够防止银行倒闭。美联储的政策工具如下。

　　» 法定准备金率

　　» 贴现率

　　» 公开市场操作

　　» 非常规危机措施

法定准备金率

　　可以看到，商业银行在美联储持有货币储备和存款。美联储要求银行和储蓄机构持有最低比例的存款作为准备金，这个最低比例被称为法定准备金率。美联储会为每种存款确定一个法定准备金率。目前，法定准备金率的范围从低于指定水平支票存款的 0 ~ 3%，到超过指定水平支票存款的 10% 不等。

贴现率

　　贴现率是美联储向商业银行借出即时准备金的利率。贴现率的变化一开始是由于有联邦储备银行向美国联邦公开市场委员会提出建议。如果美国联邦公开市场委员会同意进行更改，便会向理事会提议，等待其批准。

公开市场操作

　　公开市场操作（open market operation）即美联储在公开市场购买或出售政府证券——美国国库券和债券。当美联储进行公开市场买卖时，会与银行或其他一些企业进行交易，但不与联邦政府进行交易。纽约联储执行美联储的公开市场业务。

非常规危机措施

　　2008 年的金融危机、缓慢的经济复苏和持续的金融压力让如下另外 3 种工具发挥了作用。

　　» 量化宽松（quantitative easing，QE）

　　» 信贷宽松（credit easing）

　　» 扭曲操作（operation twist，OT）

* **量化宽松**　美联储通过以较低或可能为 0 的联邦基金利率进行大规模公开市场购买来创建银行准备金的行为，称为量化宽松。美联储实施了 3 次量化宽松政策，分别被称为：QE1、QE2 和 QE3——参见 8.4 节的“聚焦货币的创造”。

- **信贷宽松** 美联储购买私人证券或向金融机构提供贷款以刺激其放贷的行为，称为信贷宽松。

- **扭曲操作** 美联储购买长期政府证券并出售短期政府证券的行为，称为扭曲操作。这是为了降低长期利率并刺激长期借贷和投资支出。美国在 2011 年 9 月施行过扭曲操作。

● 美联储的政策工具如何发挥作用

在正常情况下，美联储的政策工具通过改变基础货币的需求或供给来发挥作用，这反过来又会改变利率。基础货币（monetary base）是硬币、联邦储备券和银行在美联储的准备金的总和。

通过提高法定准备金率，美联储可以使银行持有更多的基础货币；通过提高贴现率，美联储可以提高银行借入准备金（借入基础货币）的成本；通过在公开市场上出售政府证券，美联储可以减少基础货币量。所有这些行为都会导致利率上升。

同样地，通过降低法定准备金率，美联储可以允许银行持有较少数量的基础货币；通过降低贴现率，美联储可以降低银行借入基础货币的成本；通过在公开市场购买政府证券，美联储可以增加基础货币量。所有这些行动都会导致利率下降。

美联储的主要政策工具是公开市场操作，下一节将更详细地讲述其运作方式。

8.4

调控货币数量

银行创造货币，但这并不意味着它们能在烟雾弥漫的密室里伪造货币。请记住，大部分钱是存款，而不是现金。银行创造的是存款，通过发放贷款来实现。

● 通过发放贷款创造存款

了解银行创造存款的最简单方法：设想安迪拥有花旗银行发行的信用卡，当他使用此信用卡从雪佛龙购买一罐汽油时会发生什么。当安迪在信用卡消费单据上签字时，他便从花旗银行借了一笔贷款，并有义务在以后偿还贷款。下班时，雪佛龙的一名职员将一叠签过名的信用卡消费单据（包括安迪的）带到雪佛龙开户的银行。现在，让我们假设雪佛龙也在花旗银行开设了银行业务。银行可立即将发票的价值记入其账户（减去银行交易的佣金）。

可以看到，这些交易创建了一笔银行存款和一笔贷款。安迪增加了他的贷款额度，雪佛龙公司也增加了银行存款额度。因为存款就是货币，花旗银行创造了货币。

若正如我们刚才设想的那样，安迪和雪佛龙在同一家银行开户，则不会发生进一步交易。但当涉及两家银行时，结果也基本相同。如果雪佛龙开户的银行是美国银行，那么花旗银行将使用其准备金向美国银行付款。花旗银行的贷款增加，准备金减少；美国银行的准备金增加，存款增加。银行体系整体贷款增加，存款增加，准备金没有变化。

如果安迪在自动付款机上刷卡，所有这些交易都会在他加满油箱时立刻完成，并且货币数量会根据他花费的金额而增加（减去银行交易的佣金）。

限制银行体系创造存款数量的因素有以下 3 个。

» 基础货币

» 预期准备金

» 预期货币持有量／提取现金数量（提现率）

基础货币

我们已经知道基础货币是硬币、联邦储备券和银行在美联储的准备金的总和。基础货币的规模限制了银行体系可以创造的货币总量，因为银行有预期准备金标准，家庭和公司有预期货币持有量标准，而这两种基础货币的预期数量取决于货币的数量。

预期准备金

银行的预期准备金（desired reserves）是银行选择持有的准备金。预期准备金率是银行希望持有的准备金与存款的比率。该比率超过法定准备金率的数额是银行需

⊙ 聚焦生活

货币及你在货币创造中所发挥的作用

想象在一个没有货币的世界里，你必须通过易货的方式来换取你想买的所有东西。你可以为这些交易提供哪些类型的物品？你会保留一些你知道很多人愿意接受的物品吗？你真的会以物易物，还是将商品用作货币？在日常的一天中进行所有交易需要花费你多长时间？

现在想想你现在所拥有的钱。你的口袋或钱包里有多少钱？你在银行里有多少钱？你拥有的钱在一个月内是如何变化的？

在你所拥有的钱中，哪些属于 M1，哪些属于 M2？M2 全部可作为支付手段吗？

现在想想你在货币创造中所扮演的角色。你每次使用信用卡消费时，都在帮助发卡银行创造货币，增加的信用卡余额是银行给你发放的贷款，银行会立即向卖方付款，因此卖家的银行存款和你的未结余额都增加了。货币由此被创造了出来。

当你深夜从自动柜员机中提取现金来购买你想要的比萨时，货币会因此流失，从而限制了银行创造货币的能力。

当然，你的交易只占总数的一小部分。但是，你和其他几百万像你一样的人的所有交易，在货币创造过程中发挥了重要作用。

要根据其日常业务谨慎确定的。

当客户存款或取款时，银行的实际准备金率会发生变化。如果银行的客户存款，准备金和存款将增加相同的数额，因此银行的实际准备金率增加。同样，如果银行的客户取款，准备金和存款将减少相同的数额，因此银行的实际准备金率下降。

银行的超额准备金（excess reserves）等于实际准备金减去预期准备金。当整个银行体系都具备超额准备金时，银行可以通过发放新贷款来创造货币；当整个银行体系准备金不足时，银行必须通过减少贷款数量来消耗货币。

预期货币持有量 / 提取现金数量（提现率）

我们以现金和银行存款的形式持有货币。作为持有货币的货币比例不是恒定的，但在任何给定的时刻，人们对于每种形式货币的持有量都有一个明确的想法。

由于家庭和企业希望以现金形式持有一定比例的货币，因此当银行存款总量增加时，它们想要持有的货币数量也会增加。

当存款增加时，货币存款总额增加，当贷款和存款增加时，现金流出银行。我们将现金从银行体系中的流失称为现金漏损（currency drain）。我们将流出的现金与存款的比率称为现金漏损率（提现率）。

货币流失越多，银行体系从给定数量的基础货币中创造的存款和货币量就越小。原因是随着货币从银行流出，其准备金减少（超额准备金也减少），因此它们发放的贷款也减少了。

● 公开市场操作如何改变基础货币

当美联储在公开市场购买政府证券时，它会用新创造的银行准备金和货币来支付证券费用。随着银行体系准备金的增加，同业拆借的供给增加，同业拆借的需求减少，联邦基金利率——同业拆借市场的利率——下降。

同样地，当美联储在公开市场出售政府证券时，买家用银行准备金和货币支付证券费用。随着银行体系准备金减少，同业拆借的供给减少，同业拆借的需求增加，联邦基金利率上升。美联储为联邦基金利率设定指标，并根据达到指标所需的规模进行公开市场操作。

联邦基金利率的变化只是进行公开市场操作之后调整过程的第一阶段。如果银行准备金增加，就可以增加放贷并创造更多货币。如果银行准备金减少，就必须减少贷款，从而减少货币数量。我们将从公开市场购买开始，详细研究公开市场操作的影响。

公开市场购买

假设美联储在公开市场上购买了1亿美元的政府证券，有两种情况需要考虑，具体取决于证券由谁出售。商业银行可能会出售其部分证券，或者非商业银行的个人或企业（公众）也可能会出售证券，这两种情况的结果基本相同。为了让你相信这一事实，我们将研究两个案例。下面从更简单的商业银行出售证券案例开始（卖方的设定是认为美联储证券报价可观，且出售证券有利可图）。

- 商业银行出售证券 当美联储从曼哈顿商业银行购买1亿美元的政府证券时，会发生以下两件事。

1. 曼哈顿商业银行的政府证券少了1亿美元，而美联储的政府证券多了1亿美元。
2. 美联储将曼哈顿商业银行在纽约联储的准备金账户增加了1亿美元以购买这些政府证券。

图8-4显示了这些行为对美联储和曼哈顿商业银行资产负债表的影响。政府证券的所有权从商业银行转移到美联储，因此商业银行的政府证券减少了1亿美元，而美联储的政府证券增加了1亿美元，正如从曼哈顿商业银行指向美联储的箭头所示。

美联储使曼哈顿商业银行的准备金增加了1亿美元，正如从美联储指向曼哈顿商业银行的箭头所示。这一行为增加了银行体系准备金的数量。

商业银行的总资产保持不变，但其构成发生了变化。其所持有的政府证

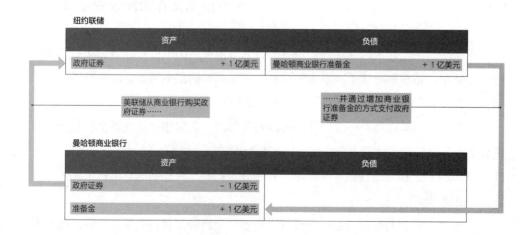

图8-4　美联储从商业银行购买证券所产生影响

券减少了 1 亿美元，准备金增加了 1 亿美元。商业银行可以使用这些额外的准备金来发放贷款。当商业银行发放贷款时会创造存款，货币数量也会增加。

我们刚刚看到，当美联储从商业银行购买政府证券时，商业银行的准备金会增加。如果美联储从公众手中购买政府证券——例如从美国国际保险集团（American International Group Inc, AIG）购买，会出现什么情况？

- **非银行公众证券出售** 当美联储从 AIG 购买 1 亿美元的政府证券时，会发生以下 3 件事。

  1. AIG 的政府证券少了 1 亿美元，而

美联储的政府证券多了 1 亿美元。

2. 美联储用一张 1 亿美元的支票来购买这些政府证券，AIG 将支票存入其在曼哈顿商业银行的账户中。

3. 曼哈顿商业银行从美联储收取这张支票的款项，曼哈顿商业银行的准备金增加了 1 亿美元。

图 8-5 显示了这些行为对美联储、AIG 和曼哈顿商业银行资产负债表的影响。政府证券的所有权从 AIG 转移到美联储，因此 AIG 的政府证券减少了 1 亿美元，而美联储的政府证券增加了 1 亿美元。美联储通过给 AIG 开支票来购买政府证券，AIG 将支票存入曼哈顿商业银行。这笔款项使曼哈顿商业银行的准

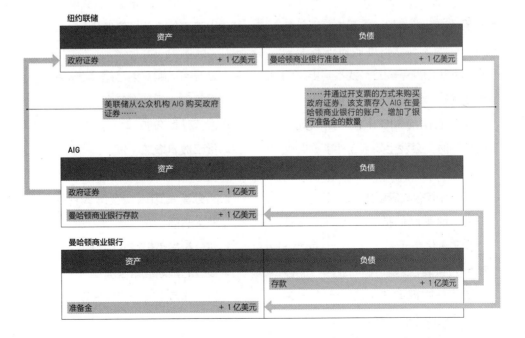

图 8-5 美联储向公众购买证券所产生影响

备金增加了 1 亿美元，还使 AIG 在曼哈顿商业银行的存款增加了 1 亿美元。这一行为增加了银行体系准备金的数量。

AIG 的总资产与以前相同，但其构成发生了变化。其货币数量增加，政府证券减少。曼哈顿商业银行的准备金增加了，存款也增加了——均增加了 1 亿美元。因为银行准备金和存款增加了相同的数额，所以银行有超额准备金可以用来发放贷款。当银行发放贷款时，货币数量增加。

我们已经了解了当美联储从银行或公众手中购买政府证券时会发生什么。当美联储出售政府证券时，情况就变得和我们刚刚分析的截然相反。

美联储证券出售

如果美联储在公开市场上出售 1 亿美元的政府证券，很可能是银行以外的个人或企业购买了这些政府证券（只有在拥有超额准备金并且找不到更好的资金用途时，银行才会购买它们）。

当美联储向 AIG 出售 1 亿美元的政府证券时，会发生如下 3 件事。

1. AIG 持有的政府证券增加了 1 亿美元，而美联储持有的政府证券减少了 1 亿美元。
2. AIG 通过其在曼哈顿商业银行的存款账户中提取的 1 亿美元支票来购买这些政府证券。
3. 美联储通过减少曼哈顿商业银行 1 亿

美元的准备金收取这张支票的款项。

这些行为减少了银行体系准备金的数量。现在，曼哈顿商业银行的准备金不足，必须在联邦基金市场借款才能满足其预期准备金率。

我们刚才描述的美联储和银行的资产负债表变化并不是进行公开市场操作所产生的全部影响。这只是一个开始。

● 公开市场操作的乘数效应

公开市场购买在增加了银行准备金的同时也增加了公开市场购买量的基础货币。无论美联储是从银行还是从公众购买政府证券，银行准备金的数量都会增加，并将超额准备金以贷款形式借出。

以下事件会按顺序发生。

» 公开市场购买创造超额准备金
» 银行借出超额准备金
» 银行存款增加
» 货币数量增加
» 新货币用于支付
» 部分新货币以现金形式存在——现金漏损
» 部分新货币仍存入银行
» 银行的预期准备金增加
» 超额准备金减少但仍为正

上述事件的发生顺序会在一系列

轮次中重复,但每一轮次开始时的超额准备金数量都比前一轮次少。当没有超额准备金时,该过程结束。当公开市场操作中增加的基础货币为自愿持有时,就会出现这种情况,即所需准备金的增量加上所需货币持有量的增量等于基础货币的增量。图 8-6 说明并总结了一轮乘数过程中的事件顺序。

公开市场出售与公开市场购买类似,但出售减少了基础货币并会引发类似于图 8-6 中描述的乘数过程。在该过程结束时,货币减少的数量使所需准备金和所需货币持有量减少了相同的数量,等于公开市场出售导致的基础货币减少量(请画图来分析美联储出售证券而银行或公众购买证券时的乘数过程)。

公开市场操作所带来的货币数量变化的大小,是由我们接下来阐述的货币乘数决定的。

● 货币乘数

货币乘数(money multiplier)是基础货币变化和货币数量变化的乘积,也是货币数量变化与基础货币变化的比率。

货币乘数的大小取决于现金漏损率和预期准备金率。这两个比率的比值越小,货币乘数越大。接下来,让我们更详细地探讨一下货币乘数。

要了解预期准备金率和现金漏损率如何决定货币乘数的大小,需从两个事实入手:货币数量 M 是存款 D 和流通货币 C 的总和,即 $M = D + C$,并且基础货币 MB 是所需准备金 R 和流通货币 C 的总和,即 $MB = R + C$。货币乘数等于货币数量 M 除以基础货币 MB,即

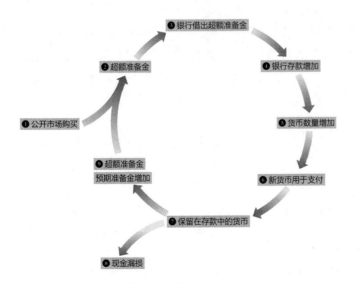

注:

❶ 公开市场购买增加了银行准备金的数量,❷ 创造了超额准备金。

❸ 银行借出超额准备金,❹ 创造了新的存款,并且 ❺ 货币数量增加。

❻ 新货币用于支付。

❼ 接受款项的家庭和公司将其中一部分存入银行,❽ 一部分以现金形式存在——现金漏损。

❾ 银行存款的增加使银行的准备金增加,同时增加了银行的预期准备金。

预期准备金的增幅低于实际准备金增幅,因此银行仍有一些超额准备金,但比以前少了。重复该过程,直到超额准备金消失。

图 8-6 公开市场操作后一轮乘数过程中的事件顺序

$$货币乘数 = M \div MB$$

因为 $M = D + C$，$MB = R + C$，

$$货币乘数 = \frac{D + C}{R + C}$$

现在将此等式右侧的每一项除以存款 D，得到

$$货币乘数 = \frac{1 + C \div D}{R \div D + C \div D}$$

注意，$C \div D$ 是现金漏损率，$R \div D$ 是预期准备金率。如果现金漏损率为 50%，即 $C \div D = 0.5$；如果预期准备金率为 10%，即 $R \div D = 0.1$，则货币乘数为 $1.5 \div 0.6 = 2.5$。

预期准备金率越大，现金漏损率越大，货币乘数越小。

决定货币乘数大小的预期准备金率和现金漏损率不是常数，因此货币乘数也不是常数。在本节"聚焦货币的创造"的图 2 中可以看到，预期准备金率和货币乘数在 2008 年发生了巨大变化。

⌖ 聚焦货币的创造

美联储如何创造货币并调节其数量

经济大萧条期间，许多银行倒闭，银行存款消失，货币数量暴跌 25%。大多数经济学家认为，正是这些事件将 1929 年的普通经济衰退演变成了长达 10 年的严重萧条。

美联储前主席本·伯南克（Ben Bernanke）是研究美国经济史上这一悲惨事件的经济学家之一，他不想在任期内再目睹类似事件。

图 1 显示了美联储为向银行体系注入准备金所做的工作。2008 年秋，在实施被称为第一次量化宽松政策（QE1）时，美联储将基础货币数量翻了一番。在 2010 年和 2011 年，美联储推出更为渐进和持续的第二次量化宽松政策（QE2），使基础货币数量超过金融危机前基础货币数量的 3 倍。

而在 2012 年和 2013 年，美联储推出第三次量化宽松政策（QE3）将基础货币数量增加至正常基础货币数量的 4 倍。基础货币数量已从峰值回落，但仍处于异常的高水平。

基础货币数量的这种异常增长并没有带来货币数量的类似增长。图 2 说明了其原因。

2008 年，在图 2a 部分中，银行的预期准备金率从正常水平的 1.2% 猛增到 12%。在图 2b 部分，这种增加导致货币乘数从正常值 9 暴跌至异常低值 5。

预期准备金率的飙升是货币乘数崩

溃的唯一原因。在图 2a 部分可以看到，货币乘数的另一个影响因素，即现金漏损率，几乎没有变化。

　　银行面临异常高的风险，这是预期准备金率上调的主要原因。随着银行面临的风险恢复正常，预期准备金率将下降，此时美联储将减少基础货币或创造大量货币。

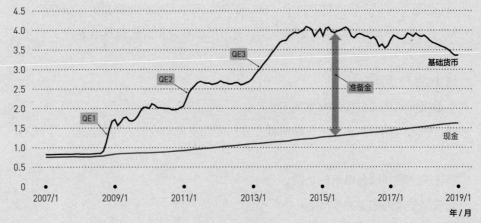

图 1　基础货币

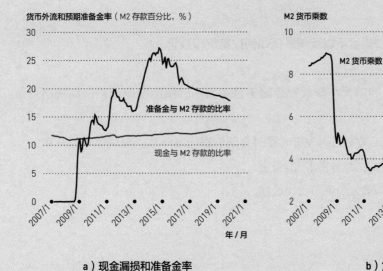

a）现金漏损和准备金率　　　　　　b）货币乘数

图 2　货币乘数变化

资料来源：　美联储、经济分析局。

第 8 章要点小结

1. 阐释货币的定义并描述其功能。

- 货币是被普遍接受作为支付手段的商品或代币。
- 货币可作为交换媒介、记账单位和价值储存手段发挥作用
- M1 包括个人和企业持有的现金、旅行支票以及个人和企业拥有的支票存款。
- M2 由 M1 加上储蓄存款、定期存款、货币市场基金和其他存款组成。

2. 描述银行的功能。

- 商业银行和储蓄机构的存款属于货币。
- 银行借入短期贷款，放出长期贷款，并从他们支付和收取的利率利差之中获利。

3. 描述美国联邦储备系统的功能。

- 美联储是美国的中央银行。
- 美联储通过设定法定准备金率、设定贴现率、公开市场操作以及在金融危机中采取非常规危机措施来影响经济。

4. 阐释银行体系如何创造货币以及美联储如何控制货币数量。

- 银行通过发放贷款来创造货币。
- 银行体系可以创造的最大存款数量受限于基础货币、预期准备金和预期货币持有量。
- 美联储在公开市场买卖中购买政府证券时会创造银行准备金。美联储在公开市场买卖中出售政府证券时会消耗银行准备金。
- 公开市场操作通过乘数效应影响货币数量。

造成通货膨胀的原因是什么

第 9 章

货币、利息和通货膨胀

本章学习目标

» 阐释决定货币需求的因素，以及货币需求和货币供给如何决定名义利率；

» 阐释从长远来看货币数量如何决定价格水平，以及货币增长如何导致通货膨胀；

» 明确通货膨胀的成本和货币价值稳定的益处。

我们在哪里，我们要去哪里

在我们探讨货币对利率和通货膨胀率的影响之前，让我们先回顾一下我们所学过的知识并预测我们的前进方向。

● 实际经济

独立于价格水平的实际因素决定了潜在 GDP 和自然失业率。劳动力需求和劳动力供给决定了就业的劳动力数量和充分就业时的实际工资率。充分就业的均衡劳动力数量和生产函数决定了潜在 GDP。在充分就业时，实际 GDP 等于潜在 GDP，失业率等于自然失业率。

投资和储蓄以及人口增长、人力资本扩张和技术变革决定了实际 GDP 的增长率。

投资和储蓄计划影响可贷资金的需求和供给，可贷资金的需求和供给又进而决定了实际利率和投资储蓄的均衡数量。

● 货币经济

货币包括现金和银行存款。银行通过发放贷款创造存款，美联储通过其公开市场操作影响货币数量，这决定了基础货币和联邦基金利率——银行同业拆借利率。

美联储行动和货币数量变化所产生的影响是十分复杂的。本章，我们关注的重点是美联储行动所产生的直接影响、长期影响或最终影响。

直接影响体现在短期名义利率上。如果美联储增加（或减少）货币数量，短期名义利率下降（或上升）。

　　长期影响是对价格水平和通货膨胀率的影响。从长远来看，可贷资金市场决定了实际利率，而美联储的行动仅仅决定了价格水平和通货膨胀率。如果美联储增加（或减少）货币数量，价格水平就会上升（或下降）。如果美联储加快（或减慢）货币数量增长的速度，通货膨胀率就会上升（或下降）。

● 实际因素与货币因素的相互作用和政策

　　当美联储改变短期名义利率时，产生的其他变化会波及整个经济。支出计划发生变化，实际 GDP、就业、失业和价格水平（以及通货膨胀率）都会发生变化。从长远来看，实际影响会消退，只剩下价格水平和通货膨胀率的变化。这为我们在第 10 至 12 章中研究美联储行动的连锁反应奠定了基础，这些章节解释了实际因素和货币因素如何相互作用，并描述了限制美联储选择的短期因素。

　　第 13 章和第 14 章建立在前面所有章节的基础之上。第 13 章解释了政府如何使用财政政策来维持经济增长并稳定产出和就业。第 14 章解释了美联储如何使用货币政策来实现这些目标并控制通货膨胀。

9.1

货币和利率

为了解美联储对利率的影响，我们需要研究货币需求、货币供给以及实现货币市场均衡的因素。首先从货币需求开始。

● 货币需求

家庭和企业选择持有的货币量就是货币需求量（quantity of money demanded）。什么决定了货币需求量？答案是货币的"价格"。但这个"价格"是什么？

正确答案有两个，即货币的价值和持有货币的机会成本。货币的价值是 1 美元所能购买的商品和服务的数量，它与价格水平有关。在本章下一部分研究货币的长期影响时，我们将探讨货币的"价格"。持有货币的机会成本是因持有货币而不是其他资产而放弃的商品和服务。

为了确定持有的货币量，家庭和企业会将持有货币的收益与其机会成本进行比较。他们选择持有的货币量能够平衡持有额外 1 美元货币的收益与机会成本。那么，持有货币的收益和机会成本是什么？

持有货币的收益

我们已经知道货币是支付手段。你持有的货币越多，支付就越容易。你可以在每个月月底使用持有的货币结清账单，而无须花费时间和精力去贷款或出售其他金融资产。

持有货币的边际收益指的是多持有 1 美元所导致的总收益的变化。持有货币的边际收益随着持有货币量的增加而减少。如果你持有的货币只有几美元，那么多持有几美元会带来很大的好处——你可以买一杯咖啡或坐一趟公共汽车。如果你已经持有足够多的美元来支付每周正常花销，那么持有更多的美元只会带来很小的好处，因为你不太可能想要花掉这额外的几美元。持有更多的美元只会带来很小的额外收益，比如你很难注意到银行账户中 1000 美元和 1001 美元所带来的好处有什么区别。

为了最大限度地利用你的资产，你持有的货币量只能达到其边际收益等于其机会成本的程度。

持有货币的机会成本

持有货币的机会成本是在另一种资产上放弃的利率。如果你在共同基金账户上每年可以赚取 8% 的收益，那么持有 100 美元的额外资金每年要花费 8 美元。持有 100 美元货币的机会成本是必须放弃价值 8 美元的商品和服务。

经济学的一个基本原则是，如果某物的机会成本增加，人们就会寻找它的替代品。货币也不例外，共同基金账户等其他资产就是货币的替代品。持有货币的机会成本越高——不持有其他资产而放弃的利息收入越高——货币需求量就越小。

机会成本：名义利率是一种实际成本

持有货币的机会成本是名义利率。我们讲过名义利率和实际利率之间的区别，以及

实际利率＝名义利率－通货膨胀率

我们可以使用这个等式来计算给定名义利率和通货膨胀率下的实际利率。例如，如果共同基金账户的名义利率为每年 8%，通货膨胀率为每年 2%，则实际利率为每年 6%。为什么每年 6% 的实际利率不是持有货币的机会成本？也就是说，为什么持有 100 美元的机会成本要放弃不止价值 6 美元的商品和服务？

答案是，如果你持有 100 美元的现金而不是将其存入共同基金账户，你的购买力会下降 8 美元，而不是 6 美元。在每年 2% 的通货膨胀率下，你持有的 100 美元并不产生利息，因此你每年会失去价值 2 美元的购买力。你存在共同基金账户中的 100 美元每年会获得价值 6 美元的购买力。因此，如果你选择持有 100 美元而不是存入共同基金账户，你将失去 6 美元加 2 美元，也就是 8 美元的购买力——相当于共同基金账户的名义利率，而不是实际利率。

持有货币的机会成本是另一种资产的名义利率，

在其他条件不变的情况下，名义利率越高，货币需求量越小。

这种关系描述了个人或企业对持有货币量所做的决定，以及经济中的货币持有决策，即每个个人和企业决策的总和。

我们在货币需求表和货币需求曲线中总结了名义利率对货币持有决策的影响。

货币需求表和货币需求曲线

货币需求（demand for money）指的是当所有其他影响人们希望持有的货币量的因素保持不变时，货币需求量与名义利率之间的关系。我们用货币需求表（见表 9-1）和货币需求曲线（见图 9-1）来说明货币需求。如果名义利率为 5%，则货币需求量为 1.00 万亿美元；如果名义利率上升到每年 6%，货币需求量将减少到 0.98 万亿美元；如果名义利率下降到每年 4%，货币需求量将增加到 1.02 万亿美元。

货币需求曲线是 MD。如果其他条件保持不变，当名义利率上升时，持有货币的机会成本上升，货币需求量减少——沿着货币需求曲线向上移动；当名义利率下降时，持有货币的机会成本下降，货币需求量增加——沿着货币需求曲线向下移动。

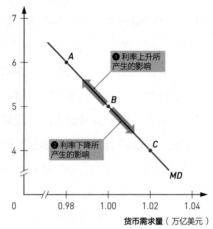

注：将货币需求表绘制成货币需求曲线 MD。表中的 A、B、C 行对应曲线上的 A、B、C 点。名义利率是持有货币的机会成本。其他条件不变，❶ 名义利率上升时货币需求量减少，❷ 名义利率下降时货币需求量增加。

图 9-1　货币需求曲线

● 货币需求的变化

名义利率的变化会引起货币需求量的变化以及货币需求曲线的移动。对货币持有量的任何其他影响的变化都会改变货币需求。影响货币需求的因素有以下 4 个。

 » 价格水平
 » 实际 GDP
 » 银行存款利率
 » 金融科技

价格水平

我们持有货币是为了支付，因此

表 9-1　货币需求表

	名义利率 （年百分比，%）	货币需求量 （万亿美元）
A	6	0.98
B	5	1.00
C	4	1.02

如果价格水平发生变化，我们需要支付的货币数量也会按相同的比例发生变化。价格水平上升 x% 会导致在每个名义利率下货币需求量增加 x%。

实际 GDP

货币需求会随着实际 GDP 的增加而增加。原因是当实际 GDP 增加时，支出和收入都会增加。为了支付增加的支出和收入，家庭和企业必须平均持有更多货币。

银行存款利率

按日计息支票存款和储蓄存款使人们能够从货币中赚取利息，这降低了持有货币的机会成本并增加了货币需求。银行存款利率的变化会改变货币需求：存款利率上升会增加货币需求，而存款利率下降会减少货币需求。

金融科技

金融科技的变化改变了货币需求。这些变化大部分来自计算和记录保存方面的进步。有些进步增加了货币需求，有些进步则减少了货币需求。

自动柜员机、借记卡和智能卡使货币更容易获得和使用，这增加了持有货币的边际收益和对货币的需求。

信用卡使人们更容易赊购商品和服务，并在账单到期时还款。这一发展减少了货币需求。

我们刚刚回顾的影响货币需求的

4 个因素中的任何一个发生变化都会改变货币需求，并使货币需求曲线移动。

● 货币供给

美国货币供给量由银行体系和美联储的行动决定，任何一天的货币供给量都是固定的。货币供给（supply of money）是货币供给量与名义利率之间的关系。在图 9-2 中，无论名义利率如何，货币供给量均为 1.00 万亿美元，因此货币供给曲线为垂直线 MS。

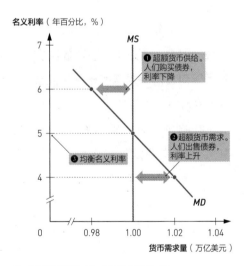

注：货币供给曲线为 MS，货币需求曲线为 MD。

❶ 如果均衡名义利率为每年 6%，货币供给量（等于持有量）超过需求量。人们会购买债券，导致债券价格上涨，利率下降。

❷ 如果均衡名义利率为每年 4%，货币供给量（等于持有量）低于需求量。人们会出售债券，导致债券价格下跌，利率上升。

❸ 如果均衡名义利率为每年 5%，货币供给量等于持有量，等于需求量。货币市场处于均衡状态。

图 9-2 货币市场均衡

● 名义利率

人们以货币形式持有部分金融财富，其余的金融财富则以其他金融资产的形式持有。可以看到，人们以货币形式持有的金融财富数量取决于他们可以从其他金融资产中赚取的名义利率。需求和供给决定了名义利率，我们可以研究金融资产市场或货币市场中的供求力量。因为美联储影响了货币数量，所以我们要关注货币市场。

在给定时间内，价格水平、实际GDP、银行存款利率和金融科技的状况都是固定的。因为这些对货币需求的影响是固定的，所以货币需求曲线是固定的。

名义利率是影响货币需求量的唯一波动因素。名义利率每天都会进行调整，以使货币需求量等于货币供给量，从而实现货币市场均衡。

在图 9-2 中，货币需求曲线为MD，货币供给量为 1.00 万亿美元。均衡名义利率为每年 5%，持有货币量为1.00 万亿美元。在任何高于每年 5% 的名义利率下，人们持有的货币数量都比他们选择持有的要多。在任何低于每年5% 的名义利率下，人们选择持有的货币数量超过 1.00 万亿美元。当人们持有的货币数量过多或过少时，他们会在货币和其他金融资产之间重新分配金融财富，而名义利率也会随之调整。

• **利率调整**　如果利率高于其均衡水平，人们愿意持有的货币量少于他们实际持有的货币量。人们会试图通过购买其他金融资产（如债券）来减少持有的一些货币。对金融资产的需求增加，导致这些资产的价格上涨，利率下降。利率不断下降，直到人们想要持有的货币量增加到与货币供给量相等为止。

相反，当利率低于其均衡水平时，人们持有的货币量少于他们愿意持有的货币量。人们会试图通过出售其他金融资产来获得更多的货币量。对金融资产的需求减少，导致这些资产的价格下降，利率上升。利率不断上升，直到人们想要持有的货币量减少到与货币供给量相等为止。

• **为什么利率和债券价格走势相反**　政府发行债券时会指定每年将为债券支付的利息金额。假设政府发行了一只每年利息为 100 美元的债券。你从该债券中获得的利率取决于你为其支付的价格。如果价格是 1000 美元，年利率是 10%——100 美元是 1000 美元的10%。

如果债券价格跌至 500 美元，利率上升至每年 20%。你仍然会收到100 美元的利息，但这笔金额是 500 美元债券价格的 20%。如果债券价格升至 2000 美元，年利率降至 5%。同样地，你还是会收到 100 美元的利息，但该金额是 2000 美元债券价格的 5%。

聚焦美国经济

信用卡和货币

如今，70% 的美国家庭拥有信用卡。相比于 2002 年 83% 的峰值略有下降。通过使用信用卡购买商品和服务，可以节省货币持有量。持卡人不用持有和使用现金，而是用信用卡购物，然后在自己的发薪日还清信用卡账单（或部分账单）。

1970 年，只有 18% 的美国家庭拥有信用卡。信用卡的普及对我们持有的货币量有何影响？答案是 M1 货币（个人和企业持有的现金和支票存款）的数量占 GDP 的百分比下降了。图 1a 部分显示，随着信用卡拥有率从 1970 年的 18% 增加

到 2007 年的 80%，M1 货币的数量从占 GDP 的 20% 下降到了 10%。信用卡拥有率的增加是金融科技的一个变化，这导致美国家庭对 M1 货币的需求稳步下降。

图 1b 部分显示了货币需求的变化。此处显示了 M1 货币的数量占 GDP 的百分比与利率的关系图。随着 1970 年至 2007 年间信用卡使用的增加，M1 货币需求下降，货币需求曲线从 MD_0 向左移动到 MD_1。随着 2007 年至 2014 年间利率下降，M1 货币需求量沿着货币需求曲线 MD_1 增加。

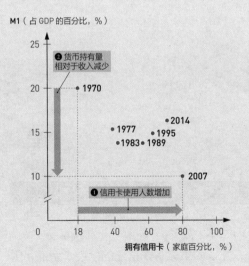

a）信用卡和货币使用的变化

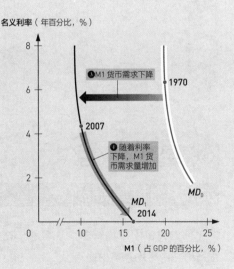

b）M1 货币需求的变化

图 1 信用卡和货币

资料来源：美联储。

改变名义利率

美联储通过改变货币数量来改变名义利率。图 9-3 展示了两种名义利率变化。货币需求曲线是 MD，如果美联储将货币数量增加到 1.02 万亿美元，货币供给曲线从 MS_0 向右移动到 MS_1，名义利率下降到每年 4%。如果美联储将货币数量减少到 0.98 万亿美元，货币供给曲线从 MS_0 向左移动到 MS_2，名义利率上升到每年 6%。

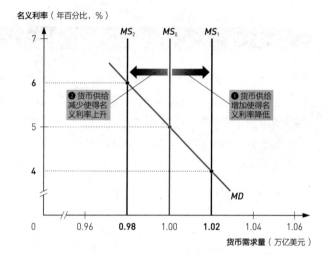

注：货币需求曲线为 MD。最初，货币供给曲线为 MS_0。名义利率为每年 5%。

❶ 如果美联储增加货币量，货币供给曲线向右移动到 MS_1，名义利率下降到每年 4%。

❷ 如果美联储减少货币量，货币供给曲线向左移动到 MS_2，名义利率上升到每年 6%。

图 9-3　两种名义利率变化

聚焦生活

货币持有和美联储观察

你的钱包中平均有多少现金？你在银行账户中平均存多少钱？

为什么你不通过偿还信用卡余额中你负担得起的那部分，以持有更高的平均银行余额呢？多存点钱在银行不是更好吗？

几乎可以肯定，这不是一个聪明的主意。为什么？因为持有这笔钱的机会成本太高了。

如果你有未偿还的信用卡余额，则该余额的利率就是持有货币的机会成本。

通过尽可能多地还清信用卡余额，你可以避免高昂的未结余额利率。

你对金钱的需求和这个机会成本密切相关。

9.2

货币、价格水平和通货膨胀

名义利率的变化是货币数量变化的初始影响，但不是最终或长期影响。当名义利率发生变化时，借贷、投资和消费支出也会发生变化，进而改变产量和价格，即改变实际 GDP 和价格水平。

这一调整过程的细节很复杂，我们将在接下来的两章中进行探讨。但是这一过程的终点——长期结果——更容易描述。了解长期结果至关重要，这是经济发展的方向。我们现在来考察一下货币市场的长期均衡。

● 货币市场远景

长期均衡指的是当实际 GDP 等于潜在 GDP 时，经济处于充分就业状态。在商业周期中，实际 GDP 围绕潜在 GDP 波动。但在经济扩张和衰退以及高峰和低谷的平均情况下，实际 GDP 等于潜在 GDP。也就是说，实际 GDP 平均等于潜在 GDP。因此，考虑长期均衡的另一种方法是描述经济在整个商业周期的平均情况。

长期货币需求

从长远来看，可贷资金市场均衡决定了实际利率。影响货币持有计划的名义利率等于实际利率加上通货膨胀率。现在，我们设想一个没有通货膨胀的经济体，此时实际利率等于名义利率（我们将在本章后面部分讨论通货膨胀）。

在名义利率由长期实际力量决定的情况下，使人们计划持有的货币量等于货币供给量的调整变量是什么？答案是货币的"价格"。需求定律适用于货币，就像它适用于任何其他物品一样。货币的"价格"越低，人们愿意持有的货币量就越多。什么是货币的"价格"？其实就是货币的价值。

货币价值

货币价值是一单位货币所能购买

的商品和服务的数量。它是价格水平 P 的倒数，也就是说

$$货币价值 = 1 \div P$$

为解释其原因，我们假设你的钱包里有 100 美元。如果你花这笔钱，便可以购买价值 100 美元的商品和服务。现在假设价格水平上涨 10%。价格水平上涨后，100 美元可以购买的商品和服务的数量下降了。你的 100 美元现在只能购买价值 100 美元除以 1.1 或者约91 美元的商品和服务。昨天的 100 美元今天只值约 91 美元。价格水平上涨了，货币价值下降了，它们变化的百分比是相同的。货币价值越高，人们计划持有的货币量就越少。如果你觉得这很奇怪，请想一想，如果一顿饭的价格是20 美分，一张电影票的价格是 10 美分，你打算持有多少钱。一般来说，你会很乐意持有（比如说）1 美元。但是，如果一顿饭的价格是 20 美元，而一张电影票的价格是 10 美元，那么你大体上会希望持有 100 美元。相比于第二种情况，第一种情况的价格水平更低，货币价值更高；而在第一种情况下，你计划持有的货币量会低于第二种情况。

长期货币市场均衡

从长远来看，货币市场均衡决定了货币价值。如果货币供给量超过长期需求量，人们就会出去花掉多余的钱。商品

和服务的数量是固定的，等于潜在 GDP，因此额外支出会迫使价格水平上涨。随着价格水平上涨，货币价值将下降。

如果货币供给量低于长期需求量，人们就会减少支出以增加持有的货币量。货币短缺转化为商品和服务过剩，因此支出减少迫使价格下跌。随着价格水平下降，货币价值将上升。当货币供给量等于长期需求量时，价格水平和货币价值处于均衡水平。

图 9-4 对长期货币市场均衡进行了说明。长期货币需求曲线是 *LRMD*，它的位置取决于潜在 GDP 和均衡利率。货币供给曲线为 *MS*。货币价值为 1.0 时实现均衡。

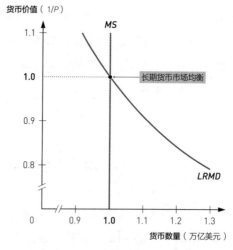

注：长期货币需求由潜在 GDP 和均衡利率决定。

　　LRMD 曲线显示了从长远来看，家庭和企业计划持有的货币量如何取决于货币价值（或 1/P，价格水平的倒数）。

　　MS 曲线显示了货币供给量，即 1 万亿美元。

　　价格水平调整使货币价值等于 1.0，实现长期货币市场均衡。

图 9-4　长期货币市场均衡

货币数量的变化

假设从长期均衡出发，美联储将货币数量增加 10%。在短期内，货币数量增多使得名义利率降低。在名义利率降低的情况下，个人和企业借贷增多，支出增加。但由于实际 GDP 等于潜在 GDP，没有更多的商品和服务可供购买，因此当人们外出消费时，商品价格开始上涨。最终，会达到一个新的长期均衡，在这个均衡中，价格水平的上升与货币数量的增加成正比。因为货币数量增加了 10%，所以价格水平也从 1.0 上升了 10% 到 1.1。

图 9-5 说明了这一结果。最初，货币供给量为 MS_0，货币数量为 1.0 万

亿美元。美联储将货币供给量增加到 MS_1，现在货币数量为 1.1 万亿美元——增加了 10%。有了多余的钱，人们就会出去消费。在数量不变的商品和服务上增加支出会提高价格水平并降低货币价值。最终，价格水平从 1.0 变为 1.1，货币价值从 1.00 下降到 0.91。

这是一个关于货币数量和价格水平的关键定理。**从长远来看，在其他条件不变的情况下，货币数量的给定百分比变化会导致价格水平相同百分比的变化。**

保姆俱乐部的价格水平

我们很难想象长期均衡是什么样子，更难想象和比较我们刚刚描述的两种长期均衡情况。举一个更简单的例子可能会有所帮助。

在一个与世隔绝的街区中，没有青少年，只有很多年幼的孩子。父母找不到保姆，于是他们组成了一个保姆俱乐部，互相帮忙照看小孩。这笔交易的规则是，每次有父母为其他人照看小孩时，都会收到一个代币，该代币可用于从保姆俱乐部的另一个成员那里购买一次保姆服务。组织者注意到保姆俱乐部并不活跃。每个成员都有一些未使用的代币，但他们很少使用。为了使保姆俱乐部更加活跃，组织者决定根据每个成员当前持有的代币量再发放相同数量的代币，因此代币供给量翻倍。

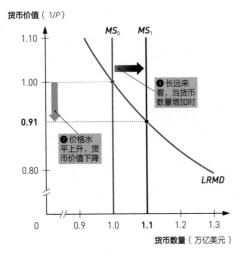

注：

❶ 美联储将货币供给量从 MS_0 增加到 MS_1，货币数量从 1.0 万亿美元增加到 1.1 万亿美元，增加了 10%。

❷ 价格水平上升 10%，货币价值下降 10%，以恢复长期货币市场均衡。

图 9-5　货币数量变化所产生的长远影响

有了更多的代币可以花，父母们开始更多地计划晚上出去玩。突然，电话响了，因为父母正在寻找保姆。俱乐部的每个成员都想要一个保姆，但保姆并不比以前多。在打了几个电话并发现没有可用的保姆后，急需保姆的父母开始开出更高的价格：每次保姆服务价值两个代币。这样一来，在更高的价格下，保姆服务的需求减少，供给增加，恢复平衡。没有发生任何实际变化，但代币数量和价格水平却翻了一番。

将保姆服务的均衡数量视为潜在GDP，将代币数量视为货币数量，将保姆服务的价格视为价格水平。我们可以看到充分就业时货币数量的给定百分比变化是如何导致价格水平的相同百分比变化的。

● 货币数量理论

当实际 GDP 等于潜在 GDP 时，货币数量增加会带来等比例的价格水平上涨的定理即为货币数量理论（quantity theory of money）。我们通过观察货币市场的长期均衡得出这一定理。另一种观察货币数量和价格水平之间关系的方法是使用流通速度和交换方程的概念。接下来，我们将介绍货币数量理论，去探索持续的货币增长如何带来通货膨胀，以及从长远来看是什么决定了通货膨胀率。

流通速度和交换方程

流通速度（velocity of circulation）指的是一年中每单位货币用于最终购入商品和服务的平均次数。最终商品和服务的价值是名义 GDP，即实际 GDP 乘以价格水平。如果我们用 Y 表示实际 GDP，用 P 表示价格水平，货币数量表示为 M，则流通速度（V）由以下等式确定。

$$V = \frac{P \times Y}{M}$$

在这个等式中，P 是 GDP 价格指数除以100。如果GDP价格指数为125，则价格水平为 1.25。如果价格水平为 1.25，实际 GDP 为 8 万亿美元，货币数量为 2 万亿美元，则流通速度为

$$V = \frac{1.25 \times 8\text{ 万亿美元}}{2\text{ 万亿美元}} = 5$$

也就是说，对于 2 万亿美元的货币，每一美元在一年中平均使用 5 次，2 万亿美元乘以 5 等于购买了价值 10 万亿美元的商品和服务。

交换方程（equation of exchange）表明货币数量 M 乘以流通速度 V 等于价格水平 P 乘以实际 GDP Y。也就是说

$$M \times V = P \times Y$$

交换方程始终是正确的，因为它

是根据流通速度的定义得出的。也就是说，如果你把流通速度的等式两边都乘以 M，就得到了交换方程。

使用上面的数字——价格水平为 1.25，实际 GDP 为 8 万亿美元，货币数量为 2 万亿美元，以及流通速度为 5，你可以看到

$$M \times V = 2\,万亿美元 \times 5 = 10\,万亿美元$$

$$P \times Y = 1.25 \times 8\,万亿美元 = 10\,万亿美元$$

因此

$$M \times V = P \times Y = 10\,万亿美元$$

数量理论预测

我们可以重新排列交换方程，以分离出价格水平。为此，将交换方程两边除以实际 GDP，得到

$$P = \frac{M \times V}{Y}$$

左边是价格水平，右边是所有影响价格水平的因素。但这个交换方程仍然只是流通速度定义的一个推论。为了将该等式转化为决定价格水平因素的理论，我们利用了另外两个事实情况：（1）在充分就业时，实际 GDP 等于潜在 GDP，而潜在 GDP 仅由实际因素而

非货币数量决定；（2）流通速度相对稳定，不随货币数量的变化而变化。

因此，在 V 和 Y 不变的情况下，如果 M 增加，P 必增加，并且 P 增加的百分比一定等于 M 增加的百分比。

我们可以用上面的数字来说明这一预测。实际 GDP 为 8 万亿美元，货币数量为 2 万亿美元，流通速度为 5。将这些值代入等式

$$P = \frac{M \times V}{Y}$$

得到

$$P = \frac{2\,万亿美元 \times 5}{8\,万亿美元} = 1.25$$

现在将货币数量从 2 万亿美元增加到 2.4 万亿美元。货币数量增加的百分比是

$$\frac{2.4\,万亿美元 - 2\,万亿美元}{2\,万亿美元} \times 100\% = 20\%$$

现在计算新的价格水平。即

$$P = \frac{2.4\,万亿美元 \times 5}{8\,万亿美元} = 1.5$$

价格水平从 1.25 上升到 1.5，上升的百分比为

$$\frac{1.5 - 1.25}{1.25} \times 100\% = 20\%$$

当经济处于充分就业状态（实际 GDP 等于潜在 GDP）且流通速度稳定时，价格水平和货币数量都增加 20%。

● 通货膨胀与货币数量理论

交换方程对价格水平、货币数量、实际 GDP 和流通速度进行了说明。我们可以将其转换为有关这些变量的变化率或增长率的方程式。进行这种转换是为了解是什么决定了通货膨胀率，即价格水平的变化率。

关于变化率或增长率

货币增长率 + 流通速度增长率 = 通货膨胀率 + 实际 GDP 增长率

这意味着

通货膨胀率 = 货币增长率 + 流通速度增长率 - 实际 GDP 增长率

持续性通货膨胀

图 9-6 说明了通货膨胀率的 3 种类别——零通货膨胀率、温和的低通货膨胀率以及急剧的高通货膨胀率。在每种情况下，流通速度增长率均为每年 1%，实际 GDP 增长率为每年 3%。货

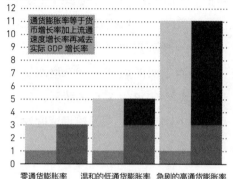

增长率（年百分比，%）

> 通货膨胀率等于货币增长率加上流通速度增长率再减去实际 GDP 增长率

零通货膨胀率　温和的低通货膨胀率　急剧的高通货膨胀率

▨ 货币增长　▨ 流通速度增长　■ 实际 GDP 增长　■ 通货膨胀

注：流通速度每年增长 1%，实际 GDP 每年增长 3%。通货膨胀率由货币增长率决定。

如果货币数量以每年 2% 的速度增长，则通货膨胀率为 0。

如果货币数量以每年 4% 的速度增长，则通货膨胀率为每年 2%。

但是，如果货币数量以每年 10% 的速度增长，那么通货膨胀率将以每年 8% 的速度快速增长。

图 9-6　货币增长和通货膨胀

币增长率是 3 种情况中唯一的变量，正是这一差异形成了不同的通货膨胀率。

如果货币数量以每年 2% 的速度增长，则不存在通货膨胀。即

通货膨胀率 = 2% + 1% - 3% = 0（每年）

随着货币数量以每年 4% 的速度增长，通货膨胀率为每年 2%。即

通货膨胀率 = 4% + 1% - 3% = 2%（每年）

随着货币数量以每年 10% 的速度增长，通货膨胀率为每年 8%。即

通货膨胀率 = 10% + 1% - 3% = 8%（每年）

通货膨胀率的变化

我们已经介绍了 3 种不同的通货膨胀率——零通货膨胀率、温和的低通货膨胀率和急剧的高通货膨胀率——以及给定的实际 GDP 增长率和流通速度增长率。接下来我们将探究当货币增长率发生变化时会发生什么。我们先从提高货币增长率讲起。

• 货币增长率上升 当货币增长率上升时，通货膨胀率缓慢上升，实际 GDP 增长率出现暂时性（短期）上升。流通速度随着通货膨胀率的增加而加快，但不会持续。一旦流通速度因更高的通货膨胀率而加快，它就会在新的速度水平上保持不变。

更高的通货膨胀率会降低潜在 GDP 并减缓实际 GDP 增长，但对于低通货膨胀率而言，这些影响很小，且主要由货币增长对通货膨胀率的直接影响所主导。最终，实际 GDP 增速放缓至潜在 GDP 增速，流通速度增长率恢复到长期增长率，通货膨胀率的变化量与货币增长率的变化量相同。

• 货币增长率下降 当货币增长率下降时，我们刚才描述的效应就会产生相反的作用。

你可以在本节"聚焦美国通货膨胀"中看到，与货币增长率和通货膨胀率的变化相比，实际 GDP 增长率的变化和流通速度增长率的变化很小。因此，**从长远来看，在其他条件不变的情况下，货币增长率的变化会引起通货膨胀率的相同变化。**

货币增长率与通货膨胀率之间的关系在急剧的恶性通货膨胀中最为明显。

🎯 聚焦美国通货膨胀

造成通货膨胀的原因是什么

根据货币数量理论，无论未来人们面临的是通货膨胀、通货紧缩还是价格水平稳定，都完全取决于美联储批准的货币数量增长率。

但是货币数量理论正确吗？它是否足够准确地解释了过去的通货膨胀，从而为未来的通货膨胀提供指导呢？

图 1 显示了货币数量理论在解释美国自 20 世纪 60 年代以来的 10 年平均通货膨胀率方面的表现。

20 世纪 60 年代和 70 年代

20 世纪 60 年代的通货膨胀率较低，而到了 20 世纪 70 年代，通货膨胀率上升成为一个严重的问题。货币数量理论在这两个 10 年中完美地解释了通货膨胀。通货膨胀率等于 M2 增长率减去实际 GDP 增长率。（M2 的）流通速度是恒定的。

在 20 世纪 70 年代，M2 增速上升伴随着实际 GDP 增速放缓，推高了通货膨胀率——正如货币数量理论所预测的那样。

20 世纪 80 年代和 90 年代

通货膨胀率在 20 世纪 80 年代和 90 年代再次下降。再一次，货币数量理论很好地解释了其原因。20 世纪 80 年代，M2 的增速放缓，在 20 世纪 90 年代再次放缓。在实际 GDP 增长率不变的情况下，通货膨胀率如货币数量理论所预测的那样有所下降。但通货膨胀率的下降幅度并没有像货币数量理论预测的那么大。为什么？

答案是流通速度在加快。金融创新使一定数量的货币能够更快地流通。

2000—2009 年和 2010—2019 年

2000—2009 年 和 2010—2019 年，M2 的增速上升，但通货膨胀率下降。这 20 年通货膨胀的变化与货币数量理论的预测恰恰相反。原因是流通速度下降。

流通速度下降是因为美联储将利率降至前所未有的水平。在极低的利率下，持有货币的机会成本很低，因此持有的货币量增加，流通速度降低。

未来

要预测未来的通货膨胀率，我们必须预测未来 M2 的增长率以及未来的实际 GDP 增长和流通速度增长。从长远来看，实际 GDP 增长不会偏离 2% ~ 3% 太远，且其速度是恒定的。因此，M2 的增长率是通货膨胀率可能变化的根源。

美联储能够影响通货膨胀率和货币增长率，在没有任何美联储认为无法抵御的压力的情况下，美联储可以很好地控制通货膨胀。这并不意味着零通货膨胀，而是每年的通货膨胀率约为 2%。

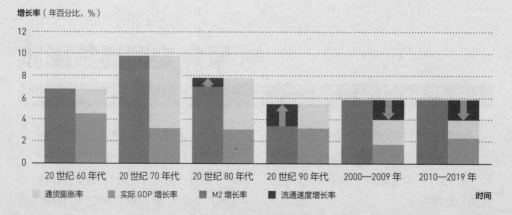

图 1　造成通货膨胀的原因

● **恶性通货膨胀**

　　当通货膨胀率每月超过 50% 时，就称为恶性通货膨胀（hyperinflation）。每月 50% 的通货膨胀率可转化为每年 12 875% 的通货膨胀率。当货币数量快速增长时，就会发生恶性通货膨胀。货币数量增长有时之所以变得很快，是因为政府支出失控，超过了政府的税收收入或借贷能力。在这种情况下，政府印钞为其支出提供资金，货币数量会以非常快的速度增加。

　　恶性通货膨胀很罕见，但并非没有（参见本节"聚焦往昔"）。近代世界上通货膨胀率最高的国家是非洲的津巴布韦，该国通货膨胀率在 2008 年 7 月达到每年 231 150 888.87% 的峰值。

聚焦往昔

20 世纪 20 年代德国的恶性通货膨胀

　　1919 年签署的一项国际条约要求德国向欧洲其他国家支付大笔战争损失赔偿金。为了履行其义务，德国开始印钞，货币数量在 1921 年增加了 24%，在 1922 年增加了 220%，在 1923 年增加了 43 000 000 000%！

　　价格水平理所当然迅速上涨，图 1 展示了其速度之快。

　　1923 年 11 月，恶性通货膨胀达到顶峰，价格水平每天翻两番以上。工资一天支付两次，人们在午餐时间会花掉早上发的工资，以避免下午发生的货币价值损失。

　　恶性通货膨胀使纸币作为柴火比作为货币更有价值。

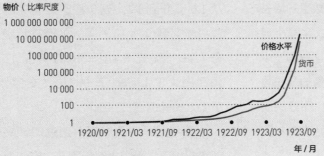

物价（比率尺度）

图中纵轴标注：
1 000 000 000 000
10 000 000 000
100 000 000
1 000 000
10 000
100
1

横轴标注：1920/09　1921/03　1921/09　1922/03　1922/09　1923/03　1923/09

曲线标注：价格水平、货币

年 / 月

图 1　20 世纪 20 年代德国的恶性通货膨胀

资料来源：菲利浦·凯甘：《恶性通货膨胀的货币动力学》；米尔顿·弗里德曼主编《货币数量论研究》，芝加哥大学出版社，1956。

9.3

通货膨胀的成本

通货膨胀会降低潜在 GDP，减缓经济增长，并消耗闲暇时间。这些结果的产生有 4 个原因，我们将其归类为通货膨胀的如下 4 种成本。

- » 税收成本
- » 鞋底成本
- » 混乱成本
- » 不确定性成本

● 税收成本

我们已经知道，当货币数量的增长比实际 GDP 的增长快时，就会发生通货膨胀。但我们为什么要让这一切发生呢？为什么我们不让货币数量的增长与实际 GDP 的增长保持同步？部分原因是政府要从通货膨胀中获取财政收入。

通货膨胀是一种税收

虽然政府可以用新创造的货币支付其开支，但是政府用这些钱购买的东西并不是免费的。它们由个人和企业按照其持有的货币量的比例支付——通过对持有的货币征税，我们称之为通货膨胀税。

当政府花费新创造的货币时，货币数量增加，并且正如货币数量理论所预测的那样，价格水平会上升。通货膨胀率等于货币数量的增长率（其他条件保持不变）。

为了解通货膨胀税是如何支付的，我们假设某公司持有 11 万美元的现金。年通货膨胀率为 10%，价格水平从 1.0 上升到 1.1。到年底，该公司的钱只能买到价值 10 万美元的商品和服务（11 万美元 ÷ 1.1 = 10 万美元）。公司损失了 1 万美元——它"支付"了 1 万美元的通货膨胀税。

当今世界的政府不再通过印钞来创造新货币，当中央银行购买政府债券时，货币就产生了。在美国，美联储不直接从政府购买债券：它通过公开市场操作购买债券。当美联储购买债券时，基础货币增加，货币数量增加。美联储将其从债券中获得的利息支付给政府，因此政府最终不用为美联储持有的债券支付任何利息。通过这一过程，政府"印"了货币。

通货膨胀、储蓄和投资

　　利息收入的所得税在借款人支付的税前利率和贷方收到的税后利率之间形成了一个楔子。所得税率的上升会增加税前利率并降低税后利率。税前利率上升会减少借款和投资，税后利率下降会减少贷款和储蓄。

　　通货膨胀率的上升提高了利息收入的实际税率，并加强了我们刚才描述的效应。为了解其中原因，我们来举一个例子。

　　假设实际利率为每年 4%，所得税率为 50%。在没有通货膨胀的情况下，名义利率也是每年 4%，税后实际利率为每年 2%（4% 的 50%）。

　　现在假设通货膨胀率上升到每年 4%，那么名义利率上升到每年 8%。税后名义利率上升至每年 4%（8% 的 50%）。从这个数额中减去 4% 的通货膨胀率，你会发现税后实际利率为 0！真正的所得税率已经提高到 100%。

　　税后实际利率的下降削弱了人们贷款和储蓄的动力，税前利率的上升削弱了人们借款和投资的动力。随着储蓄和投资的下降，资本积累率和实际 GDP 增长率放缓。

● 鞋底成本

　　通货膨胀的鞋底成本是由于货币流通速度的增加以及人们为避免因货币贬值而蒙受损失于是四处奔波的次数增加而产生的成本。

　　当货币以预期的速度快速贬值时，它就不能很好地发挥价值储存的作用，人们会尽量避免持有它。人们一收到工资收入就会花掉，公司一收到销售收入就支付工资和股息，流通速度加快。在 20 世纪 90 年代，巴西的通货膨胀率为每年 80% 左右，人们会在离目的地最近的自动柜员机处结束出租车之旅，下车提取一些现金，付给司机，然后步行到达目的地。而司机会在接上下一位乘客之前将现金存入他的银行账户。

　　在 20 世纪 20 年代，德国的通货膨胀率每月超过 50%（恶性通货膨胀），工资在一天内会被发放和支出两次！

　　想象一下，如果你把大部分时间都花在计算如何把货币持有量保持在接近于 0 的水平上，那该有多不方便啊。

保持低货币持有量的一种方法是寻找其他支付方式，例如代币、商品，甚至以物易物。所有这些支付方式的效率都低于货币。例如，在 20 世纪 80 年代的以色列，当通货膨胀率达到每年 1000% 时，美元开始取代越来越不值钱的谢克尔（以色列货币名称）。因此，人们不得不时时刻刻关注谢克尔和美元之间的汇率，并在外汇市场上进行许多额外且成本高昂的交易。

● 混乱成本

我们通过比较边际成本和边际收益来做出经济决策。边际成本是真实的成本，即放弃的机会。边际收益是真实的收益，即放弃机会的意愿。虽然成本和收益是真实存在的，但我们使用金钱作为我们的记账单位和价值标准来计算它们。金钱是我们衡量价值的标尺。借款人和贷款人、工人和雇主，都在金钱方面达成协议。通货膨胀使货币价值发生变化，因此它改变了我们量杆上的单位。

我们的价值单位不断变化重要吗？有些经济学家认为这很重要，有些则认为这无关紧要。

认为这很重要的经济学家指出，计量单位稳定在生活的其他领域有着明显的好处。例如，假设我们没有发明精确的计时技术，钟表每天慢 5 ~ 15 分钟，想象一下你准时到达课堂或赶上球赛开始会有多困难。再举一个例子，假设裁缝使用的是弹性卷尺，你最终收到的夹克是太紧或太松都将取决于卷尺拉紧的程度。

第三个例子，回想一下火星气候轨道器的坠毁。

火星气候轨道器由于导航错误未能到达火星轨道，导航所需的航天器运行数据提供的是英制单位，而不是指定的公制单位。这是失败的直接原因。（火星计划独立评估小组总结报告，2000 年 3 月 14 日）

如果火箭专家不能因仅使用两个计量单位而做出正确的计算，那么当货币的价值不断变化时，普通人和商业决策者有什么机会做出涉及货币的正确计算？

这些由计量单位引起的混淆和错误的例子并不意味着货币价值的变化是一个大问题，但它们提出了问题存在的可能性。

● 不确定性成本

高通货膨胀率增加了长期通货膨胀率的不确定性。通货膨胀会长期居高不下还是价格水平会恢复稳定？这种不确定性的增加使长期规划变得十分困难，使人们只关注短期问题。投资下降，因此经济增长速度放缓。

但不确定性的增加也会导致资源分配不当。人们发现，寻找避免通货膨胀造成损失的方法比专注于他们具有比较优势的活动更有利可图。因此，原本可能致力于生产性创新的发明人才转而致力于寻找从通货膨胀中获利的方法。

通货膨胀的不确定性使得有人赢有人输，谁也无法预测得失在哪里。收益和损失的发生是因为货币价值不可预测的变化。在急剧的、不可预测的通货膨胀时期，资源从生产活动中被转移到了预测通货膨胀上。正确预测通货膨胀率比发明新产品更有利可图。医生、律师、会计师、农民——几乎每个人——都可以让自己过得更好，但不是通过提升他们的专业技能，而是通过花更多的时间学习业余经济知识和预测通货膨胀，以及管理他们的投资组合。

从社会角度来看，这种通货膨胀的不确定性导致的人才分流，无异于将稀缺资源扔进垃圾堆。这种资源浪费是通货膨胀的成本。

● 通货膨胀的成本有多大

通货膨胀的成本取决于它的速度和它的可预测性。通货膨胀率越高，成本就越大。通货膨胀率越不可预测，成本就越大。布朗大学的彼得·休伊特（Peter Howitt）在哈佛大学罗伯特·巴

罗的研究基础上估计，如果通货膨胀率从每年 3% 降至 0，实际 GDP 的增长率每年将上升 0.06 到 0.09 个百分点。这些数字可能看起来很小，但它们是增长率。30 年后，实际 GDP 将增加 2.3%，未来所有额外产出的累计价值将达到当前 GDP 的 85%，即 15.5 万亿美元！

在恶性通货膨胀中，成本要高得多。恶性通货膨胀很少见，但也有一些引人注目的例子。几个欧洲国家在第一次世界大战后的 20 世纪 20 年代和第二次世界大战后的 20 世纪 40 年代都经历了恶性通货膨胀。在这些例子中，通货膨胀的成本是巨大的。恶性通货膨胀并不是只存在于历史中的奇闻。1994 年，巴西几乎达到恶性通货膨胀的最高水平，每月通货膨胀率为 40%，一杯在 1980 年售价 15 克鲁塞罗的咖啡，在 1994 年要花费 220 亿克鲁塞罗才能买到；1989 年至 1994 年间，俄罗斯经历了近乎恶性通货膨胀的一段时期；2016 年，委内瑞拉的通货膨胀率每年飙升超过 1000%——虽不算严重的恶性通货膨胀，但每月通货膨胀率高达 21%。

最近，最引人注目的恶性通货膨胀事件发生在津巴布韦，每年达到 231 150 888.87% 的峰值。那时，货币体系崩溃，津巴布韦元退出货币流通，取而代之的是美元，津巴布韦的经济生活几近停滞。

第 9 章要点小结

1. 阐释决定货币需求的因素，以及货币需求和货币供给如何决定名义利率。

- 在其他条件不变的情况下，货币需求是货币数量与名义利率之间的关系。在其他条件不变的情况下，名义利率越高，货币需求量越小。
- 实际 GDP 的增加使货币需求增加。金融科技的进步有的增加了货币需求，也有的减少了货币需求。
- 每天，价格水平、实际 GDP 和金融科技都是给定的，货币市场均衡决定了名义利率。
- 为了降低利率，美联储会增加货币供给；为了提高利率，美联储会减少货币供给。

2. 阐释从长远来看货币数量如何决定价格水平，以及货币增长如何导致通货膨胀。

- 从长期来看，实际 GDP 等于潜在 GDP，实际利率是使全球金融市场可贷资金需求量等于可贷资金供给量的水平。
- 长期名义利率等于均衡实际利率加上通货膨胀率。
- 长远来看，货币市场均衡决定了货币价值。
- 在其他条件不变的情况下，货币数量的增加会导致价格水平上涨相同的百分比。
- 长远来看，通货膨胀率等于货币数量增长率减去潜在 GDP 的增长率。
- 交换方程和流通速度提供了另一种观察货币数量和价格水平（以及货币增长和通货膨胀）之间关系的方式。

3. 明确通货膨胀的成本和货币价值稳定的益处。

- 通货膨胀有 4 种成本：税收成本、鞋底成本、混乱成本和不确定性成本。
- 通货膨胀率越高，这 4 种成本就越大。

经济衰退的诱因是什么

第 10 章

总供给和总需求

本章学习目标

» 定义并阐释总供给中所体现的影响；

» 定义并阐释总需求中所体现的影响；

» 阐释总需求和总供给的趋势和波动如何带来经济增长、通货膨胀和经济周期。

10.1

总供给

总供给 - 总需求模型（*AS-AD* 模型）是为了解释实际 GDP 和价格水平是如何决定的。该模型使用的观点类似于你在第 1 章中所学到的关于竞争市场中数量和价格是如何决定的。但 *AS-AD* 模型不只是对于竞争市场模型的应用，因为 *AS-AD* 模型是一个关于构成实际 GDP 的所有最终商品和服务的虚构市场模型，所以会出现一些差异。这个"市场"中的数量是实际 GDP，价格是用 GDP 价格指数衡量的价格水平。

实际 GDP 供给量是美国企业计划生产的最终商品和服务的总量，它取决于

» 就业劳动力
» 资金、人力资本和技术水平
» 土地和自然资源
» 创业人才

前面讲到，在充分就业时，实际 GDP 等于潜在 GDP。土地、资金和人力资本的数量、技术水平以及创业人才的数量是固定的。劳动力市场均衡决定了就业的劳动力数量，这等于均衡实际工资率下的劳动力需求量和劳动力供给量。

在经济周期中，实际 GDP 围绕潜在 GDP 波动，因为就业的劳动力数量围绕其充分就业水平波动。*AS-AD* 模型对这些波动进行了解释。

我们从供给方面开始讲起，了解一下总供给的基础知识。

● 总供给基础

总 供 给（aggregate supply，AS）是在所有影响生产计划的其他因素保持不变的情况下，实际 GDP 供给量与价格水平之间的关系。这种关系的描述如下。

其他条件保持不变，价格水平越高，实际 GDP 供给量越大；价格水平越低，实际 GDP 供给量越小。

总供给量表（见表 10-1）和总供给曲线（见图 10-1）对总供给进行了解释说明。表 10-1 列出了每个价格水平下的实际 GDP 供给量，图 10-1 中向上倾斜的 AS 曲线描绘出了这些点。

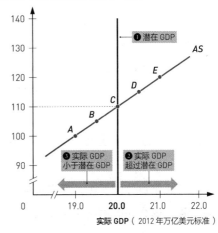

注：总供给量表和总供给曲线显示了当所有影响生产计划的其他因素保持不变时，实际 GDP 供给量与价格水平之间的关系。AS 曲线上的每个点（A 到 E）对应于表中由相同字母标识的行。

❶ 潜在 GDP 为 20.0 万亿美元，当价格水平为 110 时，实际 GDP 等于潜在 GDP。

❷ 如果价格水平高于 110，则实际 GDP 超过潜在 GDP。

❸ 如果价格水平低于 110，则实际 GDP 小于潜在 GDP。

图 10-1　总供给曲线

表 10-1　总供给量表

	价格水平 （GDP 价格指数，2012 年 = 100）	实际 GDP 供给量 （2012 年万亿美元标准）
E	120	21.0
D	115	20.5
C	110	20.0
B	105	19.5
A	100	19.0

图 10-1 还显示了潜在 GDP，为 20.0 万亿美元。当价格水平为 110 时，实际 GDP 供给量为 20.0 万亿美元，等于潜在 GDP（在 AS 曲线上的 C 点）。

在总供给曲线上，价格水平是影响生产计划的唯一因素。价格水平上升导致实际 GDP 供给量增加，并沿着总供给曲线向上移动；价格水平下降导致实际 GDP 供给量减少，并沿着总供给曲线向下移动。

在影响生产计划的其他因素中，沿 AS 曲线保持不变的包括

» 货币工资率

» 其他资源的货币价格

相比之下，在潜在 GDP 线上，当价格水平发生变化时，货币工资率和其他资源的货币价格会按照价格水平变化的相同百分比调整，以保持实际工资率（和其他实际价格）处于充分就业均衡水平。

AS 曲线向上倾斜的原因

为什么实际 GDP 供给量在价格水平上升时增加，在价格水平下降时减少？答案是沿着 AS 曲线的移动会带来实际工资率的变化（以及固定货币价格下其他资源的实际成本的变化）。如果价格水平上升，则实际工资率下降；如果价格水平下降，则实际工资率上升。当实际工资率发生变化时，企业会改变雇用劳动力的数量和生产规模。

举一个具体的例子：一家番茄酱生产商与装瓶工人签订合同，每小时支付 20 美元薪水。该公司以每瓶 1 美元的价格出售番茄酱，装瓶工人的实际工资相当于 20 瓶番茄酱。也就是说，公司必须出售 20 瓶番茄酱才能购买每位工人 1 小时的劳动力。现在假设番茄酱的价格下降到每瓶 50 美分，则装瓶工人的实际工资率增加到 40 瓶番茄酱——公司现在必须出售 40 瓶番茄酱才能购买每位工人 1 小时的劳动力。

如果一瓶番茄酱的价格上涨，装瓶工人的实际工资率就会下降。例如，如果番茄酱价格上涨到每瓶 2 美元，则实际工资率为每位工人 10 瓶番茄酱——公司只需出售 10 瓶番茄酱即可购买每位工人 1 小时的劳动力。

企业通过改变雇用劳动力的数量和生产的商品数量来应对实际工资率的变化。对于整个经济而言，就业和实际 GDP 也会发生变化。这些变化可以通过以下 3 种方式实现。

» 改变生产率
» 暂时停业和恢复生产
» 倒闭与创业

改变生产率

要改变生产率，企业必须改变其雇用的劳动力数量。如果额外的劳动力成本低于它所产生的收入，那么雇用更多的劳动力是有利可图的。如果价格水平上升而货币工资率不变，那么以前无利可图的额外 1 小时劳动就会变得有利可图。因此，当价格水平上升且货币工资率不变时，劳动力需求量和生产量都会增加。相反，如果价格水平下降而货币工资率没有变化，那么以前有利可图的 1 小时劳动就会变得无利可图。因此，当价格水平下降且货币工资率不变时，劳动力需求量和生产量就会减少。

暂时停业和恢复生产

一家正在亏损的企业可能预见到未来会盈利，因此它可能会决定暂时关闭企业并解雇其员工。

相对于货币工资率的价格水平会影响临时关闭决定。如果价格水平相对于工资上涨，那么决定暂时停业的企业就会减少，从而导致更多的企业开始经营，实际 GDP 的供给量增加；如果价格水平相对于工资下降，则更多的企业会发现其收入不足以支付工资账单，因此不得不暂时停业，这将导致实际 GDP 供给量减少。

倒闭与创业

人们创业是为了赚取利润。当利润受到挤压或出现亏损时，更多的企业倒闭，新成立的企业减少，企业总数减少；当利润普遍较高时，倒闭的企业就会减少，新成立的企业增多，企业的数量就会增加。

相对于货币工资率的价格水平会影响企业的数量。如果价格水平相对于工资上涨，利润将增加，从而导致企业数量增加，进而导致实际 GDP 供给量增加；如果价格水平相对于工资下降，利润将下降，从而导致企业数量减少，进而导致实际 GDP 供给量减少。

在严重的经济衰退中，企业倒闭是会相互传染的。一家企业的倒闭会对其供应商和客户都造成压力，并可能导致大量的企业倒闭和实际 GDP 供给量的大幅下降。

● 总供给的变化

当除价格水平以外的任何会对生产计划产生影响的因素发生变化时，总供给量就会发生变化。特别是在以下情况中，总供给会发生变化。

» 潜在 GDP 发生变化
» 货币工资率发生变化
» 其他资源的货币价格发生变化

潜在 GDP 发生变化

任何会改变潜在 GDP 的因素都会改变总供给并使总供给曲线移动。图 10-2 对这种移动进行了说明。你可以将 C 点视为锚点，总供给曲线和潜在 GDP 线锚定于此，当潜在 GDP 变化时，总供给随之变化。当潜在 GDP 从 20.0 万亿美元增加到 21.0 万亿美元时，C 点移动到 C' 点，总供给曲线和潜在 GDP 线一起右移。总供给曲线从 AS_0 移动到 AS_1。

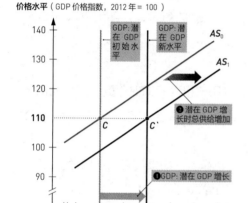

注:
❶ 潜在 GDP 增长使得总供给增加。
❷ 当潜在 GDP 从 20.0 万亿美元增长至 21.0 万亿美元时，总供给曲线从 AS_0 右移至 AS_1。

图 10-2　潜在 GDP 变化对总供给的影响

货币工资率发生变化

货币工资率发生变化会改变总供给，因为它改变了企业的成本。货币工资率越高，企业的成本就越高，因而企业在每个价格水平上愿意供给的商品数量就越少。因此，货币工资率的增加会减少总供给。

假设货币工资率为每小时 55 美元，价格水平为 110。那么实际工资率为每小时 50 美元，即

$$\frac{55\ 美元/小时}{110} \times 100 = 50\ 美元/小时$$

如果充分就业均衡的实际工资率为每小时 50 美元，则经济处于充分就业状态，实际 GDP 等于潜在 GDP。在图 10-3 中，价格水平位于总供给曲线 AS_0 的 C 点。AS_0 上所有时间点的货币工资率为每小时 55 美元。

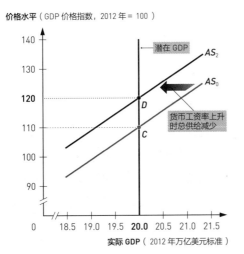

价格水平（GDP 价格指数，2012 年 = 100）

注：货币工资率的上升会减少总供给，总供给曲线从 AS_0 左移至 AS_2。货币工资率上升不会改变潜在 GDP。

图 10-3　货币工资率的变化

现在假设货币工资率上升到每小时 60 美元，但充分就业均衡的实际工资率保持在每小时 50 美元。当价格水平为 120 时，在总供给曲线 AS_2 的 D 点，实际 GDP 现在等于潜在 GDP。（如果货币工资率为每小时 60 美元，价格水平为 120，则实际工资率为 50 美元，即 60 美元／小时 ÷120×100 = 50 美元／小时。AS_2 上所有点的货币工资率为每小时 60 美元。货币工资率的上升会减少总供给，并使总供给曲线从 AS_0 向左移动到 AS_2。

货币工资率的变化不会改变潜在 GDP。原因是潜在 GDP 仅取决于经济的实际生产能力和充分就业状态下的劳动力数量，而这是在均衡实际工资率下发生的。均衡实际工资率可以在任何货币工资率下实现。

其他资源的货币价格发生变化

其他资源的货币价格发生变化对企业生产计划的影响与货币工资率发生变化相似，它改变了企业的成本。在每个价格水平上，企业的实际成本发生变化，企业愿意供给的商品数量发生变化，因此总供给发生变化。

10.2

总需求

实际 GDP 需求量（Y）指的是个人、企业、政府和海外人士计划购买的一个国家（或地区）生产的最终商品和服务的总量。实际 GDP 需求量是实际消费支出（C）、投资（I）、政府在商品和服务上的支出（G）以及出口（X）减去进口（M）的总和，表示为

$$Y = C + I + G + X - M$$

许多因素会对支出计划产生影响。为了研究总需求，我们将这些因素分为两部分：价格水平和其他因素。我们将首先考虑价格水平对支出计划的影响，然后再考虑其他因素对支出计划的影响。

● 总需求基础

总需求（aggregate demand，AD）是在所有影响支出计划的其他因素保持不变的情况下，实际 GDP 需求量与价格水平之间的关系。这种关系的描述如下。

其他条件保持不变，价格水平越高，实际 GDP 需求量越小；价格水平越低，实际 GDP 的需求量越大。

总需求量表（见表 10-2）和总需求曲线（见图 10-4）对总需求进行了解释说明。表 10-2 列出了每个价格水平下的实际 GDP 需求量，图 10-4 向下倾斜的 *AD* 曲线描

表 10-2　总需求量表

价格水平 （GDP 价格指数）	GDP 需求量 （2012 年万亿美元标准）
A	130	19.0
B	120	19.5
C	110	20.0
D	100	20.5
E	90	21.0

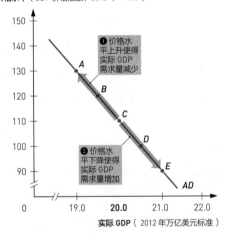

价格水平（GDP 价格指数，2012 年 = 100）

❶ 价格水平上升使得实际 GDP 需求量减少

❷ 价格水平下降使得实际 GDP 需求量增加

实际 GDP（2012 年万亿美元标准）

注：总需求量表和总需求曲线显示了当所有影响支出计划的其他因素保持不变时，实际 GDP 需求量与价格水平之间的关系。AD 曲线上的每个点（A 到 E）对应于表中由相同字母标识的行。
实际 GDP 需求量 ❶ 当价格水平上升时下降，并且 ❷ 当价格水平下降时增加。

图 10-4　总需求曲线

绘了这些点。

在总需求曲线上，唯一影响支出计划的是价格水平。价格水平的上升减少了实际 GDP 需求量，并导致沿着总需求曲线向上移动；价格水平的下降增加了实际 GDP 的需求量，并导致沿着

总需求曲线向下移动。

价格水平会影响实际 GDP 的需求量，因为价格水平的变化会导致以下变化。

» 货币的购买力
» 实际利率
» 进出口的实际价格

货币的购买力

价格水平的上升降低了货币的购买力并减少了实际 GDP 的需求量。要了解其中原因，可以想一想近年来价格水平变化很大的两个经济体（俄罗斯和日本）的购买计划。

安娜住在俄罗斯莫斯科，她整个夏天都在努力工作，存了 2 万卢布，打算在获得经济学学位后用这笔钱去读研究生，那么安娜的货币持有量是 2 万卢布。安娜有一份兼职工作，她从这份工作中获得的收入可以支付她的开销。俄罗斯的价格水平上涨了 100% 后，安娜需要 4 万卢布来购买曾经仅需 2 万卢布的东西，为了弥补货币购买力下降的部分，安娜削减了开支。

同样地，在其他条件不变的情况下，价格水平下降会使实际 GDP 需求量增加。要了解其中原因，可以设想一下住在日本东京的米卡的购买计划。她也努力工作了整个夏天，存了 20 万日元，计划明年用这笔钱上学。日本的价格水平下降了 10% 后，现在米卡只需

要 18 万日元就可以买到曾经 20 万日元才能买到的东西。随着她的钱能买到的东西越来越多，米卡决定买一部智能手机。

实际利率

当价格水平上升时，实际利率上升。前文讲到，价格水平的上升会增加人们想要持有的货币量，即增加货币需求。当货币需求增加时，名义利率上升。在短期内，通货膨胀率没有变化，因此名义利率上升会导致实际利率上升。面对更高的实际利率，企业和个人会推迟购买新资本和耐用消费品的计划，并削减支出。随着价格水平上升，实际 GDP 需求量就会减少。

- **安娜与米卡**　再以安娜和米卡为例，她们俩都想买一台电脑。在莫斯科，价格水平的上升增加了对货币的需求并提高了实际利率。以每年 5% 的实际利率计算，安娜愿意借钱买新计算机。但以每年 10% 的实际利率计算，她认为还款额太高，于是决定推迟购买。价格水平的上升减少了实际 GDP 的需求量。

  在东京，价格水平下降降低了实际利率。以每年 5% 的实际利率计算，米卡愿意借钱购买一台性能较差的计算机。但在实际利率接近于 0 的情况下，她决定购买一台价格更高的高档计算机：价格水平的下降增加了实际 GDP 的需求量。

进出口的实际价格

当美国的价格水平上涨而其他因素保持不变时，其他国家的物价不会发生变化。因此，美国价格水平的上涨使得美国制造的商品和服务相对于他国制造的商品和服务更加昂贵。实际价格的这种变化鼓励人们减少购买美国制造的商品并增加购买他国制造的商品。例如，如果美国的价格水平相对于他国价格水平上涨，那么其他国家的人购买美国制造的汽车就会减少（美国出口减少），美国人购买外国制造的汽车就会增加（美国进口增加）。

- **安娜和米卡购买的进口商品**　在莫斯科，安娜正在购买新鞋。随着俄罗斯价格水平的急剧上涨，她本打算购买的俄罗斯国产鞋太贵了，因此她买了一双较便宜的巴西进口鞋。在东京，米卡正在购买智能手机。随着日本价格水平的下降，购买日本制造的智能手机看起来比购买其他国家制造的智能手机更划算。

  从长远来看，当一个国家的价格水平变化幅度大于其他国家时，汇率就会发生变化。汇率的变化抵消了价格水平的变化，因此国际价格对购买计划的影响只是短期影响。但在短期内，这却是一个强有力的影响。

● 总需求的变化

除价格水平外，任何影响支出计划的因素的变化都会引起总需求的变化。如图 10-5 所示，当总需求增加时，总需求曲线向右移动，AD 曲线从 AD_0 向右移至 AD_1；当总需求减少时，总需求曲线向左移动，AD 曲线从 AD_0 向左移至 AD_2。

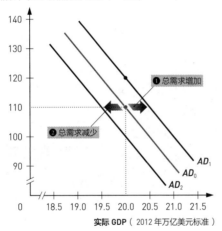

价格水平（GDP 价格指数，2012 年 = 100 ）

❶ 总需求增加

❷ 总需求减少

实际 GDP（2012 年万亿美元标准）

注：

❶ 以下情况出现时，总需求增加：

* 预期未来收入、通货膨胀或利润增加。
* 政府或美联储采取措施增加计划支出。
* 汇率下跌或全球经济扩张。

❷ 以下情况出现时，总需求减少：

* 预期未来收入、通货膨胀或利润下降。
* 政府或美联储采取措施减少计划支出。
* 汇率上升或全球经济紧缩。

图 10-5　总需求变化

改变总需求的因素有以下 3 个。

» 未来预期
» 财政政策和货币政策
» 世界经济状况

未来预期

预期未来收入的增加会增加人们现在计划购买的消费品（尤其是汽车等大件商品）的数量，因此总需求增加。预期未来通货膨胀的增加也会增加总需求，因为人们决定在价格上涨之前立即购买更多的商品和服务。预期未来利润的上涨使企业现在计划进行的投资增加，总需求也会增加。

预期未来收入、未来通货膨胀或未来利润的减少会产生相反的效果，因而减少总需求。

财政政策和货币政策

我们会在第 13 章和第 14 章研究政策行动对总需求的影响。在这里，我们将简要说明政府可以使用财政政策（fiscal policy）——改变税收、转移支付以及政府对商品和服务的支出——来影响总需求。美联储可以使用货币政策（monetary policy）——改变货币数量和利率——来影响总需求。减税或增加转移支付或政府对商品和服务的支出会增加总需求；降低利率或增加货币数量也会增加总需求。

世界经济状况

世界经济状况影响总需求的两个主要因素是外汇汇率和海外收益。外汇汇率指的是可以用本国货币购换的外币数量。在其他条件不变的情况下，汇率上升会降低总需求。

为了解汇率如何影响总需求，我们假设 1 美元可兑换 100 日元。日本制造的富士通手机售价 1.25 万日元，而美国制造的等值摩托罗拉手机售价 110 美元。以美元计算，富士通手机售价为 125 美元，因此世界各地的人们都在购买更便宜的美国手机。现在假设汇率升至 1 美元兑换 125 日元。此时，富士通手机的售价为 100 美元，比摩托罗拉手机更便宜。人们的购买趋势将从美国手机转向日本手机。美国出口将减少，进口将增加，因此其总需求将减少。

海外收益的提高使得美国的出口和总需求增加。例如，日本和德国收入的提高增加了其消费者和生产者对美国制造的商品和服务的支出计划。

● 总需求乘数

总需求乘数是一种放大支出计划变化并可能带来总需求大幅波动的效应。当影响总需求的任何因素改变了支出计划时，支出的变化就会改变收入，而收入的变化又会引起消费支出的变化。总需求的增量是初始支出的增量加上由此引发的消费支出增量。

假设支出的增加导致消费支出的增量是初始支出增量的 1.5 倍。

图 10-6 说明了投资增加 0.4 万亿美元时总需求的变化。最初，总需求曲线为 AD_0，然后投资增加了 0.4 万亿美元（ΔI），曲线 $AD_0 + \Delta I$ 现在描述了每个价格水平下的总支出计划。收入的增加导致消费支出增加 0.6 万亿美元，总需求曲线向右移动到 AD_1。第 11 章将详细解释支出乘数。

价格水平（GDP 价格指数，2012 年 = 100）

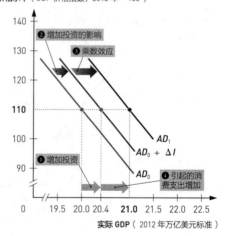

注：

❶ 增加投资 ❷ 使总需求和收入提高。

❸ 乘数效应导致消费支出增加，这 ❹ 使增加的总需求超过最初的投资增量。

图 10-6　总需求乘数

10.3

解释经济趋势和经济波动

AS-AD 模型的主要目的是解释实际 GDP 和价格水平的经济周期波动，但该模型也有助于我们理解在前面章节中研究过的经济增长和通货膨胀趋势。解释经济增长趋势和经济周期波动的第一步是结合总供给和总需求并确定宏观经济均衡。

● 宏观经济均衡

总供给和总需求决定了实际 GDP 和价格水平，当实际 GDP 需求量等于实际 GDP 供给量时，宏观经济均衡（macroeconomic equilibrium）出现在 *AD* 曲线和 *AS* 曲线的交点，图 10-7 显示了价格水平为 110 美元和实际 GDP 为 20 万亿美元时的均衡。

为了理解为什么这个位置是均衡的，请设想如果价格水平不是 110 美元会发生什么。假设价格水平是 100，实际 GDP 是 19 万亿美元（*AS* 曲线上的

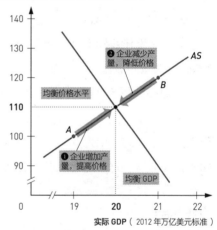

注：当 *AS* 曲线上的实际 GDP 供给量等于 *AD* 曲线上的实际 GDP 需求量时，就会出现宏观经济均衡。

❶ 在价格水平为 100 时，*A* 点实际 GDP 供给量为 19 万亿美元。实际 GDP 需求量超过供给量，因此企业增加产量并提高价格。

❷ 在价格水平为 120 时，*B* 点的实际 GDP 供给量为 21 万亿美元。实际 GDP 需求量小于供给量，因此企业减产并降低价格。

在价格水平为 110 时，实际 GDP 供给量等于宏观经济均衡时实际 GDP 需求量。

图 10-7　宏观经济均衡

A 点）。实际 GDP 需求量超过 19 万亿美元，因此企业无法满足对其产出的需求，库存减少，消费者对商品和服务的

需求增加。在这种情况下，企业会增加产量并提高价格。最终当实际 GDP 达到 20 万亿美元且价格水平达到 110 时，他们才能够满足需求。

现在假设价格水平为 120，实际 GDP 为 21 万亿美元（AS 曲线上的 B 点）。实际 GDP 需求量小于 21 万亿美元，因此企业无法出售所有产出，多余的库存堆积如山。公司会削减产量并降低价格，直到可以出售所有产品，此时的实际 GDP 为 20 万亿美元，价格水平为 110。

● 宏观经济均衡的 3 种类型

在宏观经济均衡中，经济可能处于充分就业状态、高于充分就业状态或低于充分就业状态。图 10-8a 显示了这 3 种可能性。充分就业均衡（full-employment equilibrium）——当均衡实际 GDP 等于潜在 GDP 时——发生在总需求曲线 AD 与总供给曲线 AS* 相交的地方。

在更高的货币工资率下，总供给曲线为 AS_1，实际 GDP 为 19.5 万亿美元，低于潜在 GDP，经济低于充分就业，存在衰退缺口（recessionary gap）；在更低的货币工资率下，总供给为 AS_2。在这种情况下，实际 GDP 为 20.5 万亿美元，大于潜在 GDP，经济高于充分就业，存在通货膨胀缺口（inflationary gap）。

调整走向充分就业

当实际 GDP 低于或高于潜在 GDP 时，货币工资率会逐渐变化以恢复充分就业。图 10-8b 对这种调整进行了说明。

在衰退缺口中，劳动力过剩，企业可以以更低的工资率雇用新工人。随着货币工资率下降，总供给曲线从 AS_1 向 AS* 移动，价格水平下降，实际 GDP 上升。货币工资率继续下降，直到实际 GDP 等于潜在 GDP——充分就业均衡。

在通货膨胀缺口中，劳动力短缺，企业必须提供更高的工资率来雇用其所需要的劳动力。随着货币工资率上升，总供给曲线从 AS_2 向 AS* 移动，价格水平上升，实际 GDP 下降。货币工资率继续上升，直到实际 GDP 等于潜在 GDP。

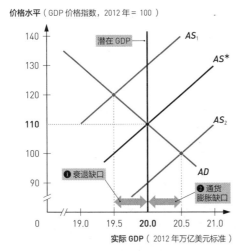

价格水平（GDP 价格指数，2012 年 = 100）

a）宏观经济均衡的 3 种类型

注：当均衡实际 GDP 小于潜在 GDP 时，❶ 存在衰退缺口。当均衡实际 GDP 大于潜在 GDP 时，❷ 存在通货膨胀缺口。当均衡实际 GDP 等于潜在 GDP 时，经济处于充分就业状态。

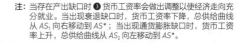

b）调整走向充分就业

注：当存在产出缺口时 ❸ 货币工资率会做出调整以使经济走向充分就业。当出现衰退缺口时，货币工资率下降，总供给曲线从 AS_1 向右移动到 AS^*；当出现通货膨胀缺口时，货币工资率上升，总供给曲线从 AS_2 向左移动到 AS^*。

图 10-8 产出缺口和充分就业均衡

经济增长和通货膨胀趋势

经济增长源于不断增长的劳动力和不断提高的劳动生产率，它们共同作用使得潜在 GDP 增长。通货膨胀是货币数量增长超过潜在 GDP 增长的结果。

AS-AD 模型可用于了解经济增长和通货膨胀趋势。本节的"聚焦美国经济"展示了 AS-AD 模型是如何解释美国经济增长和通货膨胀趋势的，在 AS-AD 模型中，经济增长增加了潜在 GDP——潜在 GDP 线持续右移。通货膨胀源于总需求的持续增长速度快于潜在 GDP 的增长速度，体现为 AD 曲线以比潜在 GDP 增长更快的速度持续右移。

经济周期

经济周期是总供给和总需求的波动导致的。总供给波动是劳动生产率增长速度不一，从而带来潜在 GDP 增长率的波动，由此产生的周期称为真实经济周期（real business cycle）。但总需求波动是形成经济周期的主要原因。关键原因是总需求的波动比货币工资率的变化来得更快。结果是，经济从通货膨胀缺口到充分就业再到衰退缺口，然后回到通货膨胀缺口。

　　本节"聚焦美国经济"显示，最近的经济周期被解释为由总需求波动驱动。但在 2008—2009 年的经济衰退中，总需求和总供给都在发挥作用，如本节"聚焦经济衰退"中所解释的那样。

[◎] 聚焦美国经济

美国的经济增长、通货膨胀和经济周期

　　美国的经济增长、通货膨胀和经济周期是总供给和总需求变化的结果。

　　美国潜在 GDP 线右移带来经济增长，而美国 AD 曲线更大幅度的右移则会导致通货膨胀。图 1a 展示了产生经济增长和通货膨胀的移动曲线。

　　图 1b 展示了美国 1970 年到 2018 年的实际 GDP 增长和通货膨胀历史。每个点代表一年的实际 GDP 和价格水平。向右移动的点代表经济增长，向上移动的点代表价格水平的上升——通货膨胀。

　　当这些点沿着缓慢上升的路径移动

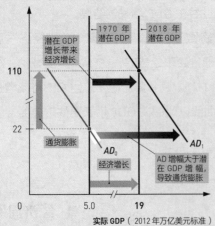

a）经济增长和通货膨胀

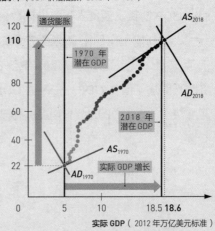

b）美国实际 GDP 增长和通货膨胀

图 1　经济增长和通货膨胀

时，就像 20 世纪 90 年代那样，通货膨胀率很低，实际 GDP 增长相当快；当这些点沿着陡峭的路径移动时，比如 20 世纪 70 年代，通货膨胀迅速，而经济增长缓慢。

请注意，这些点以波浪形式向右和向上移动，偶尔也向左移动。该模式显示了经济周期的扩张和衰退。

通过将这些点与潜在 GDP 进行比较，我们可以看到，1970 年的经济处于充分就业状态，2018 年存在较小的通货膨胀缺口。

图 2a 展示了总需求的变化如何导致经济周期的形成，而图 2b 展示了从 2006 年到 2018 年的经济周期。

当 AD 曲线在图 2a 中为 AD_0 时，经济处于 A 点，存在衰退缺口。图 2b 将 2009 年的实际缺口确定为 A。

总需求增加到 AD_1，实际 GDP 增加到潜在 GDP，经济移动到图 2a 和图 2b 的 B 点。

总需求进一步增加到 AD_2，会使实际 GDP 高于潜在 GDP，并在图 2a 和图 2b 的 C 点出现通货膨胀缺口。

实际上，现实中 AD 很少下降，它的增长速度低于潜在 GDP 的增长速度。此外，在现实中，AS 是波动的，但 AS 曲线和 AD 曲线与潜在 GDP 线的相对位置如图 2a 所示。

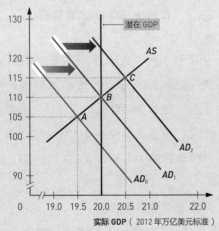

a）总需求波动

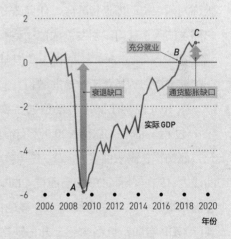

b）美国产出缺口

图 2 经济周期

资料来源：美国劳工统计局，经济分析局，国会预算办公室。

● 通货膨胀周期

我们已经看到,如果总需求增长快于潜在 GDP,就会发生通货膨胀。然而,正如实际 GDP 存在周期一样,通货膨胀率也存在周期,并且这两个周期是相互关联的。为了研究实际 GDP 和通货膨胀周期的相互作用,我们将通货膨胀划分为以下两种来源:

» 需求拉动型通货膨胀
» 成本推动型通货膨胀

需求拉动型通货膨胀

由于总需求增加而出现的通货膨胀称为需求拉动型通货膨胀。任何改变总需求的因素都可以引发需求拉动型通货膨胀(demand-pull inflation),但唯一能够维持它的是货币数量的增长。

图 10-9 说明了需求拉动型通货膨胀的过程。潜在 GDP 是 20.0 万亿美元,最初,总需求曲线为 AD_0,总供给曲线为 AS_0,实际 GDP 等于潜在 GDP。总需求增加,总需求曲线向 AD_1 移动,实际 GDP 增加,价格水平上升,现在出现了通货膨胀缺口,劳动力短缺导致货币工资率上升,从而使总供给曲线向 AS_1 移动,价格水平进一步上涨,实际 GDP 回归潜在 GDP 水平。

货币数量再次增加,总需求曲线向右移动到 AD_2,价格水平进一步上涨,实际 GDP 再次超过潜在 GDP。货

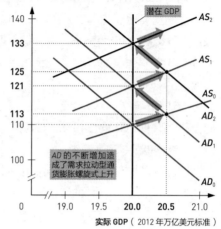

价格水平(GDP 价格指数,2012 年 = 100)

注:每次货币数量增加,总需求增加,总需求曲线从 AD_0 向右移动到 AD_1,再到 AD_2,依此类推。

每当实际 GDP 增长超过潜在 GDP 时,货币工资率就会上升,总供给曲线从 AS_0 向左移动到 AS_1 再到 AS_2,依此类推。

价格水平从 110 上升到 113、121、125、133,等等。需求拉动型通货膨胀螺旋式上升导致实际 GDP 在 20.0 万亿美元至 20.5 万亿美元之间波动。

图 10-9 需求拉动型通货膨胀

币工资率再一次上升,并减少总供给。AS 曲线向 AS_2 移动,价格水平进一步上涨。随着货币数量持续增长,总需求增加,价格水平在持续的需求拉动型通货膨胀螺旋中上升。

成本推动型通货膨胀

由成本增加引起的通货膨胀称为成本推动型通货膨胀(cost-push inflation)。成本增加的两个主要原因是货币工资率的增加和石油等原材料的货币价格上涨。

成本增加可以引发成本推动型通货膨胀,但唯一能够维持它的是货币数量的增长。

图 10-10 对成本推动型通货膨胀进行了解释说明。总需求曲线为 AD_0，总供给曲线为 AS_0，实际 GDP 等于潜在 GDP。世界石油价格上涨，导致总供给减少。总供给曲线向左移动到 AS_1，价格水平上升，实际 GDP 下降，因此出现衰退缺口。

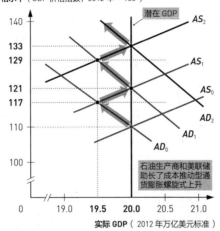

注：每次成本增加时，总供给曲线从 AS_0 向左移动到 AS_1 再到 AS_2，依此类推。

每当实际 GDP 低于潜在 GDP 时，美联储就会增加货币数量，总需求曲线从 AD_0 向右移动到 AD_1 再到 AD_2，依此类推。

价格水平从 110 上升到 117、121、129、133，等等。

成本推动型通货膨胀螺旋式上升导致实际 GDP 在 19.5 万亿美元至 20.0 万亿美元之间波动。

图 10-10　成本推动型通货膨胀

当实际 GDP 下降时，失业率上升到自然失业率以上，美联储增加货币数量以恢复充分就业。这时总需求增加，AD 曲线向右移动到 AD_1，实际 GDP 回到潜在 GDP 水平，但价格水平进一步上涨。

石油生产商现在看到其购买的所有东西的价格都在上涨，因此再次提高石油价格，以恢复新的更高的相对价格。AS 曲线现在移动到 AS_2，价格水平再次上升，实际 GDP 再次下降。

如果美联储再次增加货币数量，总需求增加，AD 曲线移动到 AD_2。价格水平上涨得更高，充分就业再次恢复，使得成本推动型通货膨胀螺旋式上升。

实际 GDP 下降和价格水平上升共同作用的结果称为滞胀（stagflation）。可以看到，滞胀令美联储陷入了两难的境地。如果美联储在生产商提高油价时不做出回应，经济将仍低于充分就业状态；如果美联储增加货币量以恢复充分就业，就会引发另一次油价上涨，这将进一步增加货币量。

● 通货紧缩和经济大萧条

2008 年 10 月，当金融危机袭击美国时，许多人担心 20 世纪 30 年代的可怕事件会重演。从 1929 年到 1933 年，美国和世界大部分地区都经历了通货紧缩和经济低迷——经济大萧条。价格水平下降了 22%，实际 GDP 下降了 31%。

事实证明，2008—2009 年的经济衰退远没有经济大萧条那么严重。实际 GDP 下降不到 4%，价格水平继续上涨，尽管速度有所放缓。为什么经济大萧条如此严重？相比之下 2008—2009 年的经济衰退又为何如此温和？你可以用你在本章中学到的知识来回答这些问题。

在经济大萧条期间，银行倒闭，货币数量减少了 25%。美联储袖手旁观，没有采取任何行动来抵消这种经济缩紧，因此总需求崩溃了。由于货币工资率没有立即下降，总需求的下降导致了实际 GDP 的大幅下降。一直到就业和实际 GDP 缩减至 1929 年水平的 75%，货币工资率和价格水平才得以下降。

相比之下，在 2008 年金融危机期间，美联储救助了陷入困境的金融机构并将基础货币翻了一番，货币数量不断增加。此外，政府增加了支出，这使总需求增加。货币数量持续增加和政府支出增加的综合作用限制了总需求的下降，并阻止了实际 GDP 的大幅下降。

现在美联储面临的挑战是，随着私人支出的组成部分——消费支出、投资和出口——开始增加并恢复到较为正常的水平，并带来总需求的增长，此时该如何放松货币和财政刺激政策。过多的刺激会导致通货膨胀缺口和更快的通货膨胀；过少的刺激则会留下衰退缺口。

你将在第 13 章和第 14 章中探讨这些货币和财政政策行动及其影响。

聚焦生活

使用 AS-AD 模型

使用你在本期积累的所有知识，并通过观看或阅读时事新闻，试着弄清楚美国经济目前在其经济周期中所处的位置。

第一，你能否确定当前实际 GDP 是高于、低于还是等于潜在 GDP？第二，你能确定实际 GDP 在衰退中是扩张还是收缩吗？

接下来，尝试形成对美国经济走向的看法。你认为总供给和总需求的主要压力是什么，它们在向哪些方向推动或拉动经济？

你认为未来几个月实际 GDP 会更快还是更慢地增长？你认为实际 GDP 与潜在 GDP 之间的差距会扩大还是缩小？

你预期的总供给和总需求变化会对劳动力市场产生怎样的影响？你预计失业率会上升、下降还是保持不变？

在课堂上和你的朋友谈谈他们对美国经济的看法以及其未来的发展方向。大家的看法是一致的还是众说纷纭？

⊙ 聚焦经济衰退

是什么原因导致经济的衰退

最近一次美国经济衰退发生在 2008—2009 年，是什么原因造成的？

经济周期论

经济周期论认为，潜在 GDP 以稳定的速度增长，而总需求以波动的速度增长。

由于货币工资率变化缓慢，如果总需求的增长快于潜在 GDP 的增长，则实际 GDP 高于潜在 GDP，并出现通货膨胀缺口。通货膨胀率上升，实际 GDP 被拉回潜在 GDP 水平。

如果总需求的增长慢于潜在 GDP 的增长，则实际 GDP 低于潜在 GDP，出现衰退缺口，通货膨胀率放缓。由于货币工资率对衰退缺口的反应非常缓慢，实际 GDP 不会回到潜在 GDP 水平，直到总需求再次增加。

投资波动是总需求波动的主要原因。收入的变化影响消费支出。

2008—2009 年经济衰退

2008—2009 年的经济衰退是由总需求和总供给双双下降导致的一个例子。图 1 说明了这两种影响因素。

在 2008 年的高峰期，实际 GDP 为 15.8 万亿美元，价格水平为 94。到 2009 年第二季度，实际 GDP 下降到 15.1 万亿美元，价格水平上升到 95。

2007 年开始、2008 年愈演愈烈的金融危机导致可贷资金供给减少，投资下降，特别是建筑投资。

全球经济衰退减少了对美国出口的需求，因此总需求的这一部分也减少了。

总需求的下降因美国政府大量注入支出而有所缓和，但此举不足以阻止总需求的下降。

我们无法单独用总需求的下降来解释价格水平的上升和实际 GDP 的下降，总供给一定也减少了。2007 年油价上涨和货币工资率上升是造成总供给减少的两个因素。如果总供给减少导致滞胀，也会出现经济衰退，因为总需求和总供给都减少了（见图 1）。

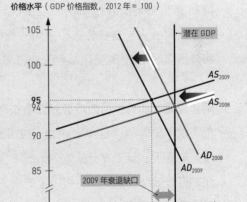

图 1　经济衰退

资料来源：　经济分析局和国会预算办公室。

第 10 章要点小结

1. 定义并阐释总供给中所体现的影响。

- 总供给是在所有影响生产计划的其他因素保持不变的情况下，实际 GDP 供给量与价格水平之间的关系。

- *AS* 曲线向上倾斜是因为在货币工资率给定的情况下，价格水平的上升会降低实际工资率，增加了劳动力需求量，并增加了实际 GDP 供给量。

- 潜在 GDP 的变化、货币工资率的变化或其他资源货币价格的变化都会改变总供给。

2. 定义并阐释总需求中所体现的影响。

- 总需求是在所有影响支出计划的其他因素保持不变的情况下，实际 GDP 需求量与价格水平之间的关系。

- *AD* 曲线向下倾斜是因为价格水平的上升降低了货币的购买力，提高了实际利率，提高了国内商品相对于国外商品的实际价格，并减少了实际 GDP 的需求量。

- 预期未来收入、通货膨胀和利润的变化，财政政策和货币政策的变化，外汇汇率和外国实际 GDP 的变化都会改变总需求——总需求曲线发生移动。

3. 阐释总需求和总供给的趋势和波动如何带来经济增长、通货膨胀和经济周期。

- 总需求和总供给决定实际 GDP 和宏观经济均衡中的价格水平，这可能发生在充分就业或高于、低于充分就业的情况下。

- 在非充分就业的情况下，货币工资率的逐渐变化使得实际 GDP 趋向于潜在 GDP。

- 经济增长是潜在 GDP 的持续增长，当总需求的增长速度快于潜在 GDP 时，就会发生通货膨胀。

- 经济周期的出现是因为总需求和总供给的波动。

- 需求拉动和成本推动导致了通货膨胀和实际 GDP 周期。

政府支出乘数有多大

第 11 章

总支出乘数

本章学习目标

» 阐释实际 GDP 如何影响支出计划；

» 阐释实际 GDP 如何调整以实现均衡支出；

» 阐释支出乘数；

» 利用均衡支出推导出 *AD* 曲线。

11.1

支出计划和实际 GDP

当政府在高速公路建设项目上花费 100 万美元时，这笔支出是否会在乘数效应中刺激消费支出？这个问题是本章的核心。

为了回答这个问题，我们将利用总支出模型（aggregate expenditure model）解释是什么决定了实际 GDP 的需求量以及在给定价格水平下该需求量的变化。

总支出模型，也称为凯恩斯模型，最初旨在解释当企业无法进一步降低价格但可以在不提高价格的情况下增加产量时，在深度衰退的经济中会发生什么，因此价格水平实际上是固定的。2008—2009 年全球经济的严重衰退重塑了该模型，并使政府支出乘数的大小问题成为热点。

我们已经了解，总支出等于商品和服务消费支出 C、投资 I、政府商品和服务支出 G 以及商品和服务净出口 NX 的总和。计划总支出（aggregate planned expenditure）是家庭、企业和政府支出计划的总和。我们将支出计划分为自发支出（autonomous expenditure）和引致支出（induced expenditure）。自发支出不对实际 GDP 的变化做出反应，而引致支出根据实际 GDP 的变化做出反应。我们首先来研究引致支出及其主要组成部分，即消费支出。

● 消费函数

消费函数（consumption function）是在其他条件保持不变的情况下，消费支出与可支配收入之间的关系。可支配收入（disposable income）是总收入（指 GDP）减去净税。（净税等于支付给政府的税收减去从政府收到的转移支付。）

家庭会将可支配收入用于消费或储蓄。决定花费 1 美元就意味着决定不存这 1 美元。消费决策和储蓄决策是一个决策。

消费计划

对于家庭和整个经济而言，随着可支配收入的增加，计划消费支出也会增加，但计划消费的增幅小于可支配收入的增幅。表 11-1 中的表格显示了消费计划。它列出了人们计划在每个可支配收入水平上承担的消费支出。

表 11-1　消费计划

（2012 年万亿美元标准）

可支配收入	0	5	10	15	20	25
计划消费支出	2	5	8	11	14	17
	A	*B*	*C*	*D*	*E*	*F*

注：表 11-1 显示了不同可支配收入水平下的消费支出（和储蓄）计划。

图 11-1 显示了一个基于消费计划的消费函数。沿着消费函数，标记为 *A* 到 *F* 的点对应表格的 *A* 到 *F* 列。例如，当 *D* 点的可支配收入为 15 万亿美元时，消费支出为 11 万亿美元。沿着消费函数，随着可支配收入的增加，消费支出增加。

在消费函数的 *A* 点，虽然可支配收入为 0，但消费支出为 2 万亿美元。这种消

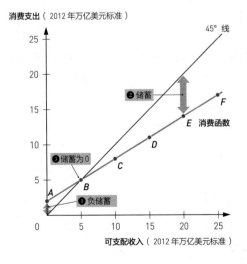

注：图 11-1 将表 11-1 中数据绘制为消费函数，并显示了消费支出等于可支配收入时的 45° 线。

❶ 当消费函数高于 45° 线时，储蓄为负（出现负储蓄）。

❷ 当消费函数低于 45° 线时，储蓄为正。

❸ 在消费函数与 45° 线的交点处，所有可支配收入都被消费掉了，储蓄为 0。

图 11-1　基于消费计划的消费函数

费支出称为自发消费,是即使人们没有现时收入也会在短期内发生的消费支出数额。这种消费支出的资金来源要么来自过去的储蓄,要么来自借贷。

图 11-1 还显示了一条 45° 线。因为横轴上的刻度衡量可支配收入,而纵轴上的刻度衡量消费支出,并且由于两个刻度相等,所以在 45° 线上消费支出等于可支配收入,也因此这条线可作为比较消费支出和可支配收入的参考线。A 和 B 之间,消费支出超过可支配收入;B 和 F 之间,可支配收入超过消费支出;在 B 点,消费支出等于可支配收入。

在图 11-1 中可以看到储蓄的状态。当消费支出超过可支配收入(且消费函数在 45° 线以上)时,储蓄为负值——称为负储蓄;当消费支出小于可支配收入(消费函数在 45° 线以下)时,储蓄为正;当消费支出等于可支配收入(消费函数与 45° 线相交)时,储蓄为 0。

当消费支出超过可支配收入时,过去的储蓄被用来支付当前的消费。这种情况不会永远持续下去,但如果可支配收入暂时下降,它确实会发生。

边际消费倾向

边际消费倾向(marginal propensity to consume,MPC)是可支配收入变化中用于消费的比例。它的计算方法是消费支出的变化除以导致其变化的可支配收入的变化。即

$$MPC = \frac{消费支出变化}{可支配收入变化}$$

假设当可支配收入从 10 万亿美元增加到 15 万亿美元时,消费支出从 8 万亿美元增加到 11 万亿美元。可支配收入增加 5 万亿美元,使消费支出增加了 3 万亿美元。将这些数字代入公式来计算 MPC

$$MPC = \frac{3 万亿美元}{5 万亿美元} = 0.6$$

边际消费倾向告诉我们,当可支配收入增加 1 美元时,消费支出增加 60 美分。

图 11-2 显示了 MPC 等于消费函数的斜率。可支配收入从 10 万亿美元增加 5 万亿美元到 15 万亿美元,是三角形的底部。可支配收入增加导致消费支出增加 3 万亿

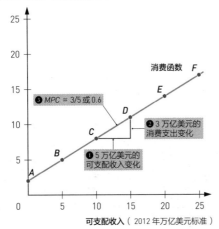

图中：

❶ 5 万亿美元的可支配收入变化带来 ❷ 消费支出发生 3 万亿美元的变化，因此 ❸ MPC 等于 3 万亿美元 ÷ 5 万亿美元 = 0.6。

注： 在其他条件不变的情况下，边际消费倾向 MPC 等于消费支出的变化除以可支配收入的变化。

消费函数的斜率可衡量 MPC。

图 11-2　边际消费倾向

美元，是三角形的高度。消费函数的斜率为斜率等于纵轴截距和横轴截距的比率，即 3 万亿美元除以 5 万亿美元，等于 0.6，也就是 MPC 的值。

影响消费支出的其他因素

消费支出受可支配收入以外的许多因素影响，其中比较重要的影响因素如下。

» 实际利率
» 财富
» 预期未来收入

• **实际利率**　当实际利率下降时，消费支出增加（储蓄减少）；当实际利率上升时，消费支出减少（储蓄增加）。

• **财富和预期未来收入**　当财富或预期未来收入减少时，消费支出也会减少；当财富或预期未来收入增加时，消费支出也会增加。

图 11-3 显示了这些因素对消费函数的影响。当实际利率下降或者财富或预期未来收入增加时，消费函数从 CF_0 向上移动到 CF_1。如果股市繁荣，财富增加并且预期

消费支出（2012 年万亿美元标准）

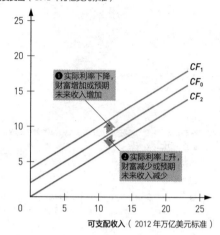

图 11-3 消费函数的移动

未来收入增加，这种转变会发生在经济周期的扩张阶段。

当实际利率上升，或者当财富或预期未来收入减少时，消费函数从 CF_0 向下移动到 CF_2。如果股市崩盘，财富减少并且预期未来收入减少，那么这种转变就会发生在经济周期的衰退阶段。

● 进口和实际 GDP

进口是引致支出的另一个组成部分。影响美国进口的因素有许多，但在短期内，占主导地位的一个因素为：美国实际 GDP。其他条件保持不变，美国实际 GDP 的增加会带来美国进口的增加。实际 GDP 的增加也是收入的增加，随着收入的增加，人们会增加对大多数商品和服务的支出。许多商品和服务都是进口的，因此随着收入的增加，进口也会增加。

进口与实际 GDP 之间的关系用边际进口倾向（marginal propensity to import）来描述，它是实际 GDP 增长中用于进口的那部分。

$$边际进口倾向 = \frac{进口变化}{实际\ GDP\ 变化}$$

⊙ 聚焦美国经济

美国消费函数

　　图 1 中的每个点代表美国 1960 年至 2018 年间某一年的消费支出和可支配收入（部分带有年份标注）。

　　标有 CF_{1960} 和 CF_{2018} 的线分别是 1960 年和 2018 年美国消费函数的估计值。

　　这些消费函数的斜率——边际消费倾向——是 0.8，这意味着可支配收入每增加 1 美元，消费支出就会增加 80 美分。

　　从 1960 年到 2018 年，消费函数向上移动，即自主消费增加，因为经济增长带来了更高的预期未来收入和更多的财富，人们选择从给定的可支配收入中增加消费支出。

　　在 2009 年经济衰退期间，由于房价下跌，财富减少，人们增加储蓄，使得消费函数暂时下移。

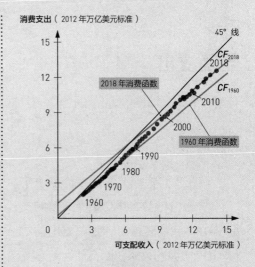

图 1　美国消费函数

资料来源：　经济分析局。

　　例如，如果实际 GDP 增加 1 万亿美元，进口将增加 0.1 万亿美元，那么边际进口倾向为 0.1 万亿美元 /1 万亿美元，即 0.1。

11.2

均衡支出

现在我们将探究在固定价格水平下，总支出计划如何相互作用来确定实际 GDP。我们将探讨计划总支出与实际 GDP 之间的关系，以及使计划总支出和实际支出相等的因素。

但首先我们要回到引致支出和自主支出之间的区别问题。

● 引致支出和自主支出

计划总支出是引致支出和自主支出的总和。引致支出等于消费支出减去进口。我们已经知道，当可支配收入增加时，消费支出也会增加，而可支配收入等于总收入（指实际 GDP）减去净税收，因此当实际 GDP 增加时，可支配收入和消费支出也会增加。同时，当实际 GDP 增加时，进口也会增加。实际 GDP 的增长带来的消费支出增幅大于进口，因此引致支出随着实际 GDP 的增长而增加。

自主支出——不直接响应实际 GDP 变化的支出——包括投资、政府在商品和服务上的支出、出口以及自主消费支出。这些总支出项目确实会发生变化，但是受到实际 GDP 以外因素的影响。例如，投资因实际利率和预期利润的变化而变化；政府在商品和服务上的支出取决于政府的政策重点；出口取决于全球对本国生产的商品和服务的需求。

我们通过结合引致支出计划和自主支出来确定计划总支出和实际 GDP。

● 计划总支出和实际 GDP

总支出表和总支出曲线描述了计划总支出与实际 GDP 之间的关系。表 11-2 为总支出表。C、I、G、X 和 M 这几列是总支出的组成部分，计划总支出 AE 等于 $C + I + G + X - M$。

图 11-4 绘制了总支出曲线。总支

表 11-2 总支出表

	实际 GDP (Y)	消费支出 (C)	投资 (I)	政府支出 (G)	出口 (X)	进口 (M)	计划总支出 (AE = C + I + G + X − M)
				(2012 年万亿美元标准)			
A	14.0	10.5	3.5	2.5	4.0	3.5	17.0
B	**16.0**	**12.0**	**3.5**	**2.5**	**4.0**	**4.0**	**18.0**
C	18.0	13.5	3.5	2.5	4.0	4.5	19.0
D	20.0	15.0	3.5	2.5	4.0	5.0	20.0
E	22.0	16.5	3.5	2.5	4.0	5.5	21.0
F	24.0	18.0	3.5	2.5	4.0	6.0	22.0

注: 总支出表显示了计划总支出与实际 GDP 之间的关系。例如，在表的 B 行，当实际 GDP 为 16 万亿美元时，计划总支出等于 18.0 (= 12.0 +
3.5 + 2.5 + 4.0 − 4.0) 万亿美元。随着实际 GDP 从表的 A 行增加到 F 行，计划总支出增加。

出曲线是 AE，该曲线上的点 A 到 F 对应于表 11-2 的 A 到 F 各行。AE 曲线是计划总支出（表 11-2 最后一列）与实际 GDP（表 11-2 第一列）的对比图。

图 11-4 中的水平线表示自主支出的组成部分 I、G 和 X。标记为 C + I + G + X 的线将消费支出添加到自主支出的这些组成部分中。总支出是美国生产的商品和服务的支出，但 C + I + G + X 线还包括进口支出。因此，AE 曲线是 C + I + G + X 线减去进口后的结果。例如，如果学生购买日本制造的本田摩托车，学生的支出是 C 的一部分，但不是美国生产的商品的支出。为了得出美国生产的商品的支出，我们需要减去进口摩托车的价值。

图 11-4 显示，计划总支出随着实际 GDP 的增加而增加。但请注意，实际 GDP 每增加 2 美元，计划总支出增加不到 2 美元。例如，当实际 GDP 增加 2 万亿美元时，即从表 11-2 中 C 行的 18.0 万亿美元增加到了 D 行的 20.0 万

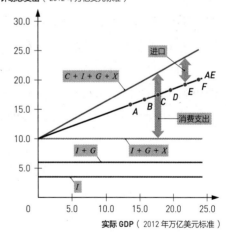

注: 这种关系被绘制为总支出曲线 AE。总支出中随实际 GDP 增长的部分是消费支出和进口。消费支出减去进口为引致支出。

其他组成部分——投资、政府支出和出口——不随实际 GDP 的变化而发生变化，它们的总和是自主支出。

图 11-4 总支出曲线

亿美元时，计划总支出增加了 1 万亿美元，即从 19.0 万亿美元增加到 20.0 万亿美元。AE 曲线的这一特性很重要，在确定均衡支出和自主支出变化影响方面起着重要作用。

AE 曲线总结了计划总支出与实际 GDP 之间的关系。但是，什么决定了 AE 曲线上经济运行的点？什么决定了实际总支出？

● 均衡支出

当计划总支出等于实际 GDP 时，就会实现均衡支出（equilibrium expenditure）。表 11-3 显示了不同实际 GDP 水平下的支出计划和非计划存货变动。在图 11-5a 中，计划总支出等于 45° 线上所有点所表示的实际 GDP。均衡发生在 AE 曲线与 45° 线相交的 D 点，实际 GDP 为 20.0 万亿美元。如果实际 GDP 低于 20.0 万亿美元，则计划总支出超过实际 GDP；如果实际 GDP 超过

20.0 万亿美元，计划总支出将低于实际 GDP。

● 回归均衡

在支出均衡时，生产计划和支出计划一致，生产或支出不会发生改变。然而，当计划总支出与实际总支出不相等时，生产计划与支出计划就会发生偏离，并出现向均衡支出回归的过程。在这个回归过程中，实际 GDP 会有所调整。

使总支出趋于均衡的因素是什么？为回答这个问题，我们需要观察总支出偏离均衡的情况。

均衡水平之下的回归

假设在图 11-5 中，实际 GDP 为 18.0 万亿美元。在这个实际 GDP 水平上，实际总支出也为 18.0 万亿美元，但计划总支出为 19.0 万亿美元，即图 11-5a 中的 C 点，计划总支出超过实际支出。当人们的支出为 19.0 万亿美元，而企业生产的商品和服务价值 18.0 万亿美元时，企业的存货减少 1 万亿美元，即图 11-5b 中的 C 点，这种存货变动是非计划的。由于存货的变动是投资的一部分，所以存货的减少使得实际投资也相应减少。因此，实际投资比计划投资少了 1 万亿美元。

实际 GDP 不会长期保持在 18.0 万

表 11-3　支出计划与非计划存货变化

	实际 GDP	计划总支出	非计划存货变动
	（2012 年万亿美元标准）		
C	18.0	19.0	-1.0
D	20.0	20.0	0.0
E	22.0	21.0	1.0

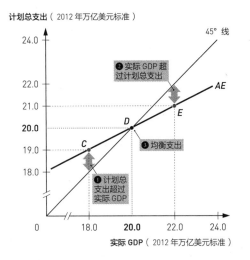

计划总支出（2012 年万亿美元标准）

非计划存货变动（2012 年万亿美元标准）

a）均衡支出

b）非计划存货变动

注：图 11-5a 部分代表均衡支出，图 11-5b 部分代表非计划存货变动带来的实际 GDP 变化。

❶ 当计划总支出总额超过实际 GDP 时，非计划存货就会减少。企业增加生产，实际 GDP 增加。

❷ 当实际 GDP 超过计划总支出时，非计划存货就会增加。企业减少生产，实际 GDP 下降。

❸ 当计划总支出等于实际 GDP 时，没有非计划存货变动，实际 GDP 保持在均衡水平。

图 11-5　均衡支出

亿美元。企业会根据其销售额制定存货目标，当存货低于目标时，企业会增加产量；只要存货出现非计划的减少，企业就会继续增加产量。

最终，企业的产量将增加 2 万亿美元，因此实际 GDP 将增加到 20.0 万亿美元。在这个实际 GDP 水平下，计划总支出上升到 20.0 万亿美元，即图 11-5a 中的 D 点。因为计划总支出等于实际支出，所以非计划存货的变化为 0，企业产量保持不变。经济已回归于均衡支出水平。

均衡水平之上的回归

现在假设在图 11-5 中，实际 GDP 为 22.0 万亿美元，实际总支出也是 22.0 万亿美元，但计划总支出为 21.0 万亿美元，即图 11-5a 中的 E 点。实际支出超过计划支出，企业存货增加了 1 万亿美元，即图 11-5b 中的 E 点。

实际 GDP 不会一直保持在 22.0 万亿美元。企业现在希望降低存货，因此其减少了生产。

最终，企业将减少 2 万亿美元的产量，因此实际 GDP 将减少到 20.0 万亿美元。在这个实际 GDP 水平下，计划总支出下降到 20.0 万亿美元，即图 11-5a 中的 D 点。因为计划总支出等于实际支出，所以存货的非计划变化为 0，企业产量保持不变。经济已收敛于均衡支出水平。

在低于均衡水平的回归中，非计划存货的减少会促使企业增加产量；在高于均衡水平的回归中，非计划存货的增加导致企业减少产量。在这两种情况下，产量都被拉向没有非计划存货变化的均衡水平。

聚焦往昔

萨伊定律和凯恩斯有效需求原理

工业革命始于 1760 年左右，持续了 70 年，其间技术变革日新月异。人们谈论过 20 世纪 90 年代的"新经济"，但这只是始于 18 世纪末"真正的新经济"这一过程的一个阶段。那些年经济的变化速度是前所未有的，以前从未如此大规模地消灭旧工作岗位并创造新工作机遇。在这种经济快速变化的环境中，人们开始怀疑经济能否创造足够的就业机会和足够高的需求水平，以确保人们购买新工业经济所能生产的所有东西。

法国经济学家让·巴蒂斯特·萨伊（Jean-Baptiste Say）提出了人们一直在寻找的答案。萨伊生于 1767 年（亚当·斯密的《国富论》出版时他 9 岁），萨伊因保守地呼吁精简政府而引发拿破仑的愤怒，他是那个时代最著名的经济学家。他在 1803 年出版的著作《政治经济学概论》（Traité d' économie politique）成为欧美最畅销的大学经济学教科书。

在这本书中，萨伊推论说供给会创造自己的需求，这一想法后来被称为萨伊定律。

让·巴蒂斯特·萨伊

我们已经了解萨伊定律在充分就业的经济中发挥的作用。调整实际工资率以确保劳动力需求量等于劳动力供给量，实际 GDP 等于潜在 GDP；调整实际利率以确保企业计划的投资量等于储蓄量，因为储蓄等于收入减去消费支出，所以均衡实际利率确保消费支出加上投资恰好等于潜在 GDP。

萨伊定律在 19 世纪的不同时期都受到了攻击，而在 20 世纪 30 年代的经济大萧条期间，它受到了最猛烈的冲击。当时 1/4 的劳动力失业，实际 GDP 约为潜在 GDP 的 3/4，因此认为供应创造了自身的需求似乎有些牵强，但是没有任何一个简单的原则或口号可以取代萨伊定律。

1936 年，在经济大萧条期间，英国经济学家约翰·梅纳德·凯恩斯（John Maynard Keynes）提出了全世界都在寻找的概念：有效需求。

凯恩斯 1883 年生于英国，是 20 世纪最杰出的人物之一。他是一位研究经济问题的高产作家，在第一次世界大战结束时代表英国参加了巴黎和平会议，并在创建国际货币基金组织方面发挥了重要作用，该组织目前负责监督全球宏观经济。

凯恩斯的思想颠覆了萨伊定律，彻底改变了宏观经济思想。在凯恩斯看来，供给本身并不能创造需求，是有效需求决定了实际 GDP。如果企业在新资本上的支出低于人们的储蓄，那么均衡支出将低于潜在 GDP。价格和工资具有黏性，人力资源可能会失业并无限期地保持失业状态。

本章的总支出模型是凯恩斯思想的现代升华。

约翰·梅纳德·凯恩斯

11.3

支出乘数

当自主支出（投资、政府支出或出口）增加时，总支出和实际 GDP 也会增加。乘数（multiplier）决定了自主支出的各个组成部分的变化被放大或相乘的数量，以确定均衡支出和它产生的实际 GDP 的变化。

● 乘数的基本概念

投资的增长使实际 GDP 增加，这增加了可支配收入和消费支出。消费支出的增加促使投资增加，且乘数决定了总支出增加的幅度。

图 11-6 对乘数进行了说明。初始总支出计划为 AE_0，均衡支出和实际 GDP 为 20.0 万亿美元。我们可以在表 11-4 的 B 行以及图中曲线 AE_0 与 45° 线相交的 B 点看到这种均衡。

假设投资增加 1 万亿美元。在实际 GDP 的每个水平上，投资的增加都会使计划总支出增加 1 万亿美元。新的 AE 曲线是 AE_1。新的均衡支出（表 11-4 的 D 行）出现在 AE_1 与 45° 线相交的地方，为 24.0 万亿美元（D 点）。在这个实际 GDP 水平下，计划总支出等于实际 GDP。均衡支出的增加（4 万亿美元）大于投资的增加（1 万亿美元）。

表 11-4 乘数与新的均衡

（2012 年万亿美元标准）

实际 GDP（Y）	计划总支出			
	初始（AE_0）		变化后（AE_1）	
18.0	A	18.5	A`	19.5
20.0	B	**20.0**	B`	21.0
22.0	C	21.5	C`	22.5
24.0	D	23.0	D`	**24.0**
26.0	E	24.5	E`	25.5

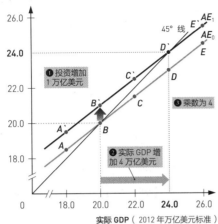

计划总支出（2012 年万亿美元标准）

注:
❶ 投资增加 1 万亿美元会使 AE 曲线向上移动 1 万亿美元，即从 AE₀ 移动到 AE₁。
❷ 均衡支出增加 4 万亿美元，从 20.0 万亿美元增加到 24.0 万亿美元。
❸ 均衡支出的增量是自主支出增量的 4 倍，所以乘数是 4。

图 11-6　乘数

● 乘数的大小

乘数是自主支出变化所乘的数额，以确定其产生的均衡支出变化。为了计算乘数，我们将均衡支出的变化除以产生它的自主支出的变化。即

$$乘数 = \frac{均衡支出变化}{自主支出变化}$$

均衡支出的变化也等于实际 GDP 的变化，我们称之为 ΔY。在图 14-6 中，自主支出的变化就是投资的变化，我们称之为 ΔI。乘数是

$$乘数 = \frac{\Delta Y}{\Delta I}$$

在图 11-6 中，均衡支出增加 4 万亿美元，即 $\Delta Y = 4$ 万亿美元，投资增加 1 万亿美元，即 $\Delta I = 1$ 万亿美元，因此

$$乘数 = \frac{\Delta Y}{\Delta I} = \frac{4 \text{ 万亿美元}}{1 \text{ 万亿美元}} = 4$$

乘数是 4，因此实际 GDP 变量是投资变量的 4 倍。

为什么乘数大于 1？这是因为自主支出的增加导致了总支出的进一步增加——引致支出增加。例如，加利福尼亚州在一条新高速公路上花费 1000 万美元，总支出和实际 GDP 立即增加 1000 万美元。公路建设工人现在有了更多的收入，他们将其中的一部分收入用于购买汽车、度假以及其他商品和服务。实际 GDP 增加的金额是最初的 1000 万美元以及额外的消费支出。汽车、度假和其他商品的生产者现在收入增加了，其又将部分增加的收入用于消费品和服务。额外的收入会引发额外的支出，从而创造额外的收入。

● 乘数和边际消费倾向

忽略进口税和所得税，乘数的大

小仅取决于边际消费倾向。为了解其中原因，我们来做一个计算。实际 GDP 的变化 ΔY 等于消费支出的变化 ΔC 加上投资的变化 ΔI。即

$$\Delta Y = \Delta C + \Delta I$$

但在没有所得税的情况下，消费支出的变化取决于实际 GDP 的变化和边际消费倾向。即

$$\Delta C = MPC \times \Delta Y$$

现在用 $MPC \times \Delta Y$ 代替前面等式中的 ΔC

$$\Delta Y = MPC \times \Delta Y + \Delta I$$

现在求解 ΔY 为

$$(1 - MPC) \times \Delta Y = \Delta I$$

并重新排列等式

$$\Delta Y = \frac{1}{1 - MPC} \Delta I$$

最后，将等式两边除以 ΔI 得到

$$乘数 = \frac{\Delta Y}{\Delta I} = \frac{1}{1 - MPC}$$

在图 11-6 中，MPC 为 0.75。所以如果我们使用 MPC 的这个值，

$$乘数 = \frac{\Delta Y}{\Delta I} = \frac{1}{1 - 0.75} = \frac{1}{0.25} = 4$$

边际消费倾向越大，乘数越大。例如，边际消费倾向为 0.9，乘数将为 10。现在让我们看看进口税和所得税的影响。

● 乘数、进口和所得税

乘数的大小取决于进口和所得税，这二者都会使乘数变小。

当投资增加导致实际 GDP 和消费支出增加时，部分增加的支出用于进口，而非美国生产的商品和服务。只有用于美国生产的商品和服务的支出会增加美国实际 GDP。边际进口倾向越大，乘数越小。

当投资增加导致实际 GDP 增加时，所得税支付增加，因此可支配收入的增加小于实际 GDP 的增加，消费支出的增量小于所得税支付没有变化时的增量。边际税率决定了实际 GDP 变化时所得税支付的变化程度。边际税率（marginal tax rate）是用于所得税支付的实际 GDP 变化的比例。边际税率越大，由给定的自主支出变化引起的可支配收入和实际 GDP 的变化就越小。

边际进口倾向和边际税率与边际消费倾向一起决定了乘数，它们的综合影响决定了 *AE* 曲线的斜率。乘数的一般公式是

$$乘数 = \frac{\Delta Y}{\Delta I} = \frac{1}{1 - AE\text{ 曲线的斜率}}$$

图 11-7 对两种情况进行了比较。在图 11-7a 中，没有进口，也没有所得税。*AE* 曲线的斜率等于 *MPC*，即 0.75，因此乘数为 4（如上计算）。在图 11-7b 中，进口税和所得税将 *AE* 曲线的斜率降低到 0.5。在这种情况下，

$$乘数 = \frac{\Delta Y}{\Delta I} = \frac{1}{1 - 0.5} = 2$$

随着时间的推移，乘数的值会随边际税率、边际消费倾向和边际进口倾向的变化而变化。这些持续的变化使得乘数难以预测。

● 经济周期转折点

当自主支出的增加引发经济扩张时，随着经济转向扩张，计划总支出会超过实际 GDP。企业看到其非计划存货减少，为了达到存货目标，企业将增加产量，实际 GDP 开始增加。实际 GDP 的最初增长带来了更高的收入，

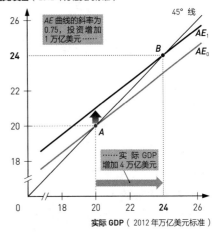

注：在图 11-7a 中，没有进口，也没有所得税，*AE* 曲线的斜率等于边际消费倾向，在本例中为 0.75。乘数是 4。

a）乘数为 4

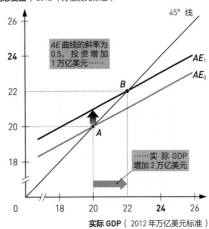

注：在图 11-7b 中，有进口和所得税，*AE* 曲线的斜率小于边际消费倾向。在本例中 *AE* 曲线的斜率为 0.5，乘数为 2。

b）乘数为 2

图 11-7　*AE* 曲线的乘数和斜率

从而刺激了消费支出。倍增过程开始，扩张速度加快。

⌖ 聚焦生活

寻找乘数

如果你在正确的地方运用了正确的方式，就能在日常生活中看到乘数。

在你的家乡寻找可以带来新经济活动的项目。这可能是你家或学校附近正在进行的一个重大建设项目，可能是为城市带来大规模人流量的一项不常发生的重大体育赛事，也可能是迁入一个地区或扩大其活动水平的重点新业务。

你看到哪些物资被运送到现场，用于项目或新业务？你估计会有多少人在这个项目或新业务中获得工作？物资和工人从何而来？

这种新的经济活动引发了乘数过程。第一轮的乘数效应是什么？购买物资和雇用项目工人的支出会使谁的收入增加？

工人在哪里购买咖啡和午餐？他们的消费是否为当地咖啡店和快餐店的学生和其他人创造了新的工作机会？

工人和供应商将剩余的收入花在哪里？

现在想想乘数过程第二轮和随后轮次的效果。咖啡店雇用的学生将他们的收入花在哪里？这些支出创造了哪些额外的就业机会？

这个过程一直在持续。

当自主支出减少引发经济衰退时，随着经济转入衰退，实际 GDP 超过计划总支出，非计划存货堆积。为了削减存货，企业将减少生产，实际 GDP 下降。实际 GDP 的最初下降导致收入降低，人们因此削减了消费支出。乘数过程加强了最初对自主支出的削减，经济衰退就此形成。

⌖ 聚焦乘数

政府支出乘数有多大

美国白宫经济顾问委员会前主席克里斯蒂娜·罗默（Christina Romer）估计政府支出乘数为 1.6（见图 1）。这个

数字促使美国政府经济学家预测：增加政府支出的刺激性计划将阻止失业率上升到远高于 8% 的水平。这一预测被证明

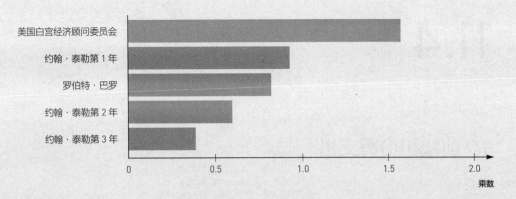

图 1　政府支出乘数有多大

资料来源： 经济顾问委员会、克里斯蒂娜·罗默和贾里德·伯恩斯坦，《美国复苏和再投资计划对就业的影响》，2009 年 1 月；罗伯特·巴罗，《政府支出不是免费的午餐》，《华尔街日报》，2009 年 1 月 22 日；约翰·科根，托比亚斯·柯维可、约翰·B. 泰勒，沃尔克·维兰德，《新凯恩斯主义与旧凯恩斯主义的政府支出乘数》，2009 年 2 月。

过于乐观，原因之一可能是乘数假设也过于乐观。

哈佛大学著名宏观经济学家罗伯特·巴罗研究了战争期间政府支出大幅增加的影响。他发现乘数仅为 0.8，这意味着实际 GDP 的增长小于政府支出的增长。原因是一些私人支出，主要是投资被"挤出"，实际 GDP 下降。

斯坦福大学的约翰·泰勒（John Taylor）是另一位著名的宏观经济学家，他同意巴罗的观点，即政府支出乘数小于 1。他表示，随着时间的推移，挤出效应会变得愈加严重，因此乘数在 2 年后会变小，3 年后变得更小。

只有当经济严重疲软时，即当衰退缺口很大时，才会出现大的乘数。

11.4

AD 曲线和均衡支出

在本章中，我们研究总支出模型。在该模型中，当销售和存货发生变化时，企业会改变生产策略，但不会改变价格。总支出模型决定了给定价格水平下的均衡支出和实际 GDP。在第 10 章中，我们使用 *AS-AD* 模型探讨了如何同时测定实际 GDP 和价格水平。总需求曲线和均衡支出是相关的，本节将展示二者如何相关。

● 利用均衡支出推导 AD 曲线

AE 曲线是当所有影响支出计划的其他因素保持不变时，计划总支出与实际 GDP 之间的关系。沿 *AE* 曲线的移动源于实际 GDP 的变化。

AD 曲线是当所有影响支出计划的其他因素保持不变时，实际 GDP 需求量与价格水平之间的关系。沿 *AD* 曲线的移动是由价格水平的变化引起的。

均衡支出取决于价格水平。当价格水平上升，其他条件不变时，计划总支出减少，均衡支出减少；当价格水平下降，其他条件不变时，计划总支出增加，均衡支出增加。原因是价格水平的变化改变了货币的购买力、实际利率以及进出口的实际价格。

当价格水平上升时，这些影响中的每一个都会使每个实际 GDP 水平下的计划总支出减少，因此 *AE* 曲线向下移动。价格水平下降则会产生相反的效果，当价格水平下降时，*AE* 曲线向上移动。

图 11-8a 显示了价格水平变化对 *AE* 曲线和均衡支出的影响。当价格水平为 110 时，*AE* 曲线为 AE_0，与 45° 线相交于 B 点，均衡支出为 20 万亿美元；如果价格水平上升到 130，则计划总支出减少，*AE* 曲线向下移动到 AE_1，均衡支出减少至

19 万亿美元，降至 A 点；如果价格水平下降到 90，则计划总支出增加，AE 曲线向上移动到 AE_2，均衡支出增加到 21 万亿美元，升至 C 点。

　　使 AE 曲线移动并改变均衡支出的价格水平变化会沿着 AD 曲线移动。图 11-8b 展示了这些移动。在价格水平为 110 时，实际 GDP 需求量为 20 万亿美元，即 AD 曲线上的 B 点；如果价格水平上升到 130，实际 GDP 需求量沿着 AD 曲线下降到 19 万亿美元，到 A 点；如果价格水平下降到 90，实际 GDP 需求量沿着 AD 曲线增加到 21 万亿美元，到点 C。

　　图 11-8a 和 图 11-8b 两部分相互联系，说明了 AE 曲线和 AD 曲线之间的关系。均衡支出的每个点对应于 AD 曲线上的点。均衡支出点 A、B、C（图 11-8a）对应 AD 曲线上的 A、B、C 点（图11-8b）。

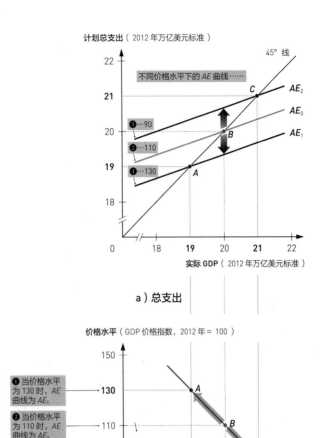

a）总支出

b）总需求

注：价格水平的变化使 AE 曲线移动并导致其沿 AD 曲线移动。

❶ 当价格水平上升到 130 时，AE 曲线向下移动到 AE_1，均衡支出下降到 19 万亿美元，至 A 点。实际 GDP 需求量沿 AD 曲线递减至 A 点。

❷ 当价格水平为 110 时，AE 曲线 AE_0 上 B 点的均衡支出为 20 万亿美元，AD 曲线 B 点的实际 GDP 需求量为 20 万亿美元。

❸ 当价格水平下降到 90 时，AE 曲线向上移动到 AE_2，均衡支出在 C 点增加到 21 万亿美元。实际 GDP 需求量沿曲线增加到 C 点。

图 11-8b 中 AD 曲线上的 A、B 和 C 点对应于图 11-8a 中的均衡支出 A、B 和 C 点。

图 11-8　均衡支出和总需求

第 11 章要点小结

1. 阐释实际 GDP 如何影响支出计划。

- 自主支出是总支出中不受实际 GDP 直接影响的部分的总和。
- 引致支出是受实际 GDP 影响的总支出组成部分的总和。
- 消费支出随着可支配收入和实际 GDP 的变化而变化，并取决于边际消费倾向。
- 进口随实际 GDP 的变化而变化，并取决于边际进口倾向。

2. 阐释实际 GDP 如何调整以实现均衡支出。

- 实际总支出等于实际 GDP，但当计划总支出与实际 GDP 不同时，企业就会发生非计划存货变化。
- 如果计划总支出超过实际 GDP，企业就会增加产量，实际 GDP 也会相应增加；如果实际 GDP 超过计划总支出，企业就会减少产量，实际 GDP 也会随之下降。
- 实际 GDP 会不断变化，直到计划总支出等于实际 GDP。

3. 阐释支出乘数。

- 当自主支出发生变化时，均衡支出变化较大：存在乘数。
- 乘数大于 1，自主支出的变化会改变引致支出。
- 边际消费倾向越大，乘数越大。
- 所得税和进口使乘数变小。

4. 利用均衡支出推导出 *AD* 曲线。

- *AD* 曲线是当影响支出计划的所有其他因素保持不变时，实际 GDP 需求量与价格水平之间的关系。总需求是当影响支出计划的所有其他因素保持不变时，实际 GDP 需求量与价格水平之间的关系。
- 当计划总支出等于实际 GDP 时，*AD* 曲线上的实际 GDP 需求量就是均衡实际 GDP。

低通货膨胀和低失业可以同时实现吗

第 12 章

短期政策权衡

本章学习目标

» 描述通货膨胀和失业之间的短期权衡;

» 区分短期和长期菲利普斯曲线,并描述通货膨胀和失业之间不断变化的权衡;

» 阐释美联储如何影响通货膨胀率和失业率。

12.1

短期菲利普斯曲线

我们可以同时实现低通货膨胀率和低失业率。要探究其中原因，我们需要了解长期菲利普斯曲线和短期菲利普斯曲线的临时权衡。短期菲利普斯曲线（short-run Phillips curve）表示在自然失业率和预期通货膨胀率保持不变的情况下，通货膨胀率和失业率之间的关系。

图 12-1 展示了短期菲利普斯曲线。图中，自然失业率为 6%，预期通货膨胀率为每年 3%。在充分就业时，失业率等于自然失业率，通货膨胀率等于 B 点的预期通货膨胀率。该点是短期菲利普斯曲线的锚点。

在扩张的经济中，失业率下降，通货膨胀率上升。例如，经济可能移动到 A 点，此处的失业率为 5%，通货膨胀率为每年 4%。

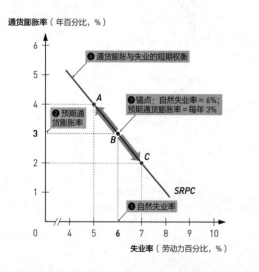

注：

❶ 如果自然失业率为 6%，并且 ❷ 预期通货膨胀率为每年 3%，则 ❸B 点为短期菲利普斯曲线的充分就业点。

❹ 短期菲利普斯曲线（SRPC）显示了在给定的自然失业率和预期通货膨胀率下通货膨胀与失业之间的权衡。

较高的失业率带来较低的通货膨胀率，而较低的失业率则带来较高的通货膨胀率。

图 12-1　短期菲利普斯曲线

在衰退的经济中，失业率上升，通货膨胀率下降。例如，经济可能移动到 C 点，此处的失业率为 7%，通货膨胀率为每年 2%。

短期菲利普斯曲线呈现了通货膨胀和失业之间的权衡。较低的失业率的代价为较高的通货膨胀率，而较低的通货膨胀率的代价则为较高的失业率。例如，如图 12-1 所示，失业率从 6% 下降到 5% 的代价是通货膨胀率从每年 3% 上升了 1 个百分点到每年 4%。

● 总供给和短期菲利普斯曲线

短期菲利普斯曲线是另一种观察向上倾斜的总供给曲线的方法，在前文中曾涉及这一知识点。

短期菲利普斯曲线和总供给曲线出现的原因都是货币工资率在短期内是固定的。

总供给曲线上的货币工资率是固定的。因此，当价格水平上升时，实际工资率下降，而实际工资率下降会增加就业劳动力数量和实际 GDP 供给量。

我们刚刚描述的变化过程也沿着短期菲利普斯曲线展开。价格水平的上升意味着通货膨胀率（也许是暂时的）上升了。就业劳动力数量的增加意味着失业人数的减少和失业率的下降。

因此，沿着总供给曲线的移动等同于沿着短期菲利普斯曲线的移动。让我们来更仔细地探讨总供给曲线和短期菲利普斯曲线之间的这些联系。

失业率和实际 GDP

在一定时期内，在资本数量和技术水平一定的情况下，实际 GDP 取决于所雇用的劳动力数量。在充分就业时，实际 GDP 的数量等于潜在 GDP，失业率等于自然失业率。如果实际 GDP 超过潜在 GDP，则就业超过其充分就业水平，失业率低于自然失业率。同样地，如果实际 GDP 低于潜在 GDP，则就业低于其充分就业水平，失业率高于自然失业率。

失业率与实际 GDP 之间的数量关系首先由经济学家阿瑟·M. 奥肯（Arthur M. Okun）估算而来，称为奥肯定律（Okun's Law）。奥肯定律指出，失业率每高于（低于）自然失业率 1 个百分点，实际 GDP 就会低于（高于）潜在 GDP 2 个百分点。例如，如果自然失业率为 6%，潜在 GDP 为 20 万亿美元，那么当实际失业率为 7% 时，实际 GDP 为 19.6 万亿美元，即潜在 GDP 的 98%，比潜在 GDP 低 2%；当实际失业率为 5% 时，实际 GDP 为 20.4 万亿美元，即潜在 GDP 的 102%，比潜在 GDP 高出 2%。表 12-1 对这种关系进行了总结。

表 12-1　失业率与实际 GDP 关系

	失业率 （百分比，%）	实际 GDP （2012 年万亿美元标准）
A	5	20.4
B	6	20.0
C	7	19.6

通货膨胀和价格水平

通货膨胀率是价格水平的百分比变化。从上一期的价格水平开始，通货膨胀率越高，本期的价格水平就越高。假设去年的价格水平是 100，如果通货膨胀率为 2%，则价格水平上升到 102；如果通货膨胀率为 3%，则价格水平上升到 103；如果通货膨胀率为 4%，则价格水平将上升到 104。

有了失业率和实际 GDP（表 12-1）之间以及通货膨胀率和价格水平之间的这些关系，我们可以建立短期菲利普斯曲线和总供给曲线之间的联系。图 12-2 展示了这种联系。

首先，假设当年实际 GDP 等于潜在 GDP，失业率等于自然失业率。如图 12-2 所示，实际 GDP 为 20.0 万亿美元，失业率为 6%。经济处于图 12-2a

中的短期菲利普斯曲线上的 B 点和图 12-2b 中的总供给曲线上的 B 点。图 12-2a 中的通货膨胀率是每年 3%（它的预期水平），图 12-2b 中的价格水平是 103（也是它的预期水平）。

其次，假设在图 12-2b 的总供给曲线的 A 点，经济处于高于充分就业状态，实际 GDP 为 20.4 万亿美元。在这种情况下，表 12-1 中的失业率为 5%，经济处于图 12-2a 中短期菲利普斯曲线的 A 点。图 12-2a 中 A 的通货膨胀率为每年 4%（高于预期），而图 12-2b 部分的价格水平为 104（也高于预期）。

最后，假设经济低于充分就业，在图 12-2b 的总供给曲线的 C 点，实际 GDP 为 19.6 万亿美元。在这种情况下，表 12-1 中的失业率为 7%，经济处于图 12-2a 中短期菲利普斯曲线的 C 点。图 12-2a 部分的通货膨胀率为每年 2%（低于预期），图 12-2b 部分的价格水平为 102（也低于预期）。

● 总需求波动

总需求的减少导致总供给曲线从 B 点向下移动到 C 点，从而降低了价格水平，并减少了实际 GDP。同样地，总需求的减少也会使菲利普斯曲线从 B 点下降到 C 点。

总需求的增加使总供给曲线从 B 点向上移动到 A 点，使价格水平上升，

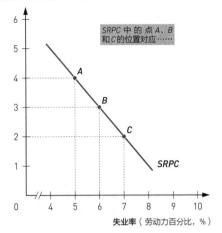

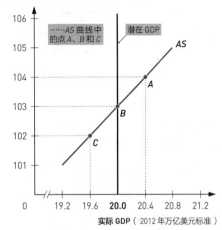

a）短期菲利普斯曲线　　　　　　　　　　b）总供给曲线

注：菲利普斯曲线上的 A 点对应总供给曲线上的 A 点：图 12-2a 中失业率为 5%，年通货膨胀率为 4%，图 12-2b 中实际 GDP 为 20.4 万亿美元，价格水平为 104。

菲利普斯曲线上的 B 点对应总供给曲线上的 B 点：图 12-2a 中失业率为 6%，年通货膨胀率为 3%，图 12-2b 中实际 GDP 为 20.0 万亿美元，价格水平为 103。

菲利普斯曲线上的 C 点对应总供给曲线上的 C 点：图 12-2a 中失业率为 7%，年通货膨胀率为 2%，图 12-2b 中实际 GDP 为 19.6 万亿美元，价格水平为 102。

图 12-2　短期菲利普斯曲线和总供给曲线

并使实际 GDP 相对于它们本来的水平有所提高。总需求的增加也会使菲利普斯曲线从 B 点上升到 A 点。

为何要研究菲利普斯曲线

　　短期菲利普斯曲线是观察总供给曲线的另一种方式。你或许想知道，为什么我们要研究短期菲利普斯曲线呢？总供给曲线是否足以描述短期权衡？

　　菲利普斯曲线之所以有用，有两个原因。其一，它直接关系到两个政策目标：通货膨胀率和失业率；其二，只要货币工资率或潜在 GDP 发生变化，总供给曲线就会移动。这种变化每天都在发生，因此总供给曲线并不是一个稳定的权衡。虽然短期菲利普斯曲线也不是一个稳定的权衡，但它比总供给曲线更稳定。短期菲利普斯曲线仅在自然失业率或预期通货膨胀率发生变化时移动。

⊙ 聚焦全球经济

通货膨胀和失业

菲利普斯曲线之所以如此命名，是因为新西兰经济学家 A. W. 菲利普斯（A. W. Phillips）在英国大约 100 年的失业和工资通货膨胀数据中发现了这种关系。

图 1 显示了 20 世纪大部分时间

A. W. 菲利普斯

（1900 年至 1997 年）英国的通货膨胀和失业数据。数据显示，这期间英国的通货膨胀和失业之间没有经过严格的权衡。短期权衡可以带来很大的改变。

1975 年的最高通货膨胀率并没有发生在失业率最低的情况下，1922 年的最低通货膨胀率也没有发生在失业率最高

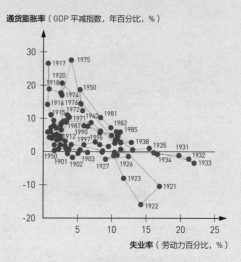

图 1 通货膨胀和失业

资料来源：迈克尔·帕金，《失业、通货膨胀和货币政策》，《加拿大经济学杂志》，1998 年 11 月。

的情况下，但 1917 年的最低失业率确实带来了高通货膨胀率。20 世纪 30 年代经济大萧条时期的最高失业率导致了价格水平的缓慢下降。

⊙ 聚焦往昔

美国菲利普斯曲线

菲利普斯的发现诞生于 1958 年，正是约翰·肯尼迪当选美国总统的两年前。

此后不久，麻省理工学院的两位年轻美国经济学家保罗·A. 萨缪尔森（Paul A.

Samuelson）和罗伯
特·M.索洛（Robert M.
Solow）渴望帮助肯尼
迪政府推行低失业率战
略，他们在美国的数据
中寻找菲利普斯曲线。
图1展示了他们的发现：
连接各点的折线表明，
在他们研究的这20年
左右的时间里，通货膨
胀与失业之间没有明显
的关系。

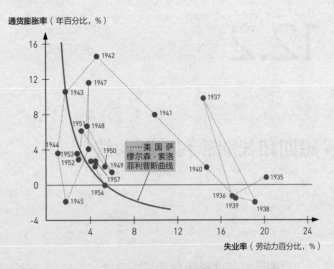

图 1　美国菲利普斯曲线

资料来源：　保罗·A.萨缪尔森和罗伯特·索洛，《实现和维持稳定价格水平的问题，反通货膨胀政策的分析》，《美国经济评论》，50（2），1960年5月。

萨缪尔森和索洛对
20世纪50年代的经验
给予了更多的重视，提
出了如图1中所示的
菲利普斯曲线。他们认
为，美国的菲利普斯曲线为当时逐渐形
成的观点提供了支持，即肯尼迪可以推
行低失业率政策，而通货膨胀率只需适
度上升。

随着20世纪60年代的到来，菲利

普斯曲线的萨缪尔森-索洛版本开始看起
来像是通货膨胀与失业之间的永久权衡。
然而，在20世纪60年代末和70年代初，
面对不断上升的通货膨胀预期，这种关
系消失了。

12.2

短期和长期菲利普斯曲线

短期菲利普斯曲线显示了当自然失业率和预期通货膨胀率保持不变时通货膨胀和失业之间的权衡（tradeoff）。自然失业率和预期通货膨胀率的变化改变了短期权衡，预期通货膨胀率的变化产生了我们现在要研究的长期菲利普斯曲线。

这种对充分就业的描述告诉我们长期菲利普斯曲线的特性：它是位于自然失业率上的一条垂直线。在图 12-3 中，长期菲利普斯曲线是 *LRPC*，沿着该曲线，失业率等于自然失业率，任何通货膨胀率都有可能。

● 长期菲利普斯曲线

长期菲利普斯曲线（long-run Phillips curve）显示了经济处于充分就业状态时，通货膨胀与失业之间的关系。在充分就业时，失业率等于自然失业率，在长期菲利普斯曲线上，只有一种可能的失业率：自然失业率。

相反，通货膨胀率可以在充分就业时取任何值。在第 9 章中我们了解到，在充分就业时，在给定的实际 GDP 增长率下，货币增长率越高，通货膨胀率就越大。

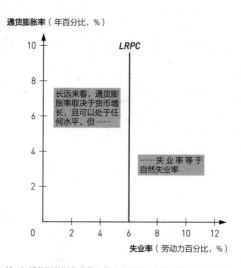

注：长期菲利普斯曲线是自然失业率的一条垂直线。从长远来看，不存在失业－通货膨胀权衡。

图 12-3　长期菲利普斯曲线

预期通货膨胀

预期通货膨胀率（expected infla-tion rate）是人们预测并用来设定货币工资率和其他货币价格的通货膨胀率。假设在充分就业的情况下，麦当劳服务员每小时赚 10 美元。在没有通货膨胀的情况下，每小时 10 美元的货币工资率使服务业市场保持平衡状态。但在 10% 的通货膨胀率下，货币工资率不变意味着实际工资率下降和服务人员短缺。现在，需要将货币工资率提高 10% 才能使服务业市场保持平衡。如果麦当劳和其他所有人都预期通货膨胀率为 10%，那么货币工资率将上升 10%，以防止劳动力短缺情况出现。

如果对通货膨胀率的预期结果是正确的，价格水平将上涨 10%，实际工资率将保持在其充分就业均衡水平，失业率将保持在自然失业率水平。

实际通货膨胀率等于充分就业时的预期通货膨胀率，我们可以将长期菲利普斯曲线解释为当通货膨胀率等于预期通货膨胀率时通货膨胀率与失业率之间的关系。

图 12-4 展示了两种预期通货膨胀率的短期菲利普斯曲线。短期菲利普斯曲线显示了在特定预期通货膨胀率下通货膨胀与失业之间的权衡。当预期通货膨胀率发生变化时，短期菲利普斯曲线发生移动，并在新的预期通货膨胀率处与长期菲利普斯曲线相交。

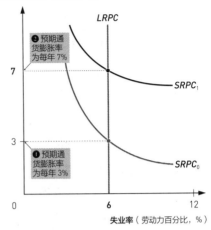

注：如果自然失业率为 6%，则长期菲利普斯曲线为 LRPC。
❶ 如果预期通货膨胀率为每年 3%，则短期菲利普斯曲线为 $SRPC_0$。
❷ 如果预期通货膨胀率为每年 7%，则短期菲利普斯曲线为 $SRPC_1$。

图 12-4 两种预期通货膨胀率的短期菲利普斯曲线

在图 12-4 中，当预期通货膨胀率为每年 3% 时，短期菲利普斯曲线为 $SRPC_0$；当预期通货膨胀率为每年 7% 时，短期菲利普斯曲线为 $SRPC_1$。

自然率假说

自然率假说（natural rate hypothe-sis）认为当通货膨胀率发生变化时，失业率会暂时发生变化并最终回归到自然失业率。失业率的暂时变化是因为实际工资率发生变化，导致劳动力需求量发生变化。失业率回到自然率是因为货币工资率最终会随着价格水平的变化而变化，进而使实际工资率回到其充分就业水平。

图 12-5 对自然率假说进行了说明。最初，通货膨胀率为每年 3%，经济在 A 点处于充分就业状态。然后，货币数量的增长更为迅速，从长远来看，其增长率将导致每年 7% 的通货膨胀率。短期内，在货币工资率固定的情况下，实际工资率下降，就业人数增加，失业率下降，通货膨胀率上升到每年 5%，经济从 A 点移动到 B 点。当预期通货膨胀率更高时，货币工资率会增加。随着预期通货膨胀率从每年 3% 增加到 7%，短期菲利普斯曲线从 $SRPC_0$ 向上移动到 $SRPC_1$。通货膨胀加速，失业率回归自然失业率水平。在图 12-5 中，经济从 B 点移动到 C 点。

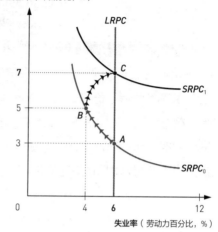

通货膨胀率（年百分比，%）

失业率（劳动力百分比，%）

注：通货膨胀率为每年 3%，经济在 A 点处于充分就业状态。后来，通货膨胀率上升。

在短期内，货币工资率是固定的，通货膨胀率上升会导致失业率下降——沿着 $SRPC_0$ 移动到 B 点。

最终，预期通货膨胀率变高，货币工资率上升，短期菲利普斯曲线逐渐向上移动到 $SRPC_1$。在较高的预期通货膨胀率下，失业率回到自然失业率水平，即自然率假说。经济处于 C 点。

图 12-5 自然率假说

资料来源：美国劳工统计局和经济分析局。

聚焦往昔

自然率假说的实际考察

图 1 描述了 1960 年至 1971 年的美国经济，并显示自然率假说很好地描述了这些年的情况。自然失业率约为 6%，因此长期菲利普斯曲线 LRPC 位于该失业率处。

1960 年，通货膨胀率和预期通货膨胀率每年都在 1% 左右。短期菲利普斯曲线为 $SRPC_0$。

到 1966 年，预期通货膨胀率保持在每年 1%，但实际通货膨胀率小幅上升，失业率下降到自然失业率水平以下。经济沿着 $SRPC_0$ 从 A 点上升到了 B 点。

然后，从 1967 年到 1969 年，通货膨胀率上升，预期通货膨胀率也上升。由于预期通货膨胀率上升，短期菲利普斯曲线向上移动。到 1969 年，经济已经移动到 C 点。

到 1970 年，预期的通货膨胀率约为

每年 5%。随着预期通货膨胀率上升，失业率也上升了。

到 1971 年，失业率回到自然失业率水平，短期菲利普斯曲线向上移动到 $SRPC_1$，经济移动到 D 点。

请注意这一时期实际事件与自然率假说之间的相似性，如图 12-5 所示。

哥伦比亚大学的埃德蒙德·S. 菲尔普斯（Edmund S. Phelps）和芝加哥大学的米尔顿·弗里德曼（Milton Friedman）提出了自然率假说，并在这些事件发生之前就做出了预测。

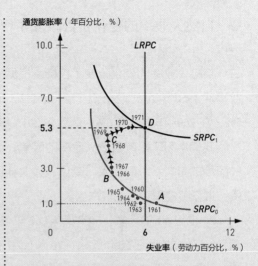

图 1　1960—1971 年美国短期和长期菲利普斯曲线

资料来源：　美国劳工统计局和经济分析局。

● 自然失业率的变化

如果自然失业率发生变化，则长期菲利普斯曲线和短期菲利普斯曲线都会移动。当自然失业率上升时，长期菲利普斯曲线和短期菲利普斯曲线都向右移动；当自然失业率下降时，长期菲利普斯曲线和短期菲利普斯曲线都向左移动。

图 12-6 对这些变化进行了说明。当自然失业率为 6% 时，长期菲利普斯曲线为 $LRPC_0$。如果预期通货膨胀率为每年 3%，则短期菲利普斯曲线为 $SRPC_0$。在预期通货膨胀率不变的情况下，自然失业率下降，菲利普斯曲线会向左移动到 $LRPC_1$ 和 $SRPC_1$。

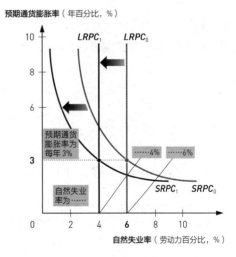

注：自然失业率为 6%，长期菲利普斯曲线为 $LRPC_0$。预期通货膨胀率为每年 3%，短期菲利普斯曲线为 $SRPC_0$。

自然失业率的下降使菲利普斯曲线向左移动到 $LRPC_1$ 和 $SRPC_1$。

图 12-6　自然失业率的变化

● 自然失业率的变化是否改变了权衡

自然失业率的变化改变了权衡。根据美国国会预算办公室的数据，美国自然失业率从1950年的5%左右上升到20世纪70年代中期的6%以上，在2000年下降到5%，在2008年上升到6%，然后在2015年下降到4%左右。

我们学习了影响自然失业率的因素。这些因素分为两组：对求职的影响和对工作配给的影响。求职受人口变化、失业补偿和结构变化的影响。工作配给因效率工资、最低工资和工会工资产生。

20世纪40年代末、50年代和60年代初美国婴儿出生率的激增（称为"婴儿潮"）导致20世纪60年代末、70年代和80年代初进入劳动力市场的年轻人数量激增。这增加了求职量并提高了自然失业率。

20世纪70年代和80年代的结构性变化，主要是对世界石油价格大幅上涨的反应，而这也导致了美国20世纪70年代和80年代初自然失业率的上升。

随着婴儿潮一代在20世纪80年代、90年代和21世纪前10年步入中年，新进入劳动力市场的人数减少，自然失业率也随之下降。此外，在20世纪90年代，快速的技术变革带来了生产力的提高和对劳动力需求的增加，这缩短了人们花在求职上的时间，并进一步降低了自然失业率。

我们刚刚描述的自然失业率的变化使短期和长期菲利普斯曲线在20世纪60年代和70年代向右移动，在20世纪80年代和90年代向左移动。本节"聚焦权衡"描述了自2000年以来自然失业率对短期和长期菲利普斯曲线变化的影响。

[◎] 聚焦权衡

低通货膨胀和低失业可以同时实现吗

在短期内，只有允许通货膨胀率上升，我们才能保持低失业率。只有允许失业率上升，我们才能实现低通货膨胀。但从长远来看，我们可以通过降低自然失业率或降低预期通货膨胀率来改善失业-通货膨胀的权衡。

图1展示了自然失业率和预期通货膨胀率的变化如何改变短期权衡。浅色点表示从2000年到2018年每年的失业率和通货膨胀率。标记为A、B和C的点

表示了自然失业率和预期通货膨胀率的3种估计组合。

从 2000 年到 2007 年，A 点的自然失业率为 5%，预期通货膨胀率为每年 3%，因此长期菲利普斯曲线为 $LRPC_0$，短期菲利普斯曲线为 $SRPC_0$。在这些年中，2000 年到 2007 年显示失业和通货膨胀随着 $SRPC_0$ 的变化而变化。

2008 年，自然失业率和预期通货膨胀率上升至 B 点，菲利普斯曲线移至 $SRPC_1$ 和 $LRPC_1$。

2012—2015 年，自然失业率和预期通货膨胀率下降至 C 点，菲利普斯曲线向左移动至 $SRPC_2$ 和 $LRPC_2$，平衡有所改善。

自 2015 年以来，经济沿着 $SRPC_2$ 发展，失业率下降，通货膨胀上升但处于低位。

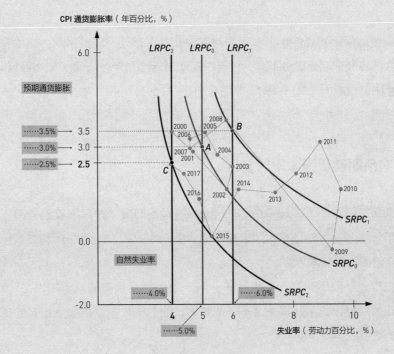

图 1 通货膨胀与失业

资料来源： 劳工统计局和国会预算办公室。

12.3

影响通货膨胀和失业的要素

美联储如何影响通货膨胀率和失业率并使二者都处于较低水平？基本答案是美联储会尝试降低预期通货膨胀率。权衡在预期通货膨胀率较低时（如 2000 年）比预期通货膨胀率较高时（如 1980 年）更有利。

● 影响预期通货膨胀率的要素

预期通货膨胀率（expected inflation rate）是人们预测并用来设定货币工资率和其他货币价格的通货膨胀率。为了预测通货膨胀率，人们使用与预测影响他们生活的其他变量相同的基本方法。

数据构成了预测的第一个要素——关于我们想要预测的现象的过去行为数据。当人们认为底特律雄狮队将赢得一场比赛时，他们的依据是雄狮队和其他球队在最近几场比赛中的表现。

科学是预测的第二个要素——旨在理解我们希望预测的现象的特定科学。如果我们想知道明天是否会下雨，我们就会求助于气象学。科学告诉人们如何解读数据。

因此，为了预测通货膨胀，人们利用过去通货膨胀和其他相关变量的数据，结合经济学理论，来了解导致通货膨胀的因素。

我们已经学习过与之相关的经济学知识：*AS-AD* 模型。已知从长远来看，货币增长率决定了总需求的增长，且实际 GDP 的趋势增长率就是长期总供给的增长率。因此，趋势货币增长率减去趋势实际 GDP 增长率决定了趋势通货膨胀率。

需求拉动和成本推动的力量产生了经济周期，通货膨胀率围绕其趋势波动。在扩张的经济中，通货膨胀率高于趋势；而在衰退的经济中，通货膨胀率低于趋势。

总需求波动会导致总供给曲线移动。货币增长率是影响这些总需求波动的因素之一。

在美国，美联储决定货币增长率，因此预测通货膨胀的主要依据是对美联储行动的预测。专业的美联储观察员和经济预测员利用这些想法以及大量数据和精心设计的经济统计模型来预测通货膨胀率。

当所有相关数据和经济科学都被用来预测通货膨胀时，由此产生的预测被称为理性预期（rational expectation）。通货膨胀率的理性预期的产生基于美联储关于货币政策以及影响总需求和总供给的其他因素的预测。但主导因素是美联储的货币政策。

为了降低预期的通货膨胀率，美联储必须以一种能够对未来通货膨胀产生信心的方式实施其货币政策。第 14 章探讨了可能取得这种结果的一些策略。如果美联储能够降低预期通货膨胀预期，它可能会实现较低的通货膨胀，但并不会降低失业率，因为这受到自然失业率的限制。如果美联储以降低失业率为目标，那么你会发现麻烦就在眼前。

● 针对失业率

假设美联储决定降低失业率。为此，它通过提高货币增长率和降低利率来加快总需求的增长率。在预期通货膨胀率固定在较低水平的情况下，此举的第一个影响是失业率下降和通货膨胀率上升。但如果美联储将失业率推至自然失业率水平以下，通货膨胀率将继续上升。

随着预期通货膨胀率变得更高，工资和价格水平开始更快地上涨，因此实际通货膨胀率进一步上升。如果美联储保持总需求（和货币数量）足够快速地增长，通货膨胀率将继续上升，失业率将保持在自然失业率水平以下。但最终，随着充分就业和自然失业率的回归，通货膨胀和失业率都会上升。

图 12-7 说明了我们刚才描述的变化顺序。经济低于充分就业且通货膨胀率较低。通货膨胀预期很好地保持在每年 3%，失业率高于自然失业率 6%。经济处于其短期菲利普斯曲线 $SRPC_0$ 的 A 点，位于其长期菲利普斯曲线 $LRPC$ 的右侧。

现在美联储提高了货币增长率并降低了利率。总需求开始以更快的速度增长。在预期通货膨胀没有变化的情况下，货币工资率继续上涨，涨幅与之前相同。随着失业率下降和通货膨胀率上升，经济沿着 $SRPC_0$ 向上移动。当预期通货膨胀率上升时，短期菲利普斯曲线向 $SRPC_1$ 移动。美联储的行动降低了失业率，但这只是暂时的，而且是以永久性高通货膨胀为代价的。经济沿着箭头的路径发展——失业率一

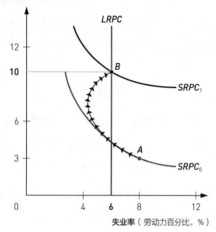

注：经济从 A 点开始。

美联储希望降低失业率，因此使得总需求增长更快，经济沿着 $SRPC_0$ 向左向上滑动。失业率下降，但通货膨胀率上升。

如果美联储在失业率低于自然失业率水平后，让总需求继续增长，通货膨胀率将继续上升，预期通货膨胀率将更高。

预期通货膨胀率上升使短期菲利普斯曲线向上移动至 $SRPC_1$（箭头）。在调整到 B 点的整个过程中，失业率始终低于自然失业率水平。

失业率已经下降但只是暂时的，代价是永久性的高通货膨胀。

图 12-7 失业率与通货膨胀率变化顺序

直低于自然失业率水平，直到经济最终到达 B 点。

扭转政策以降低通货膨胀

如果以降低失业率为目标导致的通货膨胀率高得令人无法接受，那么恢复低通货膨胀率的唯一方法就是扭转刚才描述的事件顺序。美联储可以通过放慢货币增长速度和提高利率来降低总需求的增长率的方式引发经济衰退。失业率会高于自然失业率水平，但通货膨胀最终会消退，恢复充分就业。

降低通货膨胀的方法

美联储上一次面临高通货膨胀是在 1981 年，为了减缓通货膨胀，他们付出了高昂的代价。美联储的政策行动出乎意料。对于美联储遵循的路径，问题在于货币工资率设定得太高，结果是导致了经济衰退——实际 GDP 下降，失业率上升。由于很难在不引发经济衰退的情况下降低通货膨胀率，所以使用货币政策直接针对失业率是十分危险的。保持低通货膨胀和经济稳定是货币政策为保持低失业率所能做的最好的事情。

聚焦生活

生活中的短期权衡

短期权衡以 3 种不同的方式出现在你的生活中。

* 帮助你解读和理解美国的经济现状。
* 帮助你理解美联储的最新决策。
* 鼓励你对失业或通货膨胀的相对权重进行判断。

经济现状

考虑过去一年美国失业率和通货膨胀率的变化。它们是向同一个方向变化还是向相反方向变化？你能将这种变化解释为沿着短期菲利普斯曲线的移动或是短期菲利普斯曲线发生移动吗？你能想出短期菲利普斯曲线可能发生移动的原因吗？自然失业率有变化吗？预期通货膨胀率有变化吗？

你预期的通货膨胀率是否与大众预期的相同？

美联储的最新决策

过去一年美联储对利率做了什么？你认为失业和通货膨胀的变化如何影响美联储的政策决定？

对失业或通货膨胀的相对权重进行判断

虽然从长远来看，失业和通货膨胀之间不存在权衡，但在短期内却存在权衡。如果通货膨胀率很高，为了降低通货膨胀率，可以接受的失业率是多高？可以接受的通货膨胀持续时间是多久？

经济学家对于这些问题的答案说法不一。有人表示，如果通货膨胀率太高，就必须迅速降低；还有人表示，不值得为了通货膨胀而提高失业率。

你的看法是什么？通货膨胀率过高和失业率过高，哪个更糟糕？

第 12 章要点小结

1. 描述通货膨胀和失业之间的短期权衡。

- 短期菲利普斯曲线是当影响这两个变量的所有其他因素保持不变时，通货膨胀率和失业率之间向下倾斜的关系。
- 短期菲利普斯曲线呈现通货膨胀和失业之间的权衡。
- 短期菲利普斯曲线是观察总供给曲线的另一种方式。

2. 区分短期和长期菲利普斯曲线，并描述通货膨胀和失业之间不断变化的权衡。

- 长期菲利普斯曲线显示了当失业率等于自然失业率且通货膨胀率等于预期通货膨胀率时通货膨胀与失业之间的关系。
- 长期菲利普斯曲线在自然失业率处是垂直的，失业和通货膨胀之间没有长期的权衡。
- 当预期通货膨胀率发生变化时，短期菲利普斯曲线发生移动并在新的预期通货膨胀率处与长期菲利普斯曲线相交。
- 当货币增长率发生变化时，失业率会暂时变化并最终回到自然失业率水平——自然率假说。
- 自然失业率的变化使 *SRPC* 曲线和 *LRPC* 曲线都发生移动。

3. 阐释美联储如何影响通货膨胀率和失业率。

- 对通货膨胀率的理性预期是基于对美联储货币政策及其对总需求增长影响的预测。
- 预期通货膨胀率的下降改善了短期权衡。
- 以失业率为目标只能暂时降低失业率，且代价为永久性高通货膨胀。

财政刺激能否结束经济衰退

第 13 章

财政政策

本章学习目标

» 描述联邦预算及其制定过程，并指出它所面临的一个挑战；

» 阐释如何利用财政刺激来应对经济衰退；

» 阐释财政政策对就业、潜在 GDP 和经济增长率的供给侧影响。

13.1

联邦预算

联邦预算是美国政府税收收入、支出、盈余或赤字的年度报表，以及授权这些收入和支出的法律和法规。

联邦预算有两个目的：为联邦政府的活动提供资金和实现宏观经济目标。联邦预算的第一个目的也是 20 世纪 30 年代经济大萧条发生之前的唯一目的。第二个目的是为应对经济大萧条演变而来的，最初是基于凯恩斯主义宏观经济学（Keynesian macroeconomics）的思想。财政政策（fiscal policy）是利用联邦预算来实现经济高速持续增长和充分就业的宏观经济目标。

● 机制和法律

总统和国会在固定的年度时间和财政年度制定预算及财政政策。美国财政年度从每年 10 月 1 日开始，到下一个日历年的 9 月 30 日结束。2021 财政年度指的是从 2020 年 10 月 1 日开始的财政年度。

总统和国会的角色

总统每年 2 月向国会提出预算。国会于 9 月通过预算法案后，总统要么将这些预算法案签署立法，要么否决整个预算法案。总统没有否决权来消除预算法案中的特定项目并批准其他项目，即单项否决。尽管总统负责提出并最终批准预算，但就支出和税收做出艰难决定的任务却落在国会头上。

国会根据总统的提议开始其预算工作。众议院和参议院在各自的众议院和参议院预算委员会中提出自己的预算观点。两院之间的正式会议最终会解决分歧，一系列支出法案和总体预算法案通常会在财政年度开始前由两院通过。

图 13-1 总结了预算时间表以及总统和国会在预算过程中的作用。

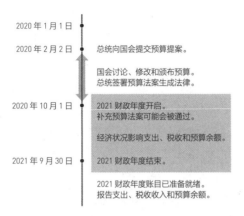

2020 年 1 月 1 日

2020 年 2 月 2 日　总统向国会提交预算提案。

国会讨论、修改和颁布预算。
总统签署预算法案生成法律。

2020 年 10 月 1 日　2021 财政年度开启。
补充预算法案可能会被通过。

经济状况影响支出、税收和预算余额。

2021 年 9 月 30 日　2021 财政年度结束。

2021 财政年度账目已准备就绪。
报告支出、税收收入和预算余额。

注：联邦预算流程从 2 月份总统提交提案开始。

国会在 10 月 1 日财政年度开始之前讨论并修改总统的提案并制定预算。

总统签署预算法案生成法律。

在整个财政年度中，国会可能会通过补充预算法案。预算结果在财政年度结束后进行计算。

图 13-1　2021 财年联邦预算时间表

● 预算余额和债务

政府的预算余额（budget balance）等于税收收入减去支出。即

预算余额＝税收收入－支出

如果税收收入等于支出，政府就会实现预算平衡。如果税收收入超过支出，政府就会有预算盈余。如果支出超过税收收入，政府就会出现预算赤字。

2020 财政年度的预算预测为税收收入 36 450 亿美元，支出 47 450 亿美元，预算赤字 11 000 亿美元。可以发现 36 450 － 47 450 = -11 000。

政府预算余额相当于政府储蓄，可能为 0（预算平衡）、正数（预算盈余）或负数（预算赤字）。当政府出现预算赤字时，就会产生债务。也就是说，政府要借债来弥补预算赤字。当政府有预算盈余时，它会偿还部分债务。政府未偿债务（由过去的预算赤字产生的债务）的数额称为国债（national debt）。

一财政年度末的国债等于上一财政年度末的国债加上预算赤字或减去预算盈余。例如，

2020 年末债务 = 2019 年末债务 + 2020 年预算赤字

截至 2019 财政年度末，美国国家债务为 169190 亿美元。由于 2020 年预算赤字为 11000 亿美元，2020 财年末的国家债务将达到 180190（180190 = 169190 + 11000）亿美元。

个人类比

政府的预算和债务就跟你的预算和债务一样，只不过规模更大。如果你每年都借学生贷款上学，你就会面临预算赤字和不断增加的债务。毕业后，如

果你开始工作并每年偿还部分贷款，那么你每年就会有预算盈余，债务也会减少。

● 美国 2020 财政年度联邦预算

表 13-1 显示了美国 2020 年联邦预算主要项目的规模。个人所得税和社会保障税是其主要收入来源；转移支付（transfer payments）——社会保障福利、医疗保险和医疗补助福利、失业救济以及支付给个人和企业的其他现金福利——占据了政府财政资源的最大份额；商品和服务支出，包括政府的国防和国土安全预算，也很大。

本节的"聚焦全球经济"和"聚焦往昔"提供了有关政府收入、支出和赤字的全球和历史视角。

表 13-1   2020 财政年度联邦预算

项目	预算（10 亿美元）
税收	**3645**
个人所得税	1824
社会保障税	1296
企业所得税	255
间接税	270
支出	**4745**
转移支付	2887
商品和服务支出	1376
债务利息	482
余额	**-1100**

注：2020 年联邦预算预计将出现赤字。税收收入预计为 36450 亿美元，比支出 47450 亿美元少 11000 亿美元。

个人所得税是最大的财政收入来源，转移支付是其最大的支出项。

资料来源：   美国政府预算，2020 财政年。

◎ 聚焦全球经济

全球视野下的美国预算

美国并不是唯一一个出现预算赤字的国家。所有主要大国都有同样的经历。但在发达经济体中，美国的预算赤字占 GDP 的比例最高。

为了比较各国或地区的预算赤字，我们使用政府总赤字的概念，它包含了各级政府：联邦政府、州政府和地方政府。

日本和美国的赤字较大，而英国、澳大利亚、加拿大和欧元区的赤字较小（见图 1）。少数国家或地区有预算盈余，而挪威有大量盈余。

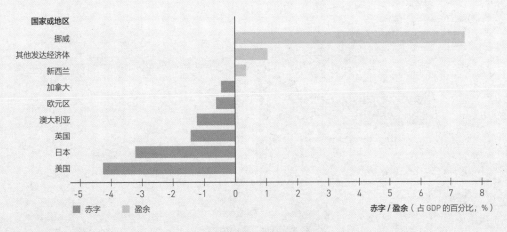

图 1 世界各国（地区）预算

资料来源： 国际货币基金组织，《世界经济展望》，2019 年 4 月。

聚焦往昔

美国联邦税收收入、支出、赤字和债务

除了 20 世纪 90 年代末的那几年，自 1970 年以来，美国联邦政府每年都会出现预算赤字。我们可以在图 1 中看到这一事实，该图展示了从 1950 年到 2018 年以来的预算余额以及税收收入和支出，以其占 GDP 的百分比衡量。

图 2 显示了国家债务占 GDP 的百分比，即债务与 GDP 的比率。总债务等于公众持有的净债务加上联邦政府账户中持有的债务。

第二次世界大战期间的巨额赤字留下的债务相当于一年多的 GDP。

在 20 世纪 50 年代和 60 年代，由于预算余额和实际 GDP 快速增长，政府债务与 GDP 的比率大幅下降。到 1974 年，

债务与 GDP 的比率已降至 23% 的低点。

预算赤字在 20 世纪 70 年代卷土重来，并在 20 世纪 80 年代随着国防预算的增加和部分税率的削减而扩大。结果是债务与 GDP 的比率不断上升，到 1995 年已攀升至近 50%。

20 世纪 90 年代，支出限制加上持续的实际 GDP 增长降低了债务与 GDP 的比率，但国防和国土安全支出的激增，进一步的减税，2009 年和 2010 年为应对全球金融危机和经济衰退的支出激增，所有这些因素结合起来再次提高了债务与 GDP 的比率。

2015 年以来，美国政府一直在努力控制支出并缩小赤字。

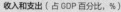

收入和支出（占 GDP 百分比，%）

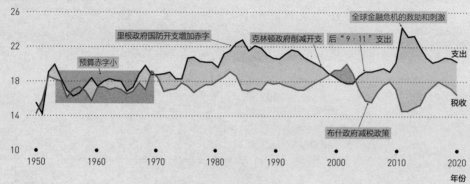

图 1   税收、支出和赤字

债务（占 GDP 百分比，%）

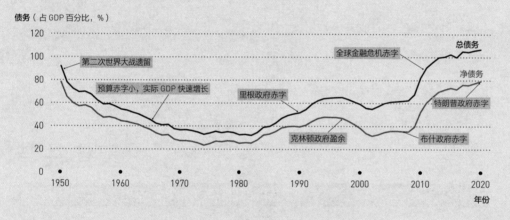

图 2   国家债务占 GDP 的百分比

资料来源：美国政府预算，2020 财政年，历史表格，表 7.1 和表 14.1。

● 财政政策挑战

我们已经看到，在过去 40 年的大部分时间里，美国政府一直处于预算赤字和债务堆积的状态之中。随着赤字变得越来越难以避免，债务将继续增长。

美国人口的年龄分布是问题的根源。第二次世界大战后，婴儿出生率的激增创造了所谓的"婴儿潮一代"。"婴儿潮一代"有 7700 万人口，他们中的第一批人于 2008 年开始领取社会保障养老金，并于 2011 年开始有资格享受医疗保险福利。到 2030 年，所有婴儿潮一代都将得到社会保障的支持，并且根据现行法律，医疗保险福利金将增加一倍。人口老龄化将使政府债务在未来许多年持续上升。

这笔债务有多大？由谁来承担？是由当代人承担，还是留给后代人承担？

● 代际核算

为了确定政府义务的真实规模及其在代际间的分配，我们使用一种名为代际核算的工具，这是一种衡量政府预算真实状况的两个指标的会计制度。

» 财政失衡
» 代际失衡

财政失衡

财政失衡（fiscal imbalance）是政府承诺支付未来福利的现值（present value）减去其未来税收收入的现值。现值指的是如果今天投资，将赚取利息并增长到等于未来所需金额的货币数额。财政失衡可衡量政府的真实债务。它衡量的是政府承诺项目的未来成本在今天的价值减去政府将征收的未来税收的当今价值。

政府按已宣布义务支付社会保障养老金和医疗保险福利的规模是政府所欠的债务，与政府为弥补当前预算赤字而发行的债券一样真实。财政失衡衡量的是这项义务的货币价值。

卡托研究所的经济学家贾加迪什·戈卡尔（Jagadeesh Gokhale）在其著作《政府债务冰山》（*The Government Debt Iceberg*）中报告了对美国财政失衡的估计（参见本节"聚焦美国经济"）。政府的债务就像一座冰山，大部分都是隐藏的。

◎ 聚焦美国经济

财政失衡与代际失衡

图 1 显示了财政失衡如何在社会保障福利和医疗保险之间分配，以及如何在当前一代和下一代（你这一代）中分配。

到目前为止，医疗保险是造成失衡的主要根源。

当前一代将支付几乎所有的社会保障费用，但不会支付所有的医疗保险费用，其大部分将由下一代承担。如果我们将这两项相加，当前一代将承担财政失衡成本的83%，下一代将承担17%。

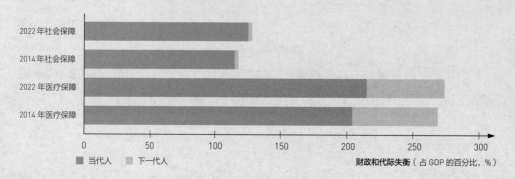

图1   财政失衡与代际失衡

资料来源：   贾卡迪斯·高克利，《政府债务冰山》，经济事务研究所，伦敦，2014年。

戈卡尔估计，2014年美国社会保障和医疗保险的财政失衡为68万亿美元。为了正确客观地看待这68万亿美元，值得一提的是美国2014年的GDP为17万亿美元。因此，财政失衡是其一年产值的4倍。财政失衡逐年扩大，在2014年的数额基础上每年增加近2万亿美元。

这是一个巨大的数字，预示着灾难性的未来。那么联邦政府如何履行其社会保障和医疗保险义务？这里有4种替代方法。

1. 提高所得税
2. 提高社会保障税
3. 削减社会保障福利
4. 削减其他联邦政府支出

由于财政失衡逐年加剧，推迟解决问题会加大所需变革的规模。如果他们从2003年开始解决财政失衡问题，并且只在这4种替代方法中选择其中一种做出改变，那么所得税将需要提高69%，或者社会保障税提高95%，或者社会保障福利削减

56%。事实证明，削减其他政府支出并不是一个有效的选择。即使政府停止所有其他支出，包括国防支出，节省的资金也无法消除失衡。将这 4 种方法结合起来，虽然每一种方法所产生的痛苦可以减轻，但仍然很强烈。

为什么没有第五种选择——通过出售政府债券继续借款？就目前的预算赤字和债务规模而言，这一选择是可行的。但到了某个时候，债券持有者会发现政府的债务如此庞大，以至于政府无力支付利息。如果达到该点，则美国和全球经济将可能崩溃并陷入深度衰退甚至萧条。

代际失衡

财政失衡最终必须得到纠正，当这种情况发生时，人们要么缴纳更高的税收，要么获得更少的福利。代际失衡的概念告诉了我们谁来为其买单。代际失衡（generational imbalance）是当代人和后代人之间财政失衡的划分。

在代际失衡的估计中，当前一代是 1988 年之前出生的人，下一代是 1988 年或之后出生的人。按照人口划分，当前一代人将承担大部分社会保障费用，下一代人将承担医疗保险费用的大头。

本节"聚焦美国经济"显示了对财政失衡规模及其在当前一代和下一代人中分布情况的估计。

13.2

财政刺激

我们已经对美国联邦预算和制定财政政策的机构进行了阐述，现在我们将研究美国财政政策产生的影响。我们首先探讨其对总需求的影响。

● 财政政策和总需求

人们可以采取多种不同的财政政策行动来刺激总需求。政府在商品和服务方面的支出或政府的转移支付可能会增加，税收可能会减少。这些变化可能是对经济状况的自动反应，又或者是国会新的支出或税收决定所产生的结果。

由经济状况触发的财政政策行动称为自动财政政策（automatic fiscal policy）。例如，失业增加会导致转移支付增加，收入下降会导致税收减少。

由国会法案发起的财政政策行动称为相机抉择财政政策（discretionary fiscal policy）。相机抉择财政政策需要改变支出计划或税法。增加国防开支或

降低所得税税率就是相机抉择财政政策的例子。

● 自动财政政策

自动财政政策是税收收入和支出随实际 GDP 波动的结果。财政政策的这些特征被称为自动稳定器（automatic stabilizers），因为它们可以在政府不采取明确行动的情况下稳定实际 GDP。

引致税

在预算的财政收入方面，税法规定了税率，而不是税额。缴纳的税款取决于税率和收入，而收入随实际 GDP 变化，因此税收收入取决于实际 GDP。随实际 GDP 变化而变化的税收称为引致税（induced taxes）。当实际 GDP 在经济扩张中增加时，工资和利润就会增加，因此对这些收入缴纳的税款（引致税）也会增加。当实际 GDP 在经济

衰退中下降时，工资和利润就会下降，因此这些收入的引致税也会下降。

需求测试支出

在预算的支出方面，政府制订了一些计划，使符合资格的个人和企业有权获得福利。此类计划的支出称为需求测试支出，其产生的转移支付取决于公民个人和企业的经济状况。在经济衰退期间，随着失业率上升，经过需求测试的失业救济金和食品券支出也会增加。在经济扩张中，失业率下降，需求测试支出减少。

自动刺激

由于经济衰退期间政府税收收入下降、支出增加，自动稳定器提供的刺激措施有助于缩小衰退缺口。同样，由于繁荣时期税收收入增加而支出减少，自动稳定器会缩小通货膨胀缺口。

● 周期性和结构性预算平衡

为了理解经济周期中产生的政府预算赤字，我们将预算区分为结构性余额和周期性余额。结构性余额或赤字（structural surplus or deficit）是经济充分就业时会出现的预算余额。也就是说，结构性余额是在国会制定的支出计划和税法的情况下，实际 GDP 在充分就业水平下所产生的预算余额。周期性余额或赤字（cyclical surplus or deficit）是纯粹因税收收入和支出未达到充分就业水平而产生的预算余额。也就是说，周期性余额是因在通货膨胀缺口中税收收入增加和支出减少以及在衰退缺口中税收收入减少和支出增加而产生的余额。

实际预算余额等于结构性余额和周期性余额之和。当充分就业恢复时，周期性赤字会自行纠正，但结构性赤字需要国会采取行动。本节"聚焦美国经济"提到了美国结构性和周期性余额的近期历史。

● 相机抉择财政政策

相机抉择财政政策可以采取的方式有改变政府支出或改变税收收入。政府支出的变化可以通过采取商品和服务支出变化或转移支付变化实现。在其他影响因素保持不变的情况下，政府预算中任何项目的变化都会改变总需求，并产生乘数效应——总需求的变化量大于政府预算中该项目的初始变化量。这种乘数效应与我们在第 10 章和第 11 章中研究的乘数效应类似。（其他影响因素可能不会保持不变，在解释了凯恩斯主义的基本思想后，我们将研究一些可能的抵消因素）。

政府支出乘数

政府支出乘数（government expen-

⊙ 聚焦美国经济

美国的结构性和周期性预算余额

2009 年，美国联邦预算余额创历史新高，预算赤字占 GDP 的 9.3%。但那一年，经济衰退缺口接近 1 万亿美元。由于经济衰退缺口如此之大，你可能会以为部分预算赤字是周期性的。但 2009 年的预算赤字有多少是周期性的呢？又有多少是结构性的？

根据国会预算办公室的数据显示，2009 年赤字的 1/5 属于周期性赤字。图 1 显示了 1990 年至 2020 年实际和周期性预算余额占 GDP 的百分比。

结构性预算余额等于实际预算余额减去周期性余额。可以看到，2007 年结构性赤字很小，2008 年增加，2009 年爆发。2009 年的财政刺激计划导致了大部分结构性赤字。

当国会预算办公室称 2018 年充分就业恢复时，周期性赤字已经消失，但结构性赤字仍然存在，且必须通过国会的进一步行动来解决。没有人知道将采取哪些权衡措施来减少结构性赤字，这种情况造成了不确定性。

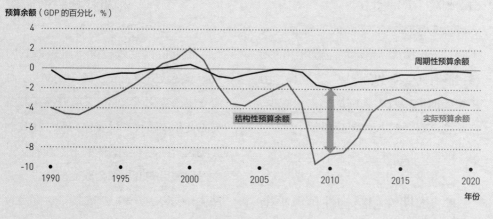

图 1 预算余额

资料来源： 国会预算办公室。

diture multiplier）是政府商品和服务支出变化对总需求的影响。政府支出是总支出的组成部分，因此当政府支出增加时，总需求就会增加。实际 GDP 增长带动消费支出增加，进而带来总支出的进一步增加。随之而来的是第 11 章中描述的乘数过程。

税收乘数

税收乘数（tax multiplier）是税收变化对总需求的放大效应。税收的减少增加了可支配收入，从而增加了消费支出。减少税收相当于增加政府支出。但税收乘数小于政府支出乘数，因为减税 1 美元产生的额外支出少于 1 美元。边际消费倾向决定了减税引起的支出初始增量和税收乘数的大小。例如，如果边际消费倾向为 0.75，那么减税 1 美元带来的消费支出最初仅增加 75 美分。在这种情况下，税收乘数是政府支出乘数的 0.75 倍。

转移支付乘数

转移支付乘数（transfer payments multiplier）是转移支付变化对总需求的影响。该乘数的作用类似于税收乘数，但方向相反。转移支付的增加使得可支配收入增加，从而增加了消费支出。转移支付乘数的大小与税收乘数类似。正如减税 1 美元会产生少于 1 美元的额外支出一样，转移支付增加 1 美元也会产生不到 1 美元的额外支出。同样地，边际消费倾向决定了由转移支付增加所引起的支出增量。

平衡预算乘数

平衡预算乘数（balanced budget multiplier）是在预算保持平衡不变的情况下，政府支出和税收同时变化对总需求所产生的放大效应。平衡预算乘数不为 0，且大于 0，这是因为政府支出每增加 1 美元，总需求就会多注入 1 美元，而税收增加 1 美元（或转移支付减少 1 美元），总需求减少的资金少于 1 美元。因此，当政府支出和税收都增加 1 美元时，总需求就会增加。

● 成功的财政刺激

如果实际 GDP 低于潜在 GDP，政府可能会通过增加商品和服务支出、增加转移支付、减税或三者结合来寻求财政刺激。图 13-2 向我们展示了这些行动如何作为成功的刺激计划增加总需求。

在图 13-2a 中，潜在 GDP 为 20 万亿美元，但实际 GDP 仅为 19 万亿美元。经济处于 A 点，存在衰退缺口。

为消除衰退缺口并恢复充分就业，政府推出财政刺激措施。政府支出增加或税收减少会使总支出增加 ΔE。如果这是支出计划中的唯一变化，则 AD 曲线将变为图

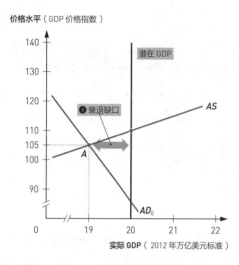

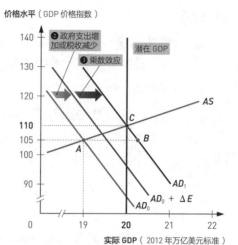

a）低于充分就业均衡

b）潜在 GDP

注：潜在 GDP 为 20 万亿美元。在 A 点，实际 GDP 为 19 万亿美元，❶ 存在 1 万亿美元的衰退缺口。❷ 政府支出增加或税收减少会使支出增加 ΔE。❸ 乘数增加引致支出。AD 曲线右移至 AD_1，价格水平升至 110，实际 GDP 增至 20 万亿美元，衰退缺口消除。

图 13-2   AS-AD 模型中的财政刺激

13-2b 中的 $AD_0 + \Delta E$。但政府支出最初的增加会引发乘数过程，从而增加消费支出。随着乘数过程的展开，总需求增加，AD 曲线向右移动至 AD_1。

在价格水平不变的情况下，经济将从 AD_1 上的初始 A 点移动到 B 点。但总需求的增加加上向上倾斜的总供给曲线带来了价格水平的上升，经济在 C 点进入新的均衡。价格水平上升到 110，实际 GDP 增加到 20 万亿美元，并且经济恢复至充分就业。

⊙ 聚焦财政刺激

财政刺激能否结束经济衰退

　　2009 年 2 月，在 2008—2009 年经济衰退最严重的时期，美国国会通过了《美国复苏和再投资法案》，这是奥巴马总统在丹佛经济论坛上签署的一项价值 7870 亿美元的财政刺激计划。

　　美国国会的这一法案是相机抉择财

政政策的一个例子，美国国会的这一行动是否有助于结束美国 2008—2009 年的经济衰退并削弱其影响？

奥巴马政府的经济学家相信答案是肯定的：财政刺激计划为缓解和结束美国经济衰退做出了重大贡献。

但许多（也许是大多数）经济学家认为，财政刺激计划发挥的作用很小，真正的大问题不在于相机抉择财政政策，而在于自动稳定器所发挥的作用。

相机抉择财政政策

奥巴马总统曾在多次演讲中承诺，到 2009 年夏末，财政刺激措施将挽救或创造 65 万个就业岗位。2009 年 10 月，政府经济学家宣布这一承诺已兑现。财政刺激措施挽救或创造了承诺的 65 万个就业岗位。

这一说法可能是正确的，但这并不令人惊讶，也并非什么了不起的说法。要了解其原因，首先要问 65 万人会创造多少 GDP。2009 年，每个就业者平均创造了 10 万美元的实际 GDP。因此，65 万人将创造 650 亿美元的 GDP。

尽管国会通过的财政刺激计划总额为 7870 亿美元，但到 2009 年 10 月，只有 20% 的财政刺激计划被用于支出（或税收减免），约为 1600 亿美元。

如果 1600 亿美元的政府支出创造了 650 亿美元的 GDP，则乘数为 0.4（= 650 ÷ 1600）。

这个乘数远小于奥巴马政府经济学家所说的最终将出现的 1.6。他们和凯恩斯一样相信，乘数一开始很小，但随着支出计划对收入增长的反应，乘数会随着时间的推移而变大。最初增加的支出会增加总支出。总支出的增加会产生更高的收入，进而引发更多的消费支出。

自动财政政策

政府收入对经济状况极为敏感。当个人收入和企业利润下降时，所得税收入也随之会下降。当失业率增加时，失业救济金和其他社会福利支出就会增加。这些财政政策的变化是自动发生的。它们发生得很快，而且不需要国会的干预。

自动财政政策变化的规模取决于经济衰退的深度。2009 年，实际 GDP 比潜在 GDP 下降了 6%——衰退缺口达 8000 亿美元。

这场严重的经济衰退的自动财政政策变化使税收收入锐减，转移支付猛增，图 1 显示了其占 GDP 的百分比。可以看到自动稳定器比相机抉择财政行动的占比足足多了 6 倍。这种自动行为，而不是财政刺激计划，在限制失业方面发挥了主要作用。

图 1　自动财政政策

资料来源：　美国预算，2010 财政年；经济分析局；白宫新闻稿。

● 相机抉择财政政策的局限性

相机抉择财政政策看起来很容易，先计算产出缺口和乘数，再确定消除缺口的政府支出或税收变化的方向和规模即可。而事实上，相机抉择财政政策受到多种因素的严重制约，其中 4 个因素如下。

» 立法时滞
» 立法者自由裁量权缩小
» 潜在 GDP 预估
» 经济预测

立法时滞

立法时滞指的是国会通过改变税收或支出的法律所需花费的时间。这个过程需要时间，因为每个国会议员对于什么是最好的税收或支出计划都有不同的想法，因此需要长时间的讨论和委员会会议来调和相互冲突的观点。今天的经济可能会受益于财政刺激，但到国会采取行动时，可能又需要另一种不同的财政良药。

立法者自由裁量权缩小

在 21 世纪的第一个 10 年，美国联邦支出的增长速度比任何其他和平时期都要快。支出的增长是由两股力量推动的：安全威胁增加和人口老龄化。安全威胁的增加导致军事和国土安全支出大幅增加；人口老龄化带来了医疗保险等福利计划支出的大幅增加。

这种支出的增长缩小了国会可以采取行动改变税收或支出的领域。大约 80% 的联邦预算实际上并不受相机抉择财政行动的限制，而其余 20% 的项目则很难削减。

因此，即使经济状况要求改变财政政策，国会的回旋余地也受到严重限制。

潜在 GDP 预估

潜在 GDP 无法直接观察出来，因此必须进行估算。由于很难判断实际 GDP 是否低于、高于或等于潜在 GDP，因此相机抉择财政行动可能使实际 GDP 远离潜在 GDP，而不是接近潜在 GDP。这个问题很严重，因为财政刺激太大会带来通货膨胀，太小则可能会带来经济衰退。

经济预测

财政政策的更改需要很长时间才能在国会通过，而生效则需要更长时间。因此，财政政策必须针对未来经济状况进行预测。近年来，经济预测已取得巨大进步，但仍然不准确，且容易出错；还有一个问题是，相机抉择财政政策可能会使实际 GDP 远离潜在 GDP，使它正试图纠正的问题更加严重。

相机抉择财政政策更深层次的问题源自其供给侧效应，我们将在下一节中对这一点进行探讨。

13.3

供给侧：潜在 GDP 和增长

我们已经知道财政政策是如何通过改变总需求和相对于潜在 GDP 的实际 GDP 来影响产出缺口的。但财政政策也会影响潜在 GDP 和潜在 GDP 增长率。这些对潜在 GDP 和经济增长的影响是因政府提供了提高生产力的公共物品和服务，再加上税收改变了当下的激励措施而产生的。这些影响被称为供给侧效应（supply-side effects），其起作用速度比凯恩斯主义者强调的需求侧效应要慢。在经济衰退时期，当重点放在财政刺激和恢复充分就业时，供给侧效应往往被忽视。但从长期来看，财政政策的供给侧效应主导并决定了潜在 GDP。

我们将首先介绍供给方，简要解释在没有政府服务和税收的情况下如何确定充分就业和潜在 GDP。然后我们将进一步了解政府服务和税收如何改变充分就业和潜在 GDP。

● 充分就业和潜在 GDP

劳动力需求量和劳动力供给量取决于实际工资率。在其他条件不变的情况下，实际工资率越高，劳动力需求量就越小，而劳动力供给量就越大。当实际工资率调整到使劳动力需求量等于劳动力供给量时，就实现了充分就业。当劳动力数量为充分就业数量时，实际 GDP 等于潜在 GDP。

以上关于如何确定潜在 GDP 和充分就业劳动力数量的简要描述是对第 5 章中更详细说明的总结。

税收和政府提供的服务（财政政策的要素）如何影响充分就业和潜在 GDP？

● 财政政策、就业和潜在 GDP

政府预算的收支都会影响潜在 GDP。支出侧提供能够提高生产力、提高劳动生产率的公共物品和服务；收入侧征收的税收会改变激励措施，从而改变充分就业的劳动力数量以及储蓄和投资的数量。

公共物品和生产力

政府提供法律体系和其他基础设施服务，例如道路和高速公路、消防和治安服务以及国家安全，所有这些都增加了国家的生产潜力。

由政府预算资助的公共物品和服务增加了一定数量的劳动力可以生产的实际 GDP。因此，公共物品和服务的提供会增加潜在 GDP。

税收和激励措施

税收在买方支付的价格和卖方收到的价格之间形成了一个楔子〔称为税收楔子（tax wedge）〕。在劳动力市场上，所得税造成了雇主的劳动力成本与工人的实得工资之间的差距，并减少了就业劳动力的均衡数量。劳动力数量越少，产生的实际 GDP 就越少，因此税收就会降低潜在 GDP。

所得税楔子只是影响劳动力供给决策的税收楔子的一部分。支出税还会产生影响就业和潜在 GDP 的税收楔子。

对消费支出征税会增加税收楔子，从而降低潜在 GDP。原因是，对消费支出征税会提高消费品和服务的价格，相当于实际工资率下降。劳动力供给的动力取决于 1 小时的劳动可以购买的商品和服务。消费支出税越高，1 小时的劳动可以购买的商品和服务数量就越少，劳动力供给的动力就越弱。

支出税率必须与所得税税率相加才能得到总税收楔子。如果所得税税率为 25%，支出税率为 10%，那么赚的 1 美元只能购买价值 65 美分的商品和服务。则税收楔子为 35%。

● 财政政策和潜在 GDP：图解分析

图 13-3 说明了财政政策对潜在 GDP 的影响。初始经济为充分就业且无所得税状态。

⊙ 聚集全球经济

现实中的税收楔子

2004 年诺贝尔经济学奖得主、亚利桑那州立大学的爱德华·C. 普雷斯科特（Edward C. Prescott）对一些国家的税收楔子进行了估算。美国的税收楔子是消费税、所得税和社会保障税的组合。

在工业化国家中，美国的税收楔子相对较小。普雷斯科特估计，在法国，消费税（边际）为 33%，收入税为 49%。英国的估计值介于法国和美国之间。图 1 显示了这 3 个国家税收楔子的组成部分。

根据普雷斯科特的估计，税收楔子对就业和潜在 GDP 有着巨大的影响。法国的人均潜在 GDP 低于美国，而其整体差异可以归因于两国税收楔子之间的差异。

英国的人均潜在 GDP 低于美国，其中约 1/3 的差异源于税收楔子的不同（其余差异归因于生产力的不同）。

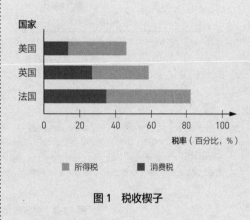

图 1　税收楔子

资料来源：爱德华·C. 普雷斯科特，《美国经济评论》，2003。

无所得税的充分就业

在图 13-3a 中，劳动力需求曲线为 LD，劳动力供给曲线为 LS。均衡实际工资率为每小时 60 美元，每年雇用劳动力 2500 亿小时。经济处于充分就业状态。在图 13-3b 中，生产函数为 PF（这一生产函数包含了提供有效公共服务的生产率）。当雇用 2500 亿小时的劳动时，实际 GDP（也是潜在 GDP）为 22 万亿美元。

现在让我们来看看所得税会如何改变潜在 GDP。

所得税的影响

劳动收入税通过改变充分就业的劳动力数量来影响潜在 GDP。所得税削弱了工作动力，并导致工人的实得工资与企业的劳动力成本之间产生矛盾。结果是就业的劳动力数量减少，潜在 GDP 减少。图 13-3 中对此结果进行了展示说明。

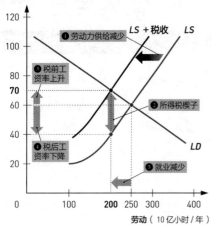

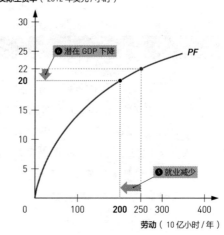

a）劳动力市场的所得税   b）所得税和潜在 GDP

注：在图 13-3a 中，劳动力需求曲线为 *LD*，劳动力供给曲线为 *LS*。在不征收所得税的情况下，均衡实际工资率为每小时 60 美元，就业时间
　　为 2500 亿小时。在图 13-3b 中，生产函数 *PF* 告诉我们，2500 亿小时的劳动（充分就业劳动量）可产生 22 万亿美元的潜在 GDP。

　　所得税 ❶ 减少了劳动力供给，并在企业支付的工资和工人收到的工资之间产生 ❷ 所得税楔子。❸ 雇主支付的税前工资率上升，❹ 工人
　　收到的税后工资率下降。❺ 就业减少，❻ 潜在 GDP 下降。

图 13-3　财政政策对潜在 GDP 的影响

在图 13-3a 中的劳动力市场中，所得税对劳动力需求没有影响，因为企业计划雇用的劳动力数量仅取决于劳动力的生产率和劳动力成本——实际工资率。劳动力需求曲线仍保持在 *LD*。

但所得税改变了劳动力的供给。由于不征收所得税，实际工资率为每小时 60 美元，每年雇用劳动力 2500 亿小时。所得税削弱了工作动力，工人税前工资的每 1 美元都必须按照所得税法规定向政府支付税费。所以工人在决定提供多少劳动力时会考虑税后工资率。在图 13-3a 中，每小时 30 美元的所得税使劳动力供给曲线 *LS* 向左移动至 *LS* + 税收。*LS* 曲线和 *LS* + 税收曲线之间的垂直距离衡量的是 30 美元的所得税。

由于劳动力供给减少，税前工资上升至每小时 70 美元，但税后工资下降至每小时 40 美元。税前工资率和税后工资率之间形成的差距就是税收楔子。

新的均衡就业劳动量为每年 2000 亿小时——低于不征收所得税时的水平。充分就业劳动力数量的减少导致潜在 GDP 下降，如图 13-3b 所示。

税率的变化

　　所得税率的变化会改变均衡就业和潜在 GDP。在上述示例中，所得税税率约为 43%，即 70 美元工资的所得税为 30 美元。如果提高所得税率，劳动力供给会进一步减少，LS + 税收曲线会进一步向左移动。均衡就业和潜在 GDP 下降。

　　如果所得税率降低，则劳动力供给增加，LS + 税收曲线向右移动。均衡就业和潜在 GDP 增长。

　　现在可以看到减税有两个作用：通过增加消费支出来增加总需求，以及增加潜在 GDP。

● 税收、赤字和经济增长

　　我们刚刚了解了税收是如何改变劳动力市场的激励措施并影响潜在 GDP 的。税收也会影响金融资本市场，从而影响储蓄和投资的数量；而储蓄和投资又反过来影响资本积累的速度和经济增长率。

　　财政政策从以下两个方面影响经济增长率。

　　第一，税收导致借款人支付的利率与贷款人收到的利率之间存在差距。这种税收楔子降低了储蓄和投资量，并减缓了经济增长率。

　　第二，如果政府存在预算赤字，那么政府为赤字融资的借款就会与企业为投资融资的借款竞争，并且在某种程度上，政府借款会"挤出"私人投资。

　　让我们更仔细地研究一下这两个方面对经济增长率的影响。

利率税收楔子

　　借款人对从贷款人那里收到的利息缴纳所得税，这就形成了利率税楔子。这种税收楔子的影响类似于税收楔子对劳动收入的影响。但出于以下两个原因，其影响更加严重。

　　第一，工资税降低了就业劳动力数量，降低了潜在 GDP，而利息税则降低了储蓄和投资数量，减缓了实际 GDP 增长率。对利息收入征税会产生卢卡斯楔形——潜在 GDP 与可能潜在 GDP 之间不断扩大的差距。

　　第二，由于通货膨胀和利率税相互作用，利息收入的真实税率远高于工资税率。影响投资和储蓄计划的利率是税后实际利率。

　　实际利率等于名义利率减去通货膨胀率。税后实际利率等于实际利率减去利息收入缴纳的所得税金额。

　　但决定应缴税额的是名义利率，而不是实际利率；通货膨胀率越高，名义利率越高，利息收入的真实税率也越高。

　　举例说明，假设利息收入的税率为名义利率的 40%。如果名义利率是每年 4%，并且没有通货膨胀，那么实际利率也是每年 4%。4% 利息的税率为 1.6%（4% 的 40%），因此税后实际利率为（4 − 1.6）%，相当于一年 2.4%。

现在假设名义利率为每年 10%，通货膨胀率为每年 6%，那么实际利率仍为每年 4%。10% 的利息税为 4%（10% 的 40%），因此现在税后实际利率为（4 − 4）%，等于 0。在这种情况下，真正的税率不是 40%，而是 100%！

即使是温和的通货膨胀也会使利息收入的真实税率极高，从而导致储蓄和投资的均衡数量减少，资本积累速度减慢，实际 GDP 增长率减慢。

赤字和挤出

在政府支出没有变化的情况下，减税会增加预算赤字，导致可贷资金需求增加（在第 7 章我们了解了政府预算赤字的影响）。可贷资金需求的增加提高了实际利率并挤出了私人投资。挤出效应的严重程度尚不确定，但其存在却是毋庸置疑的。

可以看到，所得税减免的挤出效应与激励效应相悖。较低的所得税率可以缩小税收楔子，刺激就业、储蓄和投资，但较高的预算赤字会挤出一些投资。

● 供给之争

在 1980 年之前，很少有经济学家关注税收对就业和潜在 GDP 的供给侧影响。然后，当罗纳德·里根就任总统时，供给学派开始争论减税的好处。阿瑟·拉弗（Arthur Laffer）就是其中之一。虽然拉弗和他的支持者在主流经济学家中并没有受到很大的尊重，但他们确实在一段时期内产生了影响。他们正确地指出，减税将增加就业并增加产出。但他们错误地认为，减税将增加税收收入，这足以减少预算赤字。鉴于美国的税率是工业世界中最低的之一，减税不太可能增加税收收入。当里根政府确实实行减税措施时，预算赤字却增加了，这一事实强化了这一观点。

供给侧经济学因其与拉弗的联系而受到玷污，并被称为"巫毒经济学"。但主流经济学家，包括担任里根政府首席经济顾问的哈佛大学教授马丁·费尔德斯坦（Martin Feldstein），肯定了减税作为激励措施所产生的作用，但他们普遍认为，不削减开支的减税会导致预算赤字增长，带来挤出效应。这一观点现已被经济学家所广泛接受。

● 长期财政政策效应

财政政策的长期后果是最深远的。

如果投资被巨额预算赤字挤出，经济增长率就会放缓，随着卢卡斯楔形扩大，潜在GDP 将进一步低于其本来的水平。如果巨额预算赤字持续存在，债务增加，那么人们对货币价值的信心就会受到削弱，通货膨胀就会爆发。历史上有许多例子可以说明财政刺激失控所产生的这种后果。正是财政政策的这些长期影响使得控制政府支出和预算赤字以及制定恢复充分就业平衡预算的计划至关重要。

聚焦生活

你对美国财政政策的看法

现在思考一下美国经济现状。利用你在课程中积累的所有知识，并通过阅读或观看时事新闻，尝试指出当今美国经济面临的宏观经济政策问题。

美国的经济周期是否存在问题？经济是否存在衰退缺口或通货膨胀缺口？经济是否已恢复充分就业？

美国的生产力是否存在问题？潜在GDP 是否太低或增长太慢？

根据你对美国经济现状的评估，你会推荐并投票支持哪种类型的财政政策？

你更关心公共服务的提供、预算赤字的规模还是税收楔子的规模？

如果你更关心公共服务的提供，你的首选方案是否包括增加支出？如果是，是在什么项目上？你将如何支付开支？

如果你更关心预算赤字的规模，你会建议如何降低预算赤字？

如果你更关心税收楔子，你首选的财政政策是否包括减税？如果是的话，你会削减哪些公共服务以降低税收？

思考一下你最近在媒体上看到的财政政策的变化。你认为这些变化能够说明联邦政府对经济现状的看法吗？这些观点与你的观点一致吗？

进一步思考最近财政政策方面的变化：这些变化预计会对人们产生什么影响？人们的支出、储蓄和劳动计划可能会发生怎样的变化？

以你自己对财政政策变化的反应为例，这些政策变化是否会影响总需求、总供给？你认为它们将如何改变实际GDP？

第 13 章要点小结

1. **描述联邦预算及其制定过程，并指出它所面临的一个挑战。**
- 联邦预算是美国政府支出、税收和预算盈余或赤字的年度报表。
- 财政政策利用联邦预算为联邦政府提供资金并影响宏观经济表现。
- 不断上升的国家债务和严重的财政失衡是财政政策面临的重大挑战。

2. **阐释如何利用财政刺激来应对经济衰退。**
- 财政政策可以是自主的，也可以是自动的。
- 政府支出的变化和税收的变化对总需求具有乘数效应，可用于尝试将实际 GDP 保持在潜在 GDP 水平。
- 现实中，立法时滞、立法自由裁量权范围缩小、潜在 GDP 估算困难以及经济预测的局限性严重制约了财政政策的自由裁量权。
- 自动稳定器的出现是因为税收收入和支出随着实际 GDP 的变化而波动。

3. **阐释财政政策对就业、潜在 GDP 和经济增长率的供给侧影响。**
- 提供公共物品和服务可以提高生产力并增加潜在 GDP。
- 所得税使企业支付的工资率和工人收到的工资率之间产生了差距，并降低了就业率和潜在 GDP。
- 所得税在企业支付的利率和贷方收到的利率以及较低的储蓄和投资与实际 GDP 增长率之间形成了一个楔形。
- 政府预算赤字会提高实际利率并挤出一些私人投资，从而减缓实际 GDP 增长。

美联储能否从另一场经济大萧条中拯救美国经济

第 14 章

货币政策

本章学习目标

» 描述美国货币政策的目标、实现这些目标的框架以及美联储的货币政策行动;

» 阐释美联储影响实际 GDP 和通货膨胀率的传导渠道;

» 阐释并比较替代性货币政策策略。

14.1

美联储如何实施货币政策

一个国家的货币政策目标以及设定和实现这些目标的框架源于中央银行与政府之间的关系。接下来我们将阐述美国货币政策的目标以及实现这些目标的框架和责任分配。

● 货币政策目标

货币政策的目标归根到底是政治性的。在美国，这些目标是在美联储的授权中规定的，该授权是由 1913 年《联邦储备法》及其后续修正案定义的。

联邦储备法

美国国会在 2000 年通过的《联邦储备法》修正案阐明了美联储的职责，其中规定：

> 美联储理事会和联邦公开市场委员会应保持货币和信贷总量的长期增长，与经济的长期增长潜力相适应，以有效促进就业最大化、价格稳定和长期利率适中等目标的实现。

对美联储货币政策目标的描述分为两部分：目标声明和实现目标的方式。

目标：双重使命

美联储的目标通常被描述为是实现价格稳定和就业最大化的"双重使命"。

"价格稳定"的目标并不意味着价格水平恒定。相反，它被解释为意味着保持低通货膨胀率且可预测。成功实现这一目标还可以确保"长期利率适中"。

就业最大化指的是实现潜在 GDP 最大可持续增长率、实际 GDP 接近潜在 GDP、失业率接近自然失业率。

从长远来看，这些目标是协调一致、相辅相成的。价格稳定是关键目标。它为家庭和企业的储蓄和投资决策提供了最佳的环境，从而带来经济的增长。因此，价格稳定有利于潜在 GDP 实现最大可持续增长率。

价格稳定会形成适度的长期利率，因为名义利率等于实际利率加上通货膨胀率。在价格稳定的情况下，名义利率接近实际利率，并且在大多数情况下，该利率可能是适中的。

虽然美联储的长期目标是一致的，但美联储在短期内需要进行权衡。例如，通过采取旨在降低通货膨胀率并实现价格稳定的行动，短期内失业率会上升，实际 GDP 增长会放缓。利用货币政策试图降低失业率、促进实际 GDP 增长的行为也会带来通货膨胀率上升的风险。

实现目标的方式

2000 年的《联邦储备法》修正法案指示美联储通过"保持货币和信贷总量的长期增长与经济增加生产的长期潜力相适应"来实现其目标。你或许会意识到这与你在第 9 章中学习的货币数量论相一致。"经济的长期增产潜力"就是潜在 GDP 的增长率，"货币和信贷总量"指的是货币和贷款的数量，通过将货币数量的增长率与潜在 GDP 的增长率保持一致，美联储有望保持充分就业和稳定价格水平。

实现目标的先决条件

2007 年夏季爆发并于 2008 年秋季加剧的金融危机将金融不稳定问题提上了美联储的首要议程。政策的重点变成了一心追求金融稳定（financial stability）——使金融市场和机构恢复配置资本资源和风险的正常功能。

美联储追求金融稳定并不意味着放弃充分就业和稳定价格水平的目标。相反，它是实现这些目标的先决条件。金融不稳定有可能带来严重的经济衰退和通货紧缩（价格下跌）并阻碍目标的实现。

为了实现其规定的货币政策目标，美联储必须使就业最大化和价格水平稳定的总体概念变得精确且具有可操作性。

● "就业最大化"目标实行

美联储对经济周期关注密切，并试图在通货膨胀和经济衰退之间保持稳定的运行状态。为了衡量相对于充分就业的产出和就业状况，美联储会查看大量指标，包括劳动力参与率、失业率、产能利用率指标、房地产市场活动、股票市场以及由地区联邦储备银行收集的区域信息。所有这些数据都汇总在美联储褐皮书中。

产出缺口——实际 GDP 与潜在 GDP 的百分比偏差——总结了总需求相对于潜在 GDP 的状态。正产出缺口（通货膨胀缺口）会使通货膨胀上升。负产出缺口（经济衰退缺口）会导致产出损失和失业率高于自然失业率。美联储试图将产出缺口最小化。

● "价格水平稳定"目标实行

美联储认为，核心通货膨胀是判断价格水平是否实现稳定的最佳指标。核心通货膨胀率指的是除食品和能源价格以外的个人消费支出价格指数（PCEPI）的年度百分比变化。

自 2012 年 1 月以来，美联储一直认为，当核心通货膨胀率为每年 2% 时，就实现了价格稳定。在 2012 年之前，美联储避免为核心通货膨胀率设定数字目标。美联储前主席艾伦·格林斯潘说道，"价格稳定最好被当作一种环境，在这种环境中，通货膨胀在一段时间内非常低且稳定，以至于它不会对家庭和企业的决策产生实质性的影响。"

● 货币政策的职责

谁负责美国的货币政策？美联储、国会和总统扮演的角色分别是什么？

美联储扮演的角色

《联邦储备法》规定美联储理事会和联邦公开市场委员会负责制定货币政策。我们在第 8 章中对联邦公开市场委员会的组成进行了阐述。联邦公开市场委员会每年定期开 8 次会议，并在每次会议后 3 周公布会议纪要。

国会扮演的角色

国会在制定货币政策的决策中没有发挥任何作用，但《联邦储备法》要求联邦储备系统理事会向国会报告货币政策。美联储每年会做 2 次报告，一次在 2 月，一次在 7 月。这些报告，以及美联储主席在国会的证词和联邦公开市场委员会的会议纪要，会向立法者和公众传达美联储对货币政策的看法。

总统扮演的角色

美国总统的正式职责仅限于任命联邦储备系统理事会成员和主席，但有些总统总是试图影响美联储的决策。

现在，我们已经了解了货币政策的目标，并可以描述实现这些目标的框架和责任分配。下一个任务是了解美联储如何实施其货币政策。

● 政策工具

为了实施货币政策，美联储必须选择一种货币政策工具（monetary policy instrument），即美联储可以直接控制或严格控制的变量，以有效地影响经济。

联邦基金利率

美联储选择的货币政策工具是联邦基金利率（federal funds rate），即银行间贷款的利率。这些银行间贷款是在所谓的联邦基金市场中发放的。

美联储如何决定联邦基金利率的适当水平？一旦做出决定，美联储又如何将联邦基金利率移动到其目标水平？

利率决策

联邦公开市场委员会将联邦基金利率目标设定在使其对通货膨胀和产出差距的预期尽可能接近其期望的水平上。在做出决定之前，联邦公开市场委员会收集和处理大量有关经济、经济对冲击的反应以及经济对政策的反应的信息。然后，联邦公开市场委员会处理所有这些数据，得出关于联邦基金利率最佳水平的判断。

美联储并不追求正式公布的目标：它有隐含的目标，但经济在大多数时候会偏离这些目标。当这种情况发生时，美联储会对这两个目标进行相对权衡，并在短期权衡的限制下，决定让通货膨胀重回正轨或让经济恢复充分就业的速度。

图 14-1 显示了自 2000 年以来的联邦基金利率。可以看到，联邦基金利率在 2000 年初为 5.5%，在 2000 年和 2001 年期间，美联储将利率提高到了 6.5%。美联储将利率提高到如此高的水平是为了降低通货膨胀率。

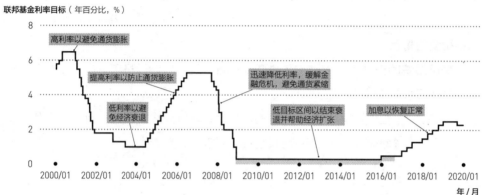

注：美联储设定联邦基金利率目标，然后采取行动使利率接近其目标。

当美联储想要减缓通货膨胀时，它会提高联邦基金利率目标。

当通货膨胀率低于目标时，美联储希望避免经济衰退，就会下调联邦基金利率目标。

在全球金融危机期间，当美联储专注于恢复金融稳定时，它将联邦基金利率目标大幅下调至几乎为 0。美联储还将目标设定为一个区间，如浅灰色所示。

图 14-1   美联储的主要货币政策工具：联邦基金利率

资料来源：   美联储系统理事会。

2002 年至 2004 年期间，联邦基金利率处于历史低位。这是由于通货膨胀很好地稳定在每年接近 2% 的水平，美联储对通货膨胀的担忧要少于对衰退的担忧，因此它希望向避免经济衰退的方向倾斜。

从 2004 年年中到 2006 年年初，美联储越来越担心通货膨胀压力的累积，并 17 次将联邦基金利率目标上调至 5.25%，这一水平一直保持到 2007 年 9 月。

当全球金融危机开始时，美联储在削减联邦基金利率目标时行事谨慎。但随着危机的加剧，降息变得越来越频繁，幅度也越来越大，直到 2008 年 12 月，利率接近于 0。从 2008 年年底到 2015 年，联邦基金利率接近于 0。然后，从 2016 年开始，美联储以 9 个 0.25% 的小幅步幅谨慎地提高了利率。但即使是在 2019 年，彼时经济已恢复充分就业，联邦基金利率以历史标准衡量来看仍然很低。

了解了美联储如何设置联邦基金利率目标后，下一个任务是了解美联储如何使联邦基金利率达到其目标。

● 达到联邦基金利率目标

联邦基金利率是银行在借出（或借入）准备金时赚取（或支付）的利率。联邦基金利率也是持有准备金的机会成本。持有大量准备金是向另一家银行贷出准备金的替代方案，持有少量准备金是向另一家银行借入准备金的替代方案。因此，银行愿意持有的准备金数量随联邦基金利率的变化而变化：联邦基金利率越高，银行计划持有的准备金数量就越少。

美联储控制着准备金供给的数量，并且美联储可以通过公开市场操作来改变这一数量。在前文中我们了解了公开市场购买如何增加储备以及公开市场出售如何减少储备。为了达到联邦基金利率目标，纽约联储进行公开市场操作，直到准备金供给量刚好达到联邦基金利率目标。

图 14-2 显示了银行准备金市场的均衡。横轴衡量的是银行在美联储的存款准备金数量，纵轴衡量的是联邦基金利率。对准备金的需求，即银行持有准备金的意愿显示为标有 *RD* 的曲线。

美联储的公开市场操作决定了准备金的供给量，即供给曲线 *RS*。为了减少准备金，美联储会进行公开市场出售。为了增加准备金，美联储会进行公开市场购买。

银行准备金市场的均衡决定了联邦基金利率，其中银行要求的准备金数

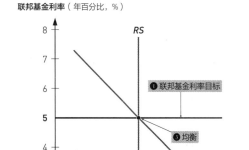

注：联邦基金利率（纵轴）是持有准备金的机会成本：联邦基金利率越高，银行想要持有的准备金数量就越少。

银行准备金的需求曲线为 *RD*。

❶ 联邦公开市场委员会将联邦基金利率目标设定为每年 5%。

❷ 纽约联储进行公开市场操作，准备金供给量为 500 亿美元，准备金供给曲线为 *RS*。

❸ 银行准备金市场的均衡出现在联邦基金目标利率上。

图 14-2　银行准备金市场的均衡

量等于美联储提供的准备金数量。通过公开市场操作，美联储调整准备金供给量，以保持联邦基金利率处于目标水平。

● 在金融危机中恢复金融稳定

在金融危机期间，美联储采取了非常措施来恢复金融稳定。第 8 章描述了美联储采用的量化宽松和信贷宽松工具，而"聚焦货币的创造"（第 8.4 节）则显示了 2008 年"量化宽松"QE1 带来的银行储备和基础货币的大幅飙升。

图 14-3 显示了美联储在银行准备金市场上的 QE1 行动。正常情况下，储备金需求为 RD_0，储备金供给为 RS_0。联邦基金利率为 5%，银行准备金为 500 亿美元。

在金融动荡和恐慌时期，银行评估风险增加，它们决定将更多的资产以安全准备金的形式存放在美联储。对储备的需求增加，需求曲线变为 RD_1。如果美联储不采取行动，联邦基金利率将会上升，银行贷款将会收缩，货币数量将会减少，经济衰退将会加剧。

为避免这种结果，美联储的贷款计划向银行注入了数十亿美元。准备金供给增加至 RS_1，联邦基金利率降至 0。银行开始不再将增加的准备金用于放贷，反而是将其储存起来。但由于准备金充足，银行不会收回贷款或加剧经济衰退。美联储的行动避免了金融危机的恶化。

尽管美联储避免了一场更严重的金融危机，但如果没有采取非常行动，我们不知道事情会变得多糟糕。本节"聚焦危机中的美联储"将 2008—2009 年经济衰退的一些特征与 20 世纪 30 年代初的经济大萧条进行了比较。

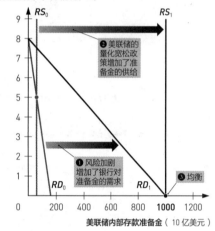

注：正常情况下，银行准备金需求为 RD_0，准备金供给为 RS_0。联邦基金利率为每年 5%。

在金融危机中，

❶ 银行面临的风险加剧，因此它们增加了准备金需求，需求曲线向 RD_1 移动。

❷ 美联储的 QE1 等行动增加了准备金供给，供给曲线向 RS_1 移动。

❸ 均衡联邦基金利率降至 0，准备金数量激增至 1 万亿美元。

图 14-3   金融危机中的银行准备金市场

⊙ 聚焦危机中的美联储

美联储是否将他们从另一场经济大萧条中拯救出来

经济大萧条的故事错综复杂，即使是在经过近 80 年的研究之后，经济学家们也无法就其原因达成充分的共识。但是其中有一部分是明确的，正如米尔顿·弗里德曼（Milton Friedman）和安娜·J. 施瓦茨（Anna J. Schwartz）所说：

美联储犯了错。

金融风险的加剧迫使银行增加了准备金，而人们则减少了银行存款，持有更多现金。

1929 年至 1933 年间，银行的预期准备金率从 8% 上升到 12%，现金漏损率从 9% 上升到 19%（见图 1）。

货币乘数（见图 2）从 6.5 下降至 3.8。

货币数量（见图 3）下降了 35%。

在货币数量大规模收缩的同时，银行贷款也发生了类似的收缩，许多银行倒闭。

弗里德曼和施瓦茨表示，如果美联储能够更加警惕、明智，这种货币和银行贷款收缩以及银行倒闭本来可以（而且应该）避免。

美联储本可以向银行注入准备金，以满足银行通过持有更多准备金来提高安全性的愿望，并抵消因人们放弃银行存款而导致的货币持有量的增加。

本·伯南克领导下的美联储几乎完全按照弗里德曼和施瓦茨在经济大萧条时期所说的那样行事。

2008 年年底，当银行面临更大的金融风险时，美联储向它们注入了大量它们想要持有的准备金（见图 1）。

货币乘数从 2008 年的 9.1 下降到 2013 年的 3.3（见图 2）——远高于 1929 年至 1933 年间的下降幅度——但货币数量并没有收缩（见图 3）。相反，截至 2013 年 8 月，M2 的数量增加了 37.5%，年增长率为 6.6%。

我们无法确定美联储是否在 2009 年避免了经济大萧条，但我们可以确信美联储的行动有助于限制 2008—2009 年经济衰退的深度和持续时间。

过去几年，美联储一直处在两难的

境地：经济复苏缓慢，但失业率接近自然失业率。美联储的困境在于何时停止对抗缓慢的经济复苏，转而开始担心释放通货膨胀。

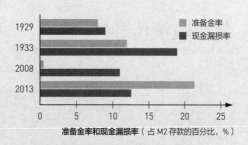

图 1　避险：准备金率和现金漏损率上升

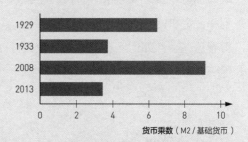

图 2　崩溃的货币乘数

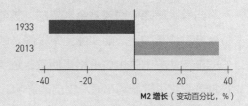

图 3　货币收缩与增长对比

资料来源：　美联储委员会。

《美国货币史》的作者米尔顿·弗里德曼和安娜·施瓦茨认为，美联储将一场普通的经济衰退变成了大萧条。

14.2

货币政策传导

　　我们已经了解到，美联储的目标是将通货膨胀率保持在每年 2% 左右，并将产出缺口保持在接近 0 的水平。我们还看到了美联储是如何利用其市场力量将联邦基金利率设定在旨在实现这些目标的水平。我们现在将追踪联邦基金利率变化后的事件，看看这些事件如何实现最终的政策目标。我们将首先快速概览传输过程，然后仔细地研究每个步骤。

● 快速概览

　　当美联储降低联邦基金利率时，其他短期利率和汇率也会下降。货币数量和可贷资金供给增加，长期实际利率下降。较低的实际利率会增加消费支出和投资。较低的汇率使美国的出口价格更便宜，进口成本更高，因此净出口增加。更宽松的银行贷款强化了较低利率对总支出的影响。总需求的增加，使实际 GDP 增加，并使价格水平相对于本来的实际水平有所上升。实际 GDP 增长、通货膨胀加快。

　　当美联储提高联邦基金利率时，正如我们刚刚回顾的一系列事件所发生的那样，其影响是相反的。

　　图 14-4 概括了联邦基金利率下调和上调的连锁反应，这些连锁反应会持续一到两年。利率和汇率的影响是立竿见影的。对货币和银行贷款的影响将在几周内显现并持续几个月。实际长期利率变化很快，而且经常是由于对短期利率变化的预期而变化。大约一年后，支出计划会发生变化，实际 GDP 增长也将发生变化。联邦基金利率变化后一年到两年内通货膨胀率会发生变化。但这些时间滞后并不完全可预测，可能更长或更短。我们将从利率影响开始研究传导过程的每个阶段。

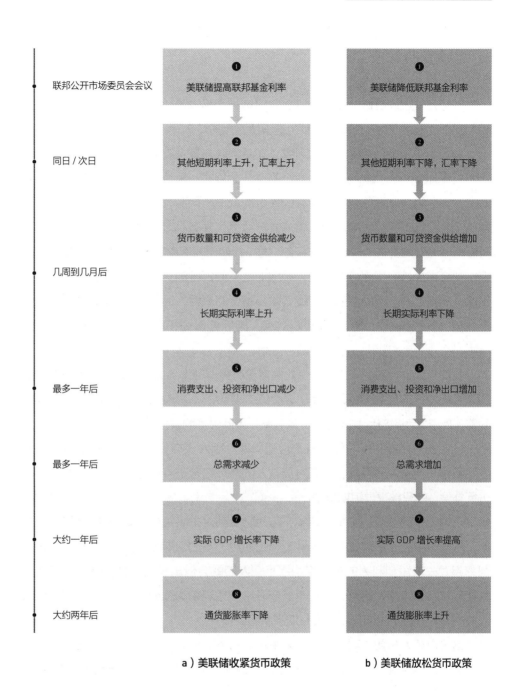

联邦公开市场委员会会议	❶ 美联储提高联邦基金利率	❶ 美联储降低联邦基金利率
同日 / 次日	❷ 其他短期利率上升，汇率上升	❷ 其他短期利率下降，汇率下降
	❸ 货币数量和可贷资金供给减少	❸ 货币数量和可贷资金供给增加
几周到几月后	❹ 长期实际利率上升	❹ 长期实际利率下降
最多一年后	❺ 消费支出、投资和净出口减少	❺ 消费支出、投资和净出口增加
最多一年后	❻ 总需求减少	❻ 总需求增加
大约一年后	❼ 实际 GDP 增长率下降	❼ 实际 GDP 增长率提高
大约两年后	❽ 通货膨胀率下降	❽ 通货膨胀率上升

a）美联储收紧货币政策　　　　　　b）美联储放松货币政策

注：美联储改变利率目标并进行公开市场操作以 ❶ 改变联邦基金利率。同一天 ❷ 其他短期利率
发生变化，汇率也发生变化。联邦公开市场委员会会议后几周到几个月，❸ 货币数量和可贷
资金供给发生变化，❹ 长期实际利率改变。

会议后一年内，❺ 消费支出、投资和净出口发生变化，从而 ❻ 改变总需求。

最终，联邦基金利率的变化会产生连锁反应，在会议大约一年后 ❼ 实际 GDP 改变，在会议
大约两年后，❽ 通货膨胀率发生变化。

图 14-4　美联储行动的连锁反应

● 利率变动

联邦公开市场委员会货币政策决定的第一个影响是联邦基金利率发生变化，且其他利率也随之变化。这些变化发生得很快且相对可预测。

美国政府 3 个月期国库券的利率立即受到联邦基金利率变化的影响。强大的替代效应（substitution effect）使这两个利率彼此接近。银行可以选择如何持有短期流动资产，向另一家银行贷款是持有国库券的近似替代品。如果国库券的利率高于联邦基金利率，银行就会增加持有国库券的数量，并减少对其他银行的贷款。从而使得短期国库券的价格上升，利率下降。同样，如果国库券的利率低于联邦基金利率，银行就会减少持有国库券的数量，并增加对其他银行的贷款。从而使得国库券价格下跌，利率上升。当国库券利率接近联邦基金利率时，银行就没有动力在向其他银行发放贷款和持有国库券之间进行转换。国库券市场和联邦基金市场均处于均衡状态。

长期利率也会发生变化，但变化幅度没有短期利率那么大。长期公司债券利率，即大公司发行的债券支付的利率，是受联邦基金利率影响最显著的利率。这是企业为购买新资本而融资所需支付的贷款利率，因此会影响其投资决策。

长期公司债券利率一般略高于短期利率，因为长期贷款的风险高于短期贷款。为了激励长期贷款的供给，必须对贷款人的额外风险进行补偿。如果不对额外风险进行补偿，就只能提供短期贷款。

长期利率的波动小于短期利率，因为它受到对未来短期利率的预期以及当前短期利率的影响。长期借贷的另一种选择是使用一系列短期证券进行借贷。如果长期利率超过未来短期利率的预期平均水平，人们就会借出长期贷款，借入短期贷款，长期利率将会下降。如果长期利率低于未来短期利率的预期平均水平，人们就会借入长期贷款并借出短期贷款，则长期利率将会上升。

这些市场力量使长期利率接近未来短期利率的预期平均值（加上与长期贷款相关的额外风险的溢价），并且未来短期利率的预期平均值波动小于当前的短期利率。

● 汇率变化

汇率对美国利率相对于其他国家利率的变化做出反应，即为美国利差（U.S. interest rate differential）。我们将在第 16 章中解释这种影响。

当美联储提高联邦基金利率时，美国利差就会上升，在其他条件保持不变的情况下，美元就会升值。当美联储降低联邦基金利率时，美国利差就会下降，在其他条件保持不变的情况下，美元会贬值。

除美国利差之外的许多因素都会影响汇率，因此当美联储改变联邦基金利率时，汇率通常不会像其他因素保持不变时那样发生完全一致的变化。因此在货币政策影响汇率的同时，还有很多其他因素也会使汇率发生变化。

● 货币和银行贷款

当美联储改变联邦基金利率目标时，货币和银行贷款的数量会发生变化。联邦基金利率的上升减少了货币和银行贷款的数量；联邦基金利率的下降增加了货币和银行贷款的数量。这些变化的发生有两个原因：银行系统创造的存款和贷款数量发生变化；货币需求量发生变化。

我们已经看到，要改变联邦基金利率，美联储必须改变银行准备金的数量。银行准备金数量的变化会改变基础货币，进而改变银行体系可以创造的存款和贷款的数量。联邦基金利率的上升会减少准备金并减少存款和银行贷款的数量；联邦基金利率的下降增加了准备金并增加了存款和银行贷款的数量。

银行体系创造的货币数量必须由家庭和企业持有。利率的变化会改变货币需求量，利率下降会增加货币需求量，利率上升会减少货币需求量。

货币数量和银行贷款供给的变化直接影响消费和投资计划。随着货币持有量增加、贷款难度减小，消费者和企业就会花更多的钱。若货币持有量减少且贷款难度增加，家庭和企业的支出也会随之减少。

● 长期实际利率

可贷资金市场的需求和供给决定了长期实际利率，它等于长期名义利率减去预期通货膨胀率。长期实际利率影响了支出决策。

从长远来看，可贷资金市场的需求和供给仅取决于实际力量——储蓄和投资决策。但在短期内，当价格水平不完全灵活时，可贷资金的供给量会受到银行贷款供给量的影响。联邦基金利率的变化改变了银行贷款的供给，从而改变了可贷资金的供给并改变了可贷资金市场的实际利率。

联邦基金利率下降会增加银行贷款的供给，从而增加可贷资金的供给并降低均衡实际利率。联邦基金利率的上升会减少银行贷款的供给，从而减少可贷资金的供给并提高均衡实际利率。

实际利率的这些变化以及我们刚才描述的其他因素都会改变支出计划。

● 支出计划

联邦基金利率变化带来的连锁反应会改变总支出的以下 3 个组成部分。

» 消费支出
» 投资
» 净出口

在其他条件保持不变的情况下，实际利率越低，消费支出越大，储蓄越少。

同样地，在其他条件保持不变的情况下，实际利率越低，投资金额就越大。

最后，在其他条件保持不变的情况下，利率越低，汇率越低，出口越多，进口越少。

联邦基金利率的下调会增加总支出的所有组成部分；联邦基金利率的上升会使总支出的所有组成部分减少。总支出计划的这些变化改变了总需求，进而改变了实际 GDP 和通货膨胀率。

● 美联储应对经济衰退

我们现在要将传导过程中的所有步骤整合在一起。我们将从通货膨胀低于目标、实际 GDP 低于潜在 GDP 开始入手。美联储采取旨在恢复充分就业的行动。图 14-5 显示了美联储行动的影响，从银行准备金市场开始，到实际 GDP 市场结束。

图 14-5a 显示的是银行准备金市场，联邦公开市场委员会将目标联邦基金利率从每年 5.0% 降低至 4.0%。为了实现新目标，纽约联储购买证券并将银行系统的准备金供给从 RS_0 增加到了 RS_1。

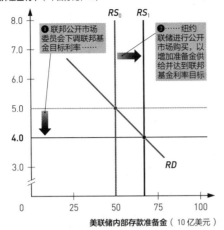

a）银行准备金市场

注：❶联邦公开市场委员会将联邦基金利率目标从每年 5% 降低
至 4%。❷纽约联储通过公开市场操作购买证券，并将准备
金供给从 RS_0 增加到 RS_1，以达到新的联邦基金利率目标。

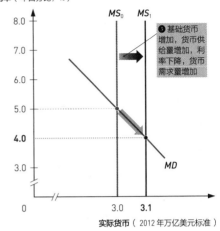

b）货币市场

注：❸货币供给量从 MS_0 增加到 MS_1，短期利率下降，货币需求
量增加。短期利率和联邦基金利率变化幅度相似。

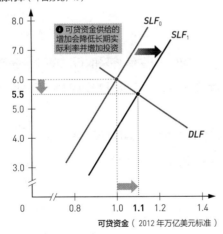

c）可贷资金市场

注：货币数量的增加会增加贷款的供给。❹银行贷款供给量的增
加使可贷资金供给曲线从 SLF_0 右移至 SLF_1，实际利率下降，
投资增加。

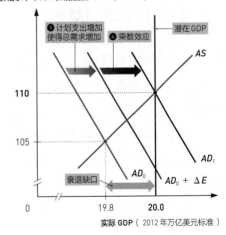

d）实际 GDP 和价格水平

注：❺计划总支出增加，总需求曲线向 $AD_0 + \Delta E$ 移动。❻乘数
过程使总需求曲线右移至 AD_1。实际 GDP 增加，价格水平上
升（通货膨胀加速）。

图 14-5　美联储应对经济衰退

随着准备金供给的增加，银行通过贷款创造存款，货币供给量增加。短期利率从而下降，货币需求量增加。在图 14-5b 中，货币供给量从 MS_0 增加到 MS_1，年利率从 5.0% 下降到 4.0%，货币数量从 3.0 万亿美元增加到 3.1 亿亿美元。货币市场利率和联邦基金利率通过前文描述的强大替代效应保持彼此接近的状态。

银行通过发放贷款来创造货币。从长期来看，银行贷款供给的增加伴随着价格水平的上升，而实际贷款数量不变。但在短期内，由于价格水平具有黏性，银行贷款供给量的增加会增加（实际）可贷资金的供给量。在图 14-5c 中，可贷资金供给曲线从 SLF_0 向右移动到 SLF_1。随着 DLF 对可贷资金的需求，实际利率从每年 6.0% 下降到 5.5%。

图 14-5d 显示了总需求和总供给以及引发美联储行动的衰退缺口。货币和贷款的增加以及实际利率的下降增加了计划总支出（图 14-5d 中未显示，利率下降会降低汇率，从而增加净出口和计划总支出）。总支出 ΔE 的增加会增加总需求，并使总需求曲线 AD_0 向右移动至 $AD_0 + \Delta E$。乘数过程由此开始。支出增加，收入随之增加，从而导致消费支出增加。总需求进一步增加，总需求曲线右移，最终到达 AD_1。新的均衡是充分就业，但价格水平更高（通货膨胀更快）。

● 美联储应对通货膨胀

如果通货膨胀率过高且实际 GDP 高于潜在 GDP，美联储将采取行动降低通货膨胀率并恢复价格稳定。图 14-6 显示了美联储行动从准备金市场开始到实际 GDP 市场结束的影响。

图 14-6a 显示了银行准备金市场，联邦公开市场委员会将目标联邦基金利率从每年 5.0% 提高到 6.0%。为了实现新目标，纽约联储出售证券并将银行系统的准备金供给从 RS_0 减少到 RS_1。

随着准备金供给的减少，银行通过减少贷款来减少存款，货币供给量也减少了。短期利率从而上升，货币需求量减少。在图 14-6b 中，货币供给量从 MS_0 减少到 MS_1，利率从每年 5.0% 上升到 6.0%，货币数量从 3.0 万亿美元减少到 2.9 万亿美元。

随着准备金的减少，银行必须减少贷款供给。（实际）可贷资金供给减少，可贷资金供给曲线在图 14-6c 中从 SLF_0 向左移动到 SLF_1。随着 DLF 对可贷资金的需求，实际利率从每年 6.0% 上升至 6.5%。

图 14-6d 显示了实际 GDP 市场的总需求和总供给以及美联储所反映的通货膨胀

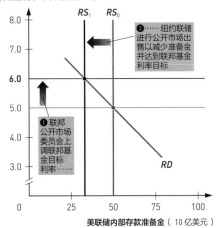

a）银行准备金市场

注：❶联邦公开市场委员会将联邦基金利率目标从每年 5% 提高至 6%。❷纽约联储在公开市场操作中出售证券，并将准备金供给从 RS_0 减少到 RS_1，以达到新的联邦基金利率目标。

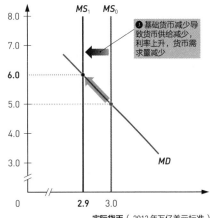

b）货币市场

注：❸货币供给量从 MS_0 减少到 MS_1，短期利率上升，货币需求量减少。短期利率和联邦基金利率变化幅度相似。

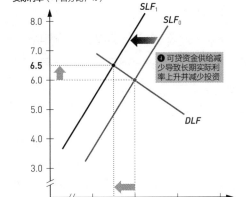

c）可贷资金市场

注：货币数量的减少会使贷款的供给减少。❹银行贷款供给量减少，可贷资金供给曲线从 SLF_0 左移至 SLF_1，实际利率上升，投资减少。

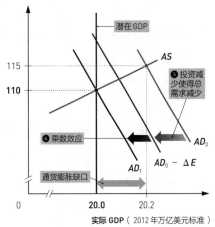

d）实际 GDP 和价格水平

注：❺计划总支出减少，总需求曲线向 $AD_0 - \Delta E$ 移动。❻乘数过程将总需求降低至 AD_1。实际 GDP 下降，价格水平下降（通货膨胀放缓）。

图 14-6　美联储应对通货膨胀

缺口。货币和贷款数量的减少以及实际利率的上升减少了计划总支出。总支出 ΔE 的减少会降低总需求，并使总需求曲线 AD_0 向左移动至 $AD_0 - \Delta E$。乘数过程由此开始。支出减少，收入随之减少，从而导致消费支出减少。总需求进一步下降，总需求曲线向左移动，最终到达 AD_1。经济恢复充分就业，实际 GDP 等于潜在 GDP，价格水平下降（通货膨胀率降低）。

在这两个例子中，我们在实现充分就业和保持价格水平稳定方面都给美联储带来了完美的打击。如果美联储对总需求的改变太小、太晚，或者太多、太早，经济都无法恢复充分就业。行动太少会造成衰退或通货膨胀缺口，行动太多会超出目标。如果美联储刹车踩得太猛，就会将经济从通货膨胀推向衰退。如果刺激太多，就会将经济衰退变成通货膨胀。

● 松散的联结和长期多变的滞后

我们刚刚用经济模型精确分析了货币政策的连锁反应，但实际上这很难被预测和影响。

为了实现价格水平稳定和就业最大化的目标，美联储需要很好的判断力和运气。就业不足的经济体降息幅度过大可能会带来通货膨胀，就像 20 世纪 70 年代那样。通货膨胀经济中利率上升幅度过大可能会造成失业，就像 1981 年和 1991 年那样。

从联邦基金利率到最终政策目标的链条中松散的环节使得不良的政策结果不可避免。漫长且多变的时滞加大了美联储的挑战。

联邦基金利率与支出之间的松散联结

影响支出计划的长期实际利率与联邦基金利率的联系并不紧密。此外，长期实际利率对名义利率变化的反应取决于通货膨胀预期如何变化。支出计划对实际利率变化的反应取决于许多因素，而这些因素使得反应难以预测。

调整过程存在时间滞后

货币政策传导过程漫长且拖沓，这对美联储来说尤其不利。此外，经济并不总是以完全相同的方式对特定的政策变化做出反应的。而且，政策以外的许多因素也在不断变化，引发了政策必须应对的意外情况。

2007 年夏季开始的信贷市场和住房贷款市场的动荡就是货币政策必须应对的意

外情况的一个例子。美联储发现自己面临着持续的通货膨胀风险，但这种风险伴随着对支出崩溃会带来经济衰退的担忧。

● 最终现实检验

我们学过货币政策理论，它真的像我们描述的那样运行吗？确实如此。大量的统计研究调查了美联储的行动对经济的影响，这些研究的结论是毋庸置疑的。当美联储提高联邦基金利率时，经济会因我们所描述的原因而放缓。当美联储降低联邦基金利率时，经济就会加速。

调整过程中的时滞是不可预测的，但平均滞后时间是已知的。平均而言，在美联储采取行动改变经济进程后，实际 GDP 大约在一年后开始发生变化。通货膨胀率的反应需要更长的时滞，平均约为两年。

美联储的行动与货币政策目标通货膨胀率的变化之间存在较长的时滞，这使得货币政策的实施非常困难。未来两年的经济状况无法预测，因此美联储的行动可能会与维持经济衰退和通货膨胀之间稳定发展所需的行动背道而驰。

我们现在已经了解美联储是如何运作的了，并研究了其行动所产生的效果。在本章的最后，我们将探讨货币政策的替代方法。

14.3

替代性货币政策策略

我们将通过研究美联储可能选择的替代策略来结束对货币政策的探讨，一些经济学家认为这些策略将改善宏观经济结果。所有可能的货币政策策略都可以分为两大类：相机抉择政策和基于规则的政策。

美联储的货币政策是相机抉择的。奉行相机抉择货币政策（discretionary monetary policy）的中央银行将其政策工具设定在其认为最能实现其货币政策目标的水平。为了做出利率决定，联邦公开市场委员会收集并分析大量数据，并对最能实现价格稳定和充分就业的水平做出判断。

相机抉择货币政策的替代方案是基于规则的货币政策。基于规则的货币政策（rulebased monetary policy）是一种基于制定政策工具规则的货币政策。其支持者表示，它比相机抉择货币政策更具可预测性，并且减少了未来政策决策的不确定性。不确定性的减少会促进商业投资和经济增长。而未来通货膨胀的不确定性越少，资本市场和劳动力市场的运行也就越高效，因为在这些市场上，合同都是基于长期协议制定的。

我们已经提出了如下两种替代货币政策规则。

» 利率规则
» 货币基础规则

● 利率规则

斯坦福大学的约翰·B. 泰勒（John B. Taylor）提出了一项设定联邦基金利率的

规则——泰勒规则（Taylor rule）。该规则的目标是实现 2% 的通货膨胀率和充分就业。如果通货膨胀率达到 2% 的目标并且不存在产出缺口，泰勒规则将联邦基金利率设定为每年 4% 的中性利率。若通货膨胀率偏离目标 1%，实际 GDP 偏离潜在 GDP1%，那么联邦基金利率就会上升或下降 0.5%。

　　泰勒规则是通过分析大量美国宏观经济数据来构建经济统计模型而得出的。接着，该规则在该模型中进行了测试。结果表明，在实现法定货币政策目标方面，该规则比美联储的决定更有效。

● 货币基础规则

　　卡内基梅隆大学的贝内特·T. 麦卡勒姆（Bennett T. McCallum）提出了一条设定基础货币的规则——麦卡勒姆规则（McCallum rule），其目标与泰勒规则相同：2% 的通货膨胀率和充分就业。

　　货币数量理论为麦卡勒姆规则提供了基础。货币数量理论将通货膨胀与货币增长率、流通速度增长率和实际 GDP 增长率联系起来。在麦卡勒姆规则中，货币就是基础货币，因此

通货膨胀率 = 基础货币增长率 + 速度增长率 - 实际 GDP 增长率

　　其中速度是基础货币的流通速度。

　　该规则确定了基础货币的增长率，该增长率会响应速度增长率和实际 GDP 增长率的变化，以实现 2% 的目标通货膨胀率。

◎ 聚焦美国经济

美联储的决定与两条规则

泰勒规则

　　图 1 显示了美联储的决定以及泰勒规则所设定的联邦基金利率。如果该规则为联邦基金利率提供了最佳路径，那么美联储在 2004 年和 2005 年将利率维持在过低水平的时间过长，然后在

2006 年又过快、幅度过大地提高了利率。泰勒表示，美联储对规则的偏离导致了 2007 年的全球金融危机。自 2009 年以来的几年里，美联储再次将联邦基金利率保持在远低于泰勒规则设定的水平。如果这条规则是正确的，那么美联储就会加剧通货膨胀。

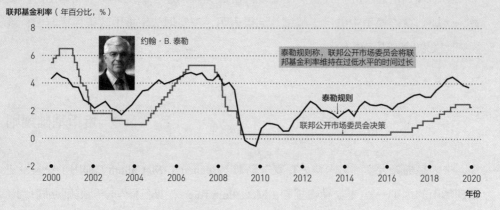

联邦基金利率（年百分比，%）

约翰·B. 泰勒

泰勒规则称，联邦公开市场委员会将联邦基金利率维持在过低水平的时间过长

泰勒规则

联邦公开市场委员会决策

年份

图 1   泰勒规则与联邦公开市场委员会对比

麦卡勒姆规则

图 2 显示了美联储的决定以及麦卡勒姆规则本应提供的货币基础。如果该规则为基础货币提供了最佳路径，那么美联储就偏离得太远了。在每一次量化宽松时期，美联储都将基数提高得过多、过快。

麦卡勒姆规则与泰勒规则一致：如果规则正确，那么美联储就会助长未来通货膨胀的爆发。

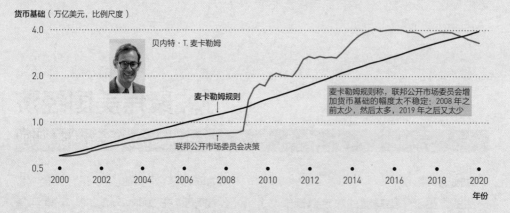

货币基础（万亿美元，比例尺度）

贝内特·T. 麦卡勒姆

麦卡勒姆规则

麦卡勒姆规则称，联邦公开市场委员会增加货币基础的幅度太不稳定：2008 年之前太少，然后太多，2019 年之后又太少

联邦公开市场委员会决策

年份

图 2   麦卡勒姆规则与联邦公开市场委员会对比

　　本节"聚焦美国经济"将美联储的决定与泰勒规则和麦卡勒姆规则进行了比较。美联储可能使用的另外两种策略是受严格目标约束的相机抉择货币政策，即

> » 通货膨胀目标制
> » 货币增长目标制

● 通货膨胀目标制

　　通货膨胀目标制（inflation targeting）是一种货币政策制度，即中央银行与政府达成公开协议，以实现明确的通货膨胀目标，并解释其政策行动将如何实现该目标。

　　通货膨胀目标制的理念是明确、公开地阐明货币政策的目标，建立问责框架，在保持低而稳定的通货膨胀率的同时保持较高且稳定的就业水平。

　　通货膨胀的目标通常根据 CPI 通货膨胀率的范围来指定。这个范围通常在每年 1% ~ 3% 之间，目标是实现每年 2% 的平均通货膨胀率。由于货币政策操作的时滞较长，如果通货膨胀率跌破目标区间，预计中央银行将在未来两年内将通货膨胀率拉回目标区间。

　　几家主要的中央银行自 20 世纪 90 年代中期以来一直实行通货膨胀目标制。最致力于通货膨胀目标制的中央银行是英格兰银行（英国中央银行）、加拿大中央银行、澳大利亚储备银行、新西兰储备银行、瑞典中央银行和欧洲中央银行（欧元区国家中央银行）。

　　日本和美国是不采用这种货币政策策略的最著名的主要工业经济体。但是，当美联储前主席本·伯南克和美联储前理事弗雷德里克·S. 米什金在（Frederic S. Mishkin，分别在普林斯顿大学和哥伦比亚大学）担任经济学教授时，认为通货膨胀目标制是实施货币政策的明智方式。

　　在美联储当前策略的替代方案中，通货膨胀目标制是最有可能被考虑的。事实上，一些经济学家认为，与美联储目前的做法相比，这只是一小步。2007 年 11 月，美联储发布了联邦公开市场委员会成员对通货膨胀、实际 GDP 增长和失业率的详细预测，在提高透明度（通货膨胀目标制的核心特征）方面迈出了重要一步。2012 年，美联储将 2% 的通货膨胀率定义为与价格稳定相一致的水平。

　　人们普遍认为通货膨胀目标制能够实现其目标。显然，通货膨胀目标制定者的通货膨胀报告提高了人们对货币政策过程的讨论和理解水平。

目前尚不清楚通货膨胀目标制是否比美联储目前追求的隐性目标制更能实现低而稳定的通货膨胀。美联储在没有与政府达成正式通货膨胀目标协议的情况下，其自身的记录一直令人印象深刻，直到全球金融危机引发了对其策略的质疑。

[◎] 聚集全球经济

全球通货膨胀目标

5 个发达经济体和欧元区制定了旨在锚定通货膨胀预期的通货膨胀目标（见图 1，以深灰色条表示）。

其中 4 个经济体已经实现了通货膨胀目标（浅灰色条），另外两个经济体则差点实现目标。

在所有 6 种情况下，高质量的中央银行通货膨胀报告都鼓励提高公众对通货膨胀问题的讨论以及对各中央银行观点和政策决定的认识。

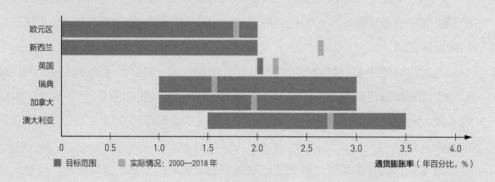

图 1　全球通货膨胀目标

资料来源：　各国中央银行和世界经济展望数据库，2019 年 4 月。

● 货币增长目标制

早在 1948 年，诺贝尔奖获得者米尔顿·弗里德曼（Milton Friedman）就提出了货币数量的目标规则。弗里德曼的 $k\%$ 规则（k-percent rule）使得货币数量以每年 $k\%$ 的速度增长，其中 k 等于潜在 GDP 的增长率。弗里德曼的 $k\%$ 规则依赖于稳定的货币需求，这可以转化为稳定的流通速度。弗里德曼研究了货币和名义 GDP 数据，并认为流通速度是最稳定的宏观经济变量之一，可以利用它来实现稳定的价格水平和较小的经济周期波动。

弗里德曼的想法直到 20 世纪 70 年代才有所改变，当时美国的通货膨胀率达到每年 10% 以上，而其他一些主要国家的通货膨胀率则要高得多。

20 世纪 70 年代中期，为了结束通货膨胀，大多数主要国家的中央银行都对货币数量的增长率采取了 $k\%$ 规则。美联储也开始密切关注货币总量的增长率，包括 M1 和 M2。

20 世纪 80 年代初，采用 $k\%$ 规则的国家的通货膨胀率有所下降。但这些国家都一一放弃了 $k\%$ 规则。

当货币需求曲线稳定且可预测时，即流通速度稳定时，货币增长目标制就会发挥作用。但在 20 世纪 80 年代，甚至可能在当今世界，银行体系的技术变革导致货币需求曲线发生不可预测的巨大变化，这使得货币增长目标变得不可靠。

在货币增长目标制下，总需求波动是因为货币需求波动。有了利率目标，总需求就不受货币需求（和流通速度）波动的影响。

在美联储和其他中央银行持续开展研究计划、分享经验和想法的支持下，货币政策是一项不断发展的工作。

🔘 聚焦生活

你对货币政策的看法

利用在课程中积累的知识并通过阅读或观看当前新闻，尝试确定当今美国经济面临的货币政策问题。

通货膨胀和经济衰退哪个带来的货币政策风险更大？如果风险是通货膨胀，你预计美联储会采取什么行动？如果风险是经济衰退，你预计美联储会怎么做？

通货膨胀和经济衰退，你最关心的问题是哪一个？你希望美联储对通货膨胀更加谨慎并保持高利率，还是对经济衰退更加谨慎并保持低利率？

本·伯南克在担任普林斯顿大学的经济学教授期间，研究了通货膨胀目标制，发现它很有效。你认为美国应该加入通货膨胀目标制的行列吗？美联储是否应该宣布通货膨胀目标？

关注媒体对美联储利率决策和不断变化的货币政策策略的评论。

第 14 章要点小结

1. 描述美国货币政策的目标、实现这些目标的框架以及美联储的货币政策行动。

- 《联邦储备法》要求美联储利用货币政策实现充分就业和价格稳定的"双重使命"。
- 美联储的目标在短期内可能会发生冲突。
- 美联储将价格稳定的目标转化为每年 1% ~ 2% 的核心通货膨胀率。
- 美联储的货币政策工具是联邦基金利率。
- 美联储将联邦基金利率设定在使其对通货膨胀和其他目标的预测等于其目标的水平。
- 美联储通过公开市场操作以及在金融危机时期通过量化宽松和信贷宽松来实现联邦基金利率目标。

2. 阐释美联储影响实际 GDP 和通货膨胀率的传导渠道。

- 联邦基金利率的变化会改变其他利率、汇率、货币和贷款数量、总需求，并最终改变实际 GDP 和通货膨胀率。
- 联邦基金利率的变化大约一年后会改变实际 GDP，并以更长的时间滞后来改变通货膨胀率。

3. 阐释并比较替代性货币政策策略。

- 美联储相机抉择货币政策的主要替代方案是利率规则、货币基础规则、通货膨胀目标制和货币增长目标制。
- 规则主导了货币政策的相机抉择权，因为它们为未来政策行动带来了更大的确定性，并使中央银行能够更好地管理通货膨胀预期。

谁是全球化的赢家和输家

国际贸易政策

本章学习目标

» 阐释市场如何在国际贸易中发挥作用，并确定国际贸易的收益及其赢家和输家；

» 阐释国际贸易壁垒的影响；

» 阐释和评价限制国际贸易的理由。

15.1

全球市场如何运作

因为我们与其他国家的公司进行贸易，所以我们购买和消费的商品和服务并不局限于本国国内生产的产品。我们从其他国家的公司购买的商品和服务属于进口（imports）商品；我们出售给其他国家的人和公司的商品和服务属于出口（exports）商品。

● 当今的国际贸易

如今的全球贸易规模巨大。2018 年，全球出口和进口总额（这两个数字是相同的，因为一个国家出口商品将由另一个国家进口）约为 24 万亿美元，占全球产值的 29%。美国是世界上最大的国际贸易国，出口总额占世界出口总额的 11%，进口总额占世界进口总额的 13%。

2018 年，美国出口总额为 2.5 万亿美元，约占美国产值的 12%，美国进口总额为 3.1 万亿美元，约占美国总支出的 15%。

美国既进行商品贸易，也进行服务贸易。2018 年，美国服务出口为 0.9 万亿美元（占出口总额的 34%），服务进口为 0.6 万亿美元（占进口总额的 19%）。

美国最大的服务出口是旅游，最大的商品出口是民用飞机和零部件；美国过去最大的进口商品是原油，虽然它如今仍然是一个大项目，但在 2018 年，服装和鞋类成为美国最大的商品进口。本节"聚焦美国经济"给出了美国十大进出口商品的更多细节。

● 是什么推动了国际贸易

比较优势（comparative advantage）是推动国际贸易的根本力量。我们在《微观经济学》中将比较优势定义为一个人以比任何人都低的机会成本进行一项活动或生产一种商品或服务的能力。

[☉] 聚焦美国经济

美国进出口

图 1 中的横条为美国十大出口商品，图 2 中的横条为美国十大进口商品。有些商品同时出现在图 1 和图 2 中，因为美国进出口商品涉及许多大类。

美国十大出口商品中有 5 个属于服务业——旅游（例如一名英国游客在佛罗里达州度假的支出）；商业服务（例如谷歌公司将广告业务出售给欧洲运动服制造商阿迪达斯）；金融服务（例如银行和保险）；特许权使用费和许可费（例如好莱坞电影制片人从在国外放映的电影中收取的费用）；运输（例如空运和海运服务）。

服装和鞋类是美国最大的进口商品。

美国出口旅游业……

此外，美国进口商品还包括原油、旅游、汽车及零部件以及计算机。私人服务也是一大进口商品类别。

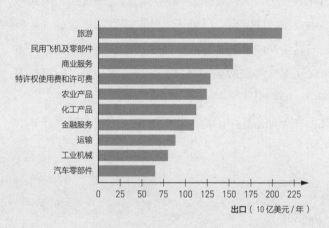

图 1　美国十大出口商品

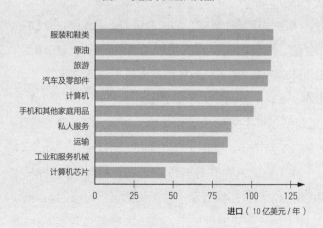

图 2　美国十大进口商品

资料来源：　经济分析局。

并进口服装。

美国虽然会进口大量的计算机，但它同时也会出口一些计算机及其半导体（计算机芯片）。中国制造并出口到美国的联想笔记本电脑中的英特尔芯片就是一个例子。这种芯片是美国制造的，出口到中国，然后用于制造计算机。

这个定义同样也适用于国家。我们可以将国家的比较优势定义为一个国家以比任何其他国家都低的机会成本开展一项活动或生产一种商品或服务的能力。

中国生产一件 T 恤的机会成本比美国低，因此中国在生产 T 恤方面具有比较优势。美国生产飞机的机会成本比中国低，因此美国在生产飞机方面具有比较优势。

中国在生产 T 恤方面具有比较优势，美国在生产飞机方面有比较优势，因此两国人民都可以从专业化和贸易中受益。中国可以以低于其生产成本的机会成本从美国购买飞机，而美国可以以低于其生产成本的机会成本从中国购买 T 恤。此外，通过国际贸易，中国的生产商可以从 T 恤中获取更多利益，波音公司也可以以更高的价格出售飞机，两国都从国际贸易中获益。

我们将通过研究 T 恤和飞机在全球市场中的需求和供给来说明我们刚才描述的贸易收益。

● 为什么美国要进口 T 恤衫

图 15-1 显示了国际贸易对美国 T 恤市场的影响。需求曲线 $D_{美国}$ 和供给曲线 $S_{美国}$ 仅显示美国国内市场的需求和供给。需求曲线 $D_{美国}$ 为美国人愿意以各种价格购买 T 恤的数量。供给曲线 $S_{美国}$ 为美国服装制造商愿意以各种价格出售 T 恤的数量。

图 15-1a 显示了如果没有国际贸易，美国 T 恤市场会是什么样子。一件 T 恤的价格将是 8 美元，美国服装制造商每年将生产 4000 万件 T 恤，并由美国消费者购买。

图 15-1b 显示了国际贸易中的 T 恤市场。现在一件 T 恤的价格是由世界市场决定的，而不是美国国内市场。一件 T 恤的世界价格不到 8 美元，这意味着世界其他地区在生产 T 恤方面具有比较优势。世界价格线显示一件 T 恤的世界价格为 5 美元。

需求曲线 $D_{美国}$ 显示，在每件 T 恤 5 美元的价格下，美国人每年会购买 6000 万件 T 恤。供给曲线 $S_{美国}$ 显示，在每件 T 恤 5 美元的价格下，美国服装制造商每年将生产 2000 万件 T 恤。美国人要购买的 T 恤为 6000 万件，而美国服装制造商只生产

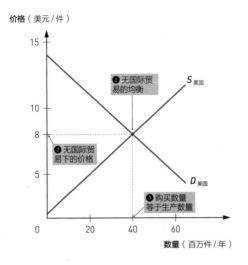
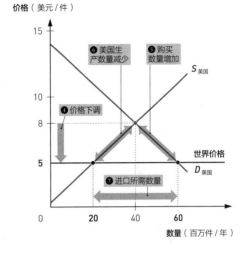

a）没有国际贸易的均衡

注： 在没有国际贸易的情况下，在图 15-1a 中，❶国内需求和国内供给决定了❷8 美元一件 T 恤的均衡价格和❸每年 4000 万件 T 恤的产量。

b）有进口的市场均衡

注： 在国际贸易的影响下，在图 15-1b 中，世界需求和世界供给决定了世界价格，即每件 T 恤 5 美元。❹美国国内价格降至每件 T 恤 5 美元，❺国内购买量增加到每年 6000 万件 T 恤，❻国内产量减少到每年 2000 万件 T 恤。❼每年进口 4000 万件 T 恤衫。

图 15-1　有进口的美国 T 恤市场

2000 万件，这意味着美国必须从世界其他地方进口 T 恤。因此，美国每年进口的 T 恤衫数量是 4000 万件。

● 美国为什么出口飞机

图 15-2 显示了国际贸易对飞机市场的影响。需求曲线 $D_{美国}$ 和供给曲线 $S_{美国}$ 仅显示美国国内市场的需求和供给。需求曲线 $D_{美国}$ 为美国航空公司愿意以各种价格购买飞机的数量。供给曲给 $S_{美国}$ 为美国飞机制造商愿意以各种价格出售飞机的数量。图 15-2a 显示了如果没有国际贸易，美国飞机市场会是什么样子。一架飞机的价格将是 1 亿美元，每年将有 400 架飞机由美国飞机制造商生产并由美国航空公司购买。

图 15-2b 显示了国际贸易影响下的美国飞机市场。现在飞机的价格是由世界市场决定的，而不是美国国内市场。世界价格高于 1 亿美元，这意味着美国在生产飞机方面具有比较优势。世界价格线显示飞机的世界价格为 1.5 亿美元。

需求曲线 $D_{美国}$ 显示，以 1.5 亿美元一架飞机的价格，美国航空公司每年购买 200 架飞机。供给曲线 $S_{美国}$ 告诉我们，以 1.5 亿美元一架飞机的价格，美国飞机制造商每年生产 700 架飞机。美国生产的数量（每年 700 架）减去美国航空公司购买的数量（每年 200 架）就是美国出口的数量，即每年出口 500 架飞机。

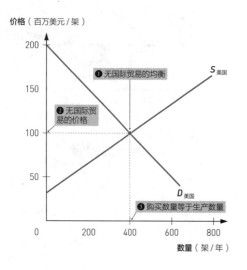

a）没有国际贸易的均衡

注：在没有国际贸易的情况下，在图 15-2a 中，❶ 国内需求和国内供给决定了 ❷ 每架飞机 1 亿美元的均衡价格和 ❸ 每年 400 架飞机的购买数量。

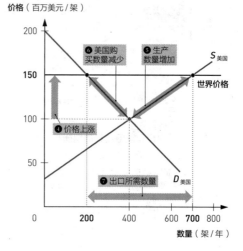

b）有出口的市场均衡

注：在国际贸易的影响下，在图 15-2b 中，世界需求和世界供给决定了世界价格，一架飞机的价格是 1.5 亿美元。❹ 美国国内市场飞机的价格上涨。❺ 美国国内飞机产量增加到每年 700 架，❻ 美国国内购买飞机数量减少到每年 200 架，❼ 每年出口飞机 500 架。

图 15-2　有出口的美国飞机市场

● 贸易的赢家、输家和净收益

国际贸易有赢家也有输家。正是因为有些人输了，我们才经常听到关于国际竞争的抱怨。我们现在要看看谁在国际贸易中赢了，又是谁输了，然后我们就能明白是谁在抱怨国际竞争、为什么要抱怨。我们将了解为什么生产商总抱怨廉价的进口商品，为什么进口商品和服务的消费者从不抱怨，为什么出口商从不抱怨（除非在他们还想要获得更多进入外国市场的机会时）。

进口损益

我们通过考察进口对国内消费者的支付价格和购买数量的影响，以及对国内生产者的出售价格和销售数量的影响来衡量进口带来的收益和损失。

- **消费者从进口中获益**　一个国家从世界其他地区自由进口某种产品，是因为世界其他地区在生产该产品方面具有比较优势。与没有国际贸易的情况相比，进口使消费者支付的价格下降，购买的数量增加。很明显，消费者受益了。支付的价格下降越多，购买的数量就越多，消费者的收益就越大。

- **国内生产商因进口而蒙受损失**　与没有国际贸易的情况相比，国内生产商收到的进口产品价格下降。此外，这些国内生产商的销售量也减少了。由于这种产品的国内生产商销售数量减少，价格走低，国内生产商在国际贸易中遭受损失。面对更廉价的外国进口产品的竞争，生产进口竞争产品的行业萎缩了。

　　生产进口竞争产品和服务的公司利润下降，导致公司裁员，该行业的失业率增加，工资下降。当这些行业在地理位置上集中时，例如集中在印第安纳州加里市周围的钢铁生产，整个地区可能会遭受经济衰退。

出口损益

我们衡量出口的收益和损失就像衡量进口的收益和损失一样，通过考察出口对国内消费者的支付价格和购买数量，以及对国内生产者的出售价格和销售数量的影响来衡量出口带来的收益和损失。

- **国内消费者因出口而蒙受损失**　一个国家之所以向世界其他地区出口某种产品，是因为该国在生产该产品方面具有比较优势。与没有国际贸易的情况相比，消费者支付价格上升，购买数量减少，国内消费者蒙受损失。支付价格上涨幅度越大，购买数量减少幅度越大，国内消费者的损失越大。

- **国内生产商从出口中获益**　与没有国际贸易的情况相比，国内生产商获得的出口价格上涨。此外，国内生产商销售的这种产品或服务的数量也有所增加。由于这些国内生产商的销售量较大且价格较高，出口商品和服务的生产商可以从国际贸易中获利。面对全球市场对其商品或服务的需求，出口行业不断扩张。

　　生产出口商品的公司利润增

加,进而增加了公司劳动力数量,使得行业的失业率下降,工资上涨。当这些行业在地理位置上集中时,例如集中在硅谷的软件生产,整个地区的经济就会蓬勃发展。

净收益

出口生产者和进口消费者获益,出口消费者和进口生产者受损,但收益大于损失。就进口而言,消费者获得了生产者损失的部分,并从更便宜的进口产品中获得了更多收益;就出口而言,生产者得到了消费者失去的部分,并从出口产品中获得了更多收益。因此,国际贸易给国家带来了净收益。

聚焦全球化

谁是全球化的赢家和输家

一些经济学家认为,全球化的收益远大于损失,但全球化既有赢家,也有输家。

美国消费者是大赢家。全球化为他们的商店带来了大型电视、iPad、Wii 游戏、耐克鞋和各种其他产品,而且价格越来越低。

印度和一些亚洲国家的工人也是大赢家。全球化带来了范围更广泛、更有趣的工作和更高的工资。

美国(和欧洲)的工人是大输家。他们中的许多人已经失去了工作,许多人很难找到新的工作,即使他们已经愿意接受减薪。

但最大的输家之一是非洲农民。由于美国和欧洲的贸易限制和补贴,全球化阻碍了非洲大部分地区进入全球农业市场。

美国消费者和……

……一些亚洲国家工人从全球化中获益

但一些美国工人和……

……非洲农民则遭受损失

15.2

国际贸易限制

政府使用以下几种工具来影响国际贸易并保护国内产业免受外国竞争。

» 关税
» 进口配额
» 其他进口壁垒
» 出口补贴

● 关税

关税（tariff）是对进口商品征收的税。例如，印度政府对从美国加利福尼亚州进口的葡萄酒征收 100% 的关税。那么当一家印度公司进口一瓶价值 10 美元的加利福尼亚州葡萄酒时，它需要向印度政府缴纳 10 美元的进口税。

政府征收关税的动机很强烈。关税不仅可以为政府提供收入还可以使政府符合在进口竞争行业赚取收入的人们的自身利益。正如你将看到的，关税和其他对自由国际贸易的限制会减少贸易收益，并不符合社会利益。为什么会这样？让我们来一探究竟。

关税的影响

为了解关税的影响，让我们回到美国在自由国际贸易中进口 T 恤的例

◉ 聚焦往昔

美国关税的历史

图 1 显示了自 1930 年以来美国进口产品的平均关税税率。美国关税在 20 世纪 30 年代国会通过《斯穆特 - 霍利关税法》时达到顶峰。1947 年，美国与其他国家签署了《关

税及贸易总协定》（GATT）。在一系列轮次的谈判中，《关税及贸易总协定》为美国和许多其他国家实现了广泛的关税减让。今天，世界贸易组织（WTO）继续开展 GATT 相关工作，并寻求促进所有国家之间的无限制贸易。

美国在与个别国家或地区缔结贸易协定、降低贸易壁垒方面发挥了主导作用。但在 2016 年之后，当时的美国总统特朗普宣布退出《跨太平洋伙伴关系协定》或大幅削弱了其与加拿大、墨西哥和太平洋沿岸国家的贸易协定。他还对来自中国的多种进口商品征收新关税，引发了人们对经贸摩擦的担忧。

平均关税税率（百分比，%）

图 1　美国平均关税税率的历史

资料来源：　2015 财政年预算历史表格、表 2.5 和经济分析局。

子。美国进口的 T 恤以世界价格在国内出售。随后，在美国服装制造商的压力下，美国政府对进口 T 恤征收关税。买家现在必须支付世界价格加上关税来购买 T 恤，美国 T 恤市场随之受到影响，引发了一系列后果。图 15-3 对这些后果进行了说明。

图 15-3a 与图 15-1b 相同，显示了自由国际贸易的情况。美国每年生产 2000 万件 T 恤，并以每件 5 美元的世界价格进口 4000 万件 T 恤。

图 15-3b 显示了关税的情况，定为对每件 T 恤征收 2 美元关税。美国 T 恤市场发生以下变化。

» 在美国一件 T 恤的价格上涨了 2 美元。

» 美国消费者购买 T 恤的数量减少。

» 美国生产 T 恤的数量增加。

» 进口到美国的 T 恤数量减少。

» 美国政府收取关税收入。

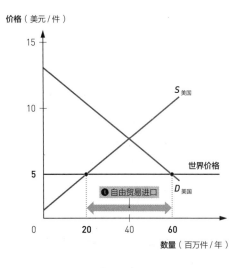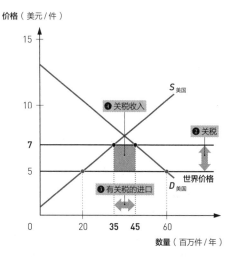

注: 一件 T 恤的世界价格为 5 美元。在图 15-3a 中，通过自由国际贸易，美国人购买了 6000 万件 T 恤。美国生产 2000 万件 T 恤，❶ 进口 4000 万件 T 恤。❷ 如果图 15-3b 中的关税为每件 T 恤 2 美元，则国内价格将上涨至每件 T 恤 7 美元（世界价格加关税）。国内 T 恤产量增加，T 恤购买量减少，❸ 进口量减少。❹ 美国政府对每件进口 T 恤收取 2 美元的关税收入，如图 15-3b 中矩形所示。

图 15-3　关税对 T 恤市场的影响

- **T 恤价格上涨**　要购买 T 恤，美国人必须支付世界价格加上关税，因此一件 T 恤的价格上涨了 2 美元达到 7 美元。图 15-3b 显示了新的国内价格线，该价格线比世界价格线高 2 美元。

- **购买量减少**　T 恤价格的上涨导致需求量的减少，图 15-3b 显示了沿着需求曲线 $D_{美国}$ 从 6000 万件 T 恤（每件 5 美元）到 4500 万件 T 恤（每件 7 美元）的变化。

- **国内产量增加**　T 恤价格的上涨刺激了国内生产，图 15-3b 显示了沿着供给曲线 $S_{美国}$ 从 2000 万件 T 恤（每件 5 美元）到 3500 万件 T 恤（每件 7 美元）的变化。

- **进口减少**　T 恤进口量每年减少 3000 万件，从 4000 万件减少到 1000 万件。T 恤购买量的减少和国内产量的增加都导致了进口的减少。

- **关税收入**　政府的关税收入为 2000 万美元——对 1000 万件进口 T 恤征收每件 2 美元的关税——如图 15-3b 矩形所示。

赢家、输家以及关税带来的社会损失

对进口商品征收关税会产生赢家和输家。当美国政府对进口商品征收关税时，

» 美国商品消费者遭受损失；
» 美国商品生产商获得收益；
» 美国商品消费者的损失超过美国商品生产商的收益。

• **美国商品消费者遭受损失**　美国 T 恤价格上涨导致其需求量减少。更高的价格和更少的购买量使得美国消费者遭受更大损失。

• **美国商品生产商获得收益**　由于进口 T 恤的价格因关税而上涨，美国 T 恤生产商现在能够以更高的价格（世界价格加上关税）出售其 T 恤。随着 T 恤价格上涨，美国生产商增加了供给量。更高的价格和更大的产量增加了生产商的利润，因此美国 T 恤生产商受益。

• **美国商品消费者的损失超过美国商品生产商的收益**　消费者因关税而遭受损失有以下 3 个原因。

» 他们向国内生产商支付更高的价格。
» 他们购买的商品数量较少。
» 他们向政府支付关税。

关税收入对 T 恤消费者来说是损失，但对由关税支付的公共服务消费者来说却是收益。支付给国内生产商的价格只能高，因为国内生产成本更高。增加的国内需求量本可以以更低成本的进口商品满足。不仅消费者蒙受损失，而且，整体销量减少让谁也得不到好处。

本节"聚焦美国经济"着眼于美国对从加拿大进口的软木木材征收的关税。

◎ 聚焦美国经济

软木木材的关税

加拿大是世界上最大的木材生产国之一，自 19 世纪以来一直向美国出口木材。美国大多数森林都是私人所有的，并以市场价格出租给木材生产商。加拿大的森林属于国有，并以法律规定的低价出租给木材生产商。美国生产商

说，加拿大生产商靠着补贴，正在 "倾
销" ——以低于生产成本的价格或按加
拿大售价的价格在美国市场上出售木材。

　　美国木材厂会从对进口木材征收关
税中获益吗？美国人都会因征收关税而
从中受益吗？

　　对美国进口木材征收关税导致美国
木材价格上涨。较高的价格减少了美国
的木材需求量，增加了美国生产商的供
给量，并减少了美国的木材进口。

　　美国木材生产商会从关税中获益，
因为价格更高，他们生产的数量更多。
但是，面对更高的价格，木材消费者购
买的数量减少，情况也变糟。美国生产
商的收益小于美国消费者的损失。

　　图 1 为美国的木材市场情况。需求
曲线为 $D_{美国}$，供给曲线为 $S_{美国}$。加拿大
和世界的价格为每立方米木材 120 美元，

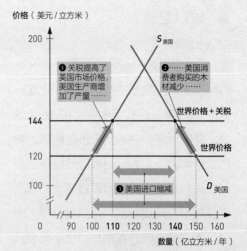

图 1　美国软木木材市场情况

加拿大在木材生产方面具有比较优势。

　　以每立方米木材 120 美元的世界
价格，美国每年生产木材 1000 亿立方
米，使用木材 1500 亿立方米，进口木材
500 亿立方米，如图 1 所示。

　　如果美国对木材征收 20% 的关税，
美国的木材价格将上涨至每立方米木材
144 美元。

　　美国木材产量增至 1100 亿立方米，
消费者购买量减少至 1400 亿立方米，木
材进口量每年缩减至 300 亿立方米。

　　有了关税，美国木材生产商的境况
变好，但美国消费者的境况却变糟。政
府每年收取 7200 亿美元的关税收入。

　　事实上，关税是对加拿大所谓的补
贴和倾销的回应，但效果并不好。即使
有补贴，木材自由贸易给美国消费者带
来的收益也超过了美国生产商的损失。

从加拿大不列颠哥伦比亚省进口软木木材。

进口配额

进口配额（import quota）是对某种商品进口的数量进行限制，限定在一定时期内可以进口某种商品的最大数量。美国对许多产品实行进口配额，包括食糖和钢铁。进口配额使政府能够满足在进口竞争行业赚取收益的人的自身利益需求。你会发现，像关税一样，进口配额会减少贸易收益，而这不符合社会利益。

进口配额的影响

图 15-4 展示了进口配额所产生的影响。图 15-4a 为自由贸易的情况。图 15-4b 为每年限制进口 1000 万件 T 恤时会发生的情况。美国 T 恤的供给曲线变为国内供给曲线 $S_{美国}$ 加上配额允许进口的数量。因此，美国的供给曲线由 $S_{美国}$ 变成了 $S_{美国}$ + 配额。

一件 T 恤的价格上涨到 7 美元，美国 T 恤的购买量减少到每年 4500 万件，美国 T 恤的生产量增加到每年 3500 万件，美国 T 恤进口量降至每年 1000 万件的配额数量。进口配额产生的所有这些影响都与设定对每件 T 恤征收 2 美元的关税所产生的影响相同，如图 15-3b 所示。

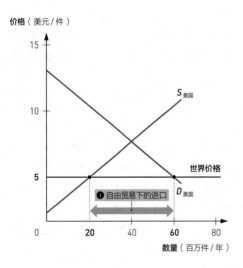

a）自由贸易

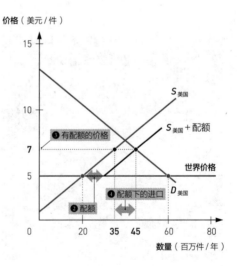

b）配额市场

注：在如图 15-4a 所示的自由贸易中，美国人以世界价格购买了 6000 万件 T 恤衫。美国生产了 2000 万件 T 恤，❶进口 4000 万件 T 恤。❷如果进口配额为 1000 万件 T 恤，在图 15-4b 中，美国的供给曲线变为 $S_{美国}$ + 配额。❸每件 T 恤的价格上升到 7 美元。国内生产增加，购买减少，❹进口量减少。

图 15-4　进口配额的影响

进口配额所造成的赢家、输家和社会损失

进口配额创造的赢家、输家与关税导致的赢家输家类似，但有一个有趣的区别。当政府实行进口配额时，

» 美国商品消费者受到损失；

» 美国商品生产商获得收益；

» 进口商获得收益；

» 社会利益受损。

- **美国商品消费者受到损失**　美国 T 恤价格上涨导致其需求量减少。更高的价格和更少的购买量使得美国 T 恤消费者的境况变糟。因此，在实行进口配额时，美国消费者会遭受损失。

- **美国商品生产者获得收益**　美国 T 恤价格上涨，生产商增加了产量。更高的价格和更大的产量增加了美国生产者的利润。因此，美国生产者从进口配额中获益。

- **进口商获得收益**　进口商能够以世界价格在世界市场上购买 T 恤，并以国内价格在国内市场上进行销售。由于国内价格超过世界价格，进口商获利。

- **社会利益受损**　因为消费者的损失超过了国内生产商和进口商的收益。就像关税造成的社会损失一样，这是因为支付给国内生产商的较高价格中的一部分支付了较高的国内生产成本。因价格较高购买的商品数量而导致的消费减少会造成社会损失。

其他进口壁垒

影响进口的两种政策是

» 医疗、安全和监管的壁垒

» 自愿出口限制

医疗、安全和监管的壁垒

数以千计的医疗、安全和其他法规明细限制了国际贸易。例如，美国食品药品监督管理局对进口食品进行检查，以确定食品是否"纯净、卫生、食用安全、在合格的卫生条件下生产"。2003 年，仅在一头美国牛身上发现疯牛病就足以导致美国牛肉的国际贸易中断。欧盟禁止进口大多数转基因食品，例如美国生产的大豆。尽管我们刚才描述的此类法规并非为了限制国际贸易，但它们确实具有这种效果。

自愿出口限制

自愿出口限制就像分配给外国出口商的配额。自愿出口限制同进口配额一样，会减少进口，但外国出口商可以从国内价格与世界价格之间的差额中获得利润。

● 出口补贴

出口补贴（export subsidy）指的是政府给生产者提供的津贴，补贴部分出口产品的生产成本。美国和欧盟等国家政府在农产品领域实施了出口补贴政策。这些补贴鼓励了农产品的生产和出口，但也削弱了其他国家（特别是非洲和中南美洲地区）的生产者在全球市场上的竞争能力。尽管出口补贴给国内生产者带来了收益，但它也可能导致国内经济产生过剩，世界其他地区则可能面临生产不足的局面，进而引发了无谓损失。

⦿ 聚焦美国经济

食糖进口配额

美国在食糖生产方面不具有比较优势。墨西哥、澳大利亚和许多其他国家可以以比美国农民低得多的机会成本种植甘蔗和甜菜。

但美国农民确实会生产食糖，而且产量很大——约占美国消费糖量的 2/3。美国的食糖价格很高，大约是世界价格的 3 倍。

为什么美国农民生产这么多食糖，美国食糖的价格却这么高？

答案是美国对食糖进口实行进口配额。

对美国食糖进口实行进口配额导致美国食糖价格上涨。价格上涨减少了美国消费者对食糖的需求量,增加了美国食糖生产商的供给量,并减少了美国食糖的进口。

美国食糖生产商从进口配额中获益,因为他们增加了产量并拥有更高的售价。而面对更高的食糖价格,美国消费者购买的数量更少,情况也变糟。美国食糖生产商的收益小于美国消费者的损失。

图 1 为美国的食糖市场。需求曲线为 $D_{美国}$,供给曲线为 $S_{美国}$。由于食糖的世界价格为每吨 280 美元,世界其他地

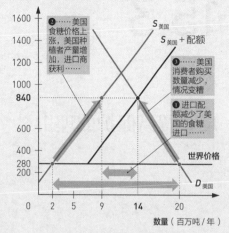

图 1 美国食糖市场情况

区在生产糖方面具有比较优势。

按世界价格计算,美国每年将生产食糖 200 万吨,消费食糖 2000 万吨,进口食糖 1800 万吨。图 1 显示了这一进口数量。

如果美国对食糖实行 500 万吨的进口配额,美国的供给曲线将变为 $S_{美国}$ + 配额。美国食糖的均衡价格上涨至每吨 840 美元,国内食糖产量增加至 900 万吨,食糖购买量减少至 1400 万吨,食糖进口配额缩减至 500 万吨。

通过进口配额,美国进口商以每吨 280 美元的价格购买 500 万吨食糖,以每吨 840 美元的价格出售,从中赚取利润。

加利福尼亚州圣华金县收获的甜菜。

15.3

反对贸易保护的理由

自从有了国家和国际贸易，人们就一直在争论，究竟是自由贸易更有利于国家，还是防止外国竞争更有利于国家。争论仍在继续，但大多数经济学家认为，自由贸易能促进所有国家的繁荣，而防止外国竞争则会减少自由贸易带来的潜在收益。我们已经看到了支持自由贸易最有力的理由：所有国家都能从其比较优势中获益。但在自由贸易与贸易保护的争论中，还存在更广泛的问题。让我们回顾一下这些问题。

● 3 个传统的贸易保护理由

保护和限制国际贸易的 3 个传统论点是

» 国家安全论

» 幼稚工业论

» 倾销论

让我们依次来看。

国家安全论

国家安全论是，一个国家必须保护生产国防设备和军备的工业，以及国防工业所依赖的原材料和其他中间投入的工业。这种保护论点有些过火了。

首先，这是一种国际孤立的论点，在战争时期，没有哪个行业不在为国防做出贡献。其次，如果要提高某个战略产业的产出，比如航空航天，那么通过税收补贴比征收关税或施行进口配额更有效。最后，补贴将使产业保持在适当的规模上运行，而自由贸易将使消费者面对的价格保持在世界市场水平上。

幼稚工业论

幼稚工业论（infant-industry argument）认为，有必要保护新兴产业，使其成长为能够在世界市场上竞争的成熟产业。这种论点基于一种称为"干中学"的理念。通过反复完成一项任务，工人会变得更擅长这项任务，并能在一定时期内提高产量。

"干中学"的理念并没有错，它是人力资本积累和经济增长的强大动力。"干中学"可以改变比较优势。如果在职经验降低了生产某种商品的机会成本，那么一个国家就可能在生产这种商品方面形成比较优势。

但是，这并不能成为贸易保护的理由。该理念符合企业和工人的自身利益，他们从"干中学"中受益，从而实现高效生产。如果政府为提高产量保护这些企业，就会出现低效率的生产过剩。

历史证据表明，保护新兴产业的做法是不可取的。没有给予此类保护的东亚国家表现良好，而像印度那样曾经保护新兴产业的国家则表现不佳。

倾销论

当一家外国公司以低于其生产成本的价格出售其出口产品时，就会发生倾销（dumping）。你或许想知道为什么一家公司要以低于生产成本的价格出售其产品。公司要么不出售产品，要么（如果可以的话）提高产品价格以至少收回成本，岂不是更好？一家公司以低于成本的价格出售其产品并因此参与倾销的两个可能原因如下。

> » 掠夺性定价
> » 补贴

• **掠夺性定价**　从事掠夺性定价的公司将价格定在低于成本的水平，希望以此将竞争对手赶出市场。如果一国的公司试图将另一国的竞争对手赶出市场，那么它就会在外国市场倾销产品。外国公司以低于成本的价格出售其产品，以迫使国内公司倒闭。当国内公司倒闭后，外国公司利用其垄断地位，对其产品收取更高的价格。出于这一原因，经济学家对此类倾销是否会发生持怀疑态度。

• **补贴**　补贴是政府向生产商支付的款项。获得补贴的企业能够以低于成本的价格出售产品并从中获利。补贴在几乎所有国家都普遍存在。美国和欧盟为许多农产品的生产提供补贴，并向世界市场倾销过剩的农产品。这种行为降低了发展中国家农民收取的价格，削弱了贫穷国家扩大农业生产的动力。印度和一些欧洲国家一直被怀疑向美国倾销钢铁。

无论其缘由如何，根据世界贸易组织、《北美自由贸易协定》和《中美洲自由贸易协定》的规则，倾销都是非法的，并被视为是征收临时关税的正当理由。因此，反倾销关税在当今世界变得非常重要。

但是，我们有充分的理由抵制倾销保护论。首先，我们很难确定一家公司的生产成本，所以几乎不可能发现其倾销行为。因此，检验倾销的标准是一家公司的出口价格是否低于其国内价格。这种检验是一种弱检验，在需求量对价格高度敏感的市场上，公司收取较低的价格是合理的，而在需求量对价格不太敏感的市场上，公司收取较高的价格也是合理的。

其次，很难想象一种商品仅由一家公司生产。即使某个行业的所有国内公司都被赶出了市场，也总能找到几个而且通常是很多个替代的外国供应来源，并以竞争市场决定的价格进行购买。

最后，如果一种商品或服务是真正的全球自然垄断，那么最佳的应对方式就是监管，就像应对国内垄断一样。这种监管需要国际合作。

我们刚才讨论的 3 个支持贸易保护的论点都有一定的可信度。但在通常情况下，反方的论点更有力，因此这些论点并不能证明贸易保护是正确的。我们遇到的争论可能不止这些。还有许多其他论点，我们现在要来探讨其中的 4 个论点。

● 4 个新的贸易保护论

限制国际贸易的 4 个较新的常见论点如下。

» 贸易保护保住了工作岗位
» 贸易保护使本国劳动力能够与廉价的外国劳动力竞争
» 贸易保护带来了多样性和稳定性
» 贸易保护会整治松散的环境标准

贸易保护保住了工作岗位

当美国人从巴西购买鞋子等进口商品时，生产鞋子的美国工人就失去了工作。由于没有收入，工作前景黯淡，这些工人成了社会福利的负担，消费减少，从而产生了进一步的失业连锁效应。拟议的解决方案是通过禁止进口廉价外国商品来保护美国的就业机会。该方案存在缺陷，原因如下。

首先，自由贸易确实会令一些工作岗位消失，但同时也会创造其他工作岗位。它使全球劳动力合理化，并将劳动力资源分配给价值最高的活动。纺织品的国际贸易使美国数以万计的工人失去了工作，因为鞋厂和纺织厂关闭了；而其他国家数以万计的工人现在有了工作，因为鞋厂和纺织厂在那里开张了。数以万计的美国工人现在拥有比制鞋或纺织工人收入更高的工作，因为其他出口行业扩大了规模，创造的就业机会多于被摧毁的就业机会。

其次，进口创造了就业机会。进口为销售进口商品的零售商和为这些商品提供服务的公司创造了就业机会。进口还通过为世界其他地区创造收入来创造就业机会，其中一些收入用于进口美国生产的商品和服务。

最后，贸易保护能挽救一些特定的工作岗位，但代价也很高。例如，在 2005 年之前，根据一项名为《多种纤维协定》的国际协议的规定，美国的纺织品行业工作岗位一直受到进口配额的保护。据美国国际贸易委员会（ITC）估计，由于进口配额的存在，本该消失的 72 000 个纺织品行业工作岗位保留了下来，美国每年的服装支出比进行自由贸易时高出 159 亿美元（每个家庭高出 160 美元）。根据国际贸易中心的估算，每保留一个纺织品行业工作岗位，消费者每年会损失 22.1 万美元。2005 年，《多种纤维协定》的终止导致美国和欧洲大量纺织品行业工作岗位流失。

贸易保护使本国劳动力能够与廉价的外国劳动力竞争

随着美国与墨西哥贸易中保护性关税的取消，有些人说工作机会将被吸入墨西哥，美国将无法与其南部邻国竞争。让我们看看这种观点有什么问题。劳动力成本取决于工资水平和工人的生产数量。例如，如果美国汽车工人的时薪为 30 美元，每小时生产 15 个单位的产品，则每单位产品的平均劳动力成本为 2 美元。如果一名墨西哥汽车工人的时薪为 3 美元，每小时生产 1 个单位的产品，那么 1 个单位产品的平均劳动力成本为 3 美元。在其他条件不变的情况下，工人生产的产品越多，工人的工资率就越高。高工资工人生产的产品更多，低工资工人的产出很小。

平均而言，虽然高工资的美国工人比低工资的墨西哥工人生产率更高，但不同行业之间存在差异。美国劳动力在某些活动中的生产率相对高于其他活动。例如，从事电影制造、金融服务和定制计算机芯片工作的美国工人的生产率相对高于生产金属和某些标准化机械零件的工人的生产率。美国工人比墨西哥工人生产率相对较高的活动，就是美国具有比较优势的活动。通过参与自由贸易，增加具有比较优势的商品和服务的生产和出口，减少贸易伙伴具有比较优势商品和服务的生产和进口，可以让自己和其他国家的公民生活得更好。

贸易保护带来了多样性和稳定性

多元化的投资组合比把所有鸡蛋都放在一个篮子里的投资组合风险要小。经济生产也是如此，多元化的经济比只生产一两种产品的经济的波动要小。

无论是发达国家，还是发展中国家，大多数经济体都实现了生产多样化，不存在这种稳定性问题。少数经济体，如沙特阿拉伯，具有比较优势，只专门生产一种产品。但即使是这些经济体，也可以通过投资其他国家的各种生产活动来稳定其收入和支出。

贸易保护会整治松散的环境标准

一个新的贸易保护论点是,许多较贫穷的国家,如墨西哥,没有与美国相同的环境标准,所以如果不征收关税,我们就无法与他们竞争。如果这些较贫穷的国家希望与更富裕、更"环保"的国家进行自由贸易,那么它们就必须提高自己的环境标准。

贸易保护的这一论点并不完全令人信服。贫穷的国家与富裕的国家相比,更没有能力投入资源来实现高环境标准。如果自由贸易能帮助一个贫穷的国家变得更加富裕,那么它也会帮助该国发展改善环境的手段。利用《北美自由贸易协定》和《中美洲自由贸易协定》等自由贸易协定的谈判来要求成员国遵守更高的环境标准,也许是有道理的。利用这种讨价还价的方式来尽量避免对热带雨林等资源造成不可逆转的破坏,回报将尤其丰厚。

因此,我们刚才讨论的 4 个常见论点并不能为贸易保护提供压倒性的支持,它们都有缺陷,而这进一步成为推动自由国际贸易的理由。

● 为什么限制国际贸易

为什么尽管有各种反对贸易保护的理由,国际贸易还是受到限制?适用于发展中国家的一个原因是,关税是政府收入的便利来源。但这一原因不适用于美国,因为美国政府可以征收所得税和销售税。

在美国和其他大多数发达国家,对国际贸易限制的政治支持源于寻租。寻租(rent seeking)指的是寻求从贸易中获取收益的游说和其他政治活动。我们已经看到,自由贸易使消费者受益,却缩减了在市场上与进口商品竞争行业的生产者盈余。

自由贸易的赢家是数以百万计的低成本进口商品消费者,但每个消费者的获益却很小。自由贸易的输家是进口商品竞争的国内生产商,与数以百万计的消费者相比,生产商只有几千家。

现在设想一下对服装征收的关税,数以百万计的消费者将以价格上涨和数量减少的形式承担成本,而少数服装制造商及其员工将分享价格上涨和数量增加所带来的收益。

一方面,关税带来的收益很大,生产商有强烈的动机为关税和反对自由贸易进行游说。另一方面,每个消费者的损失较小,消费者很少有动力组织起来,为自由贸易进行游说。对任何一个人来说,自由贸易带来的收益都太小了,他不可能花费大量的时间或金钱在游说自由贸易上。那些承受自由贸易损失的人会认为自由贸易造成的损失是如此之大，以至于他们会认为加入一个政治组织来阻止自由贸易是有利可图的。每个群体都会权衡利益和成本，选择最适合自己的行动，但反自由贸易群体会比支持自由贸易群体进行更多的政治游说。

⊙ 聚焦生活

美国国际贸易

美国国际贸易在美国人的生活中发挥着极其重要的作用，主要体现在以下 3 个方面。美国人作为以下 3 个身份受其影响。

* 消费者
* 生产者
* 选民

作为消费者，他们可以从其他国家生产的各种低成本、高质量的商品和服务中获益。

想象一下他们购买的物品上的标签，他们的计算机是在哪里制造的？他们的衬衫和鞋子是在哪里制造的？他们购买的水果和蔬菜，尤其是在冬天购买的水果和蔬菜，是在哪里种植的？

所有这些问题的答案都很可能是亚洲国家、墨西哥或南美洲国家。少数产品在欧洲国家、加拿大和美国生产。

作为一名生产者（或尚未找到工作的潜在生产者），他们将从美国产品巨大的全球市场中获益。如果他们所在的公司没有参与全球市场来销售其产品，那么他们的工作前景将黯淡得多。

例如，飞机制造业的从业人员就受益于全球大型客机的巨大市场。从加拿大到中国的航空公司都在以最快的速度购买波音 737 和波音 787 飞机。

即使他们是大学教授，当他们的学校招收外国学生时，他们也会从国际教育服务贸易中受益。

作为选民，自由贸易与贸易保护的政治关系重大。作为买家，进口商品的关税和配额会损害他们的自身利益。每次购买一件 20 美元的毛衣，就要向政府缴纳 5 美元的关税。作为一名工人，外国生产商更自由地进入美国市场可能会损害他们的自身利益。

因此，在决定如何投票时，他们必须搞清楚什么样的贸易政策最符合自身利益，什么样的贸易政策最符合社会利益。

第 15 章要点小结

1. 阐释市场如何在国际贸易中发挥作用，并确定国际贸易的收益及其赢家和输家。

• 比较优势推动国际贸易。

• 当一种商品的世界价格低于国内供需平衡的价格时，国家就会通过减少生产和进口该商品获益。

• 当一种商品的世界价格高于国内供需平衡的价格时，国家就会通过增加生产和出口该商品而获益。

• 与无国际贸易情况相比，在有进口的市场中，消费者获益，生产者受损，但收益大于损失。

• 与无国际贸易情况相比，在有出口的市场中，生产者获益，消费者受损，但损失大于收益。

2. 阐释国际贸易壁垒的影响。

• 各国通过关税、进口配额、其他进口壁垒和出口补贴来限制国际贸易。

• 贸易限制提高了进口商品的国内价格，降低了进口数量，减少了消费者盈余，增加了生产者盈余，并造成了额外损失。

3. 阐释和评价限制国际贸易的理由。

• 为了国家安全、幼稚工业和防止倾销而必须实行贸易保护的论点是站不住脚的。

• 所谓贸易保护能保留就业、使美国人能与廉价的外国劳动力竞争、使经济多样化和稳定化以及需要整治松散的环境标准等论点都是有缺陷的。

• 贸易之所以受到限制，是因为保护会给多数人带来小损失，而给少数人带来大收益。

为什么美元会波动

第 16 章

国际金融

本章学习目标

» 描述一个国家的国际收支账户，并阐释决定国际借贷金额的因素；

» 阐释汇率是如何确定的以及为什么会波动。

16.1

国际贸易融资

当美国波音公司进口日本制造的梦幻客机的机翼时，支付的是日元；当一家法国建筑公司从美国卡特彼勒公司购买推土机时，支付的是美元；每当我们从另一个国家购买东西时，我们都会用该国的货币付款。交易的标的物是什么并不重要，它可能是一种消费品、一种服务、一种资本、一座建筑物，甚至是一家公司。

我们将研究不同类型货币的买卖市场。但首先，我们将着眼于国际贸易、借贷以及我们记录这些交易的方式。这些记录被称为国际收支账户。

● 国际收支账户

国家的国际收支账户（balance of payments accounts）记录其国际贸易、借款和贷款。事实上，国际收支账户共有以下 3 个。

» 经常账户
» 资本与金融账户
» 官方结算账户

经常账户（current account）记录了向其他国家出售商品与服务的收入（出口），减去从其他国家购买商品与服务的支出（进口），加上从其他国家收到和支付给其他国家的利息和转移支付净额（例如外援支出）。资本与金融账户（capital and financial account）记录的是外国在本国的投资减去本国在外国的投资。官方结算账户（official settlements account）记录了美国官方储备的变化。美国官方储备（U.S. official reserves）是政府持有的外币，如果美国官方储备增加，官方结算账户余额将为负。原因是持有外国资金就像在国外投资一样，且美国的海外投资在资本与金融账户中是负数（如果官方储备减少，官方结算账户余额就是正数）。

3 个账户的余额之和总是等于 0，

也就是说，为了弥补经常账户赤字，我们必须从国外借入多于国外贷款的资金，或者动用官方储备来弥补赤字。

表 16-1 列出了 2018 年美国的国际收支账户。经常账户、资本与金融账户中为美国提供外汇的项目用正号表示；使美国损失外汇的项目用负号表示。从表 16-1 可以看出，2018 年美国的进口额超过了出口额，经常账户赤字为 4910 亿美元。为了支付超过出口额的进口额，美国向世界其他国家借贷。资本与金融账户告诉我们美国借了多少钱，即 7310 亿美元（外国在美国的投资），并向世界其他国家提供了 3110 亿美元的贷款（美国在海外的投资）。加上 240 亿美元的其他外国借款净额以及因遗漏项目和测量误差造成的 420 亿美元的统计误差，资本与金融账户余额为 4860 亿美元。美国官方储备减少了 50 亿美元，在表 16-1 中显示为 + 50 亿美元，因为储备的减少等同于美国海外投资的减少。3 个账户的余额总和为 0。

表 16-1　2018 年美国国际收支账户

经常账户（10 亿美元）	
商品与服务出口	+ 2501
商品与服务进口	− 3129
净利息	+ 267
净转移支付	− 130
经常账户余额	**− 491**
资本与金融账户（10 亿美元）	
外国在美国的投资	+ 731
美国在海外的投资	− 311
其他外国借款净额	+ 24
统计误差	+ 42
资本与金融账户余额	**486**
官方结算账户（10 亿美元）	**+ 5**

注：国际收支的 3 个账户是经常账户、资本与金融账户以及官方结算账户。3 个账户的余额之和总是 0。也就是说，官方结算账户余额总是等于经常账户余额和资本与金融账户余额之和的负数。

资料来源：经济分析局。

如果把个人的收入和支出、借贷和银行账户代入一下，你可能会更好地理解国际收支账户及其关联方式。

聚焦美国经济

美国国际收支

表 16-1 中的数据提供了 2018 年美国国际收支的快照。图 1 通过显示 1980 年至 2018 年国际收支的演变情况，使人们对这一快照有了更直观的认识。

20 世纪 80 年代出现了经常账户赤字，但在 20 世纪 90 年代初的经济衰退中，赤字短暂消失，接近 0 余额。随着经济在 20 世纪 90 年代恢复扩张，经常账户赤字增加，并一直持续到 2006 年。

随着经济增长放缓和经济衰退，进口缩减，经常账户赤字也随之减少。

资本与金融账户余额几乎是经常账户余额的镜像，原因是官方结算余额——外汇储备的变化——与其他两个账户的余额变动相比非常微小。

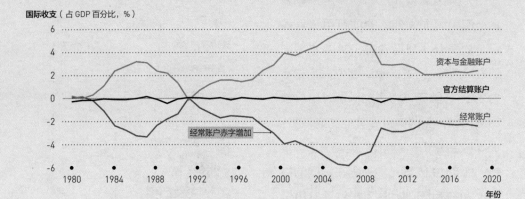

图 1   2018 年美国国际收支

资料来源：   经济分析局。

● 个人类比

你有一套与国家账户类似的个人国际收支账户，包括经常账户、资本与金融账户以及结算账户。你的经常账户记录了你从提供生产要素服务中获得的收入，以及在商品和服务上的支出。以乔安为例，她在 2019 年的工作收入为 25 000 美元。

她有价值 10 000 美元的投资，这些投资为她赚取了 1000 美元的利息。乔安的经常账户显示收入为 26 000 美元。乔安花费 18 000 美元购买商品和服务以供消费。她还花费 60 000 美元购买了一套新公寓。因此，乔安的总支出为 78 000 美元。她的支出与收入之间的差额为 52 000 美元（78 000 美元减去 26 000 美元）。

为了支付超出收入的 52 000 美元支出，乔安必须动用银行账户或贷款。假设乔安为购买公寓按揭了 50 000 美元。这笔按揭是乔安唯一的借款，因此她的资本与金融账户盈余为 50 000 美元。乔安的经常账户赤字为 52 000 美元，资本与金融账户盈余为 50 000 美元，但她还差 2000 美元。她从自己的银行账户中补足了这 2000 美元。

她持有的现金减少了 2000 美元。乔安的结算账户余额为 2000 美元。

乔安的工作收入就好比一个国家的出口收入；她的投资收入就好比一个国家从外国获得的利息；她购买的商品和服务，包括她购买的公寓，就好比一个国家的进口支出；乔安的抵押贷款——向他人借款——就好比一个国家向世界其他国家借款；乔安银行账户的变化就好比一个国家官方储备的变化。

验证乔安的 3 项余额之和是否为 0：她的经常账户余额为 -52 000 美元，资本与金融账户余额为 50 000 美元，结算账户余额为 2000 美元，因此 3 项余额之和为 0。

● 借款人和贷款人、债务人和债权人

从世界其他地方借入的资金多于借出资金的国家称为净借入国（net borrower）。同样地，借给世界其他地方的资金多于从世界其他地方借入资金的国家称为净借出国（net lender）。

美国是一个净借入国，但相对而言，它是净借入国行列中的新成员。在整个 20 世纪 60 年代和 70 年代的大部分时间里，美国是一个净借出国。它的经常账户有盈余，而资本与金融账户则有赤字。直到 1983 年，美国才成为一个主要的净借入国。在 1983 年至 1987 年期间，美国的借款逐年增加。随后借款减少，并在 1991 年短暂为 0。从 1991 年到 2006 年，美国的借款增加，但在 2006 年至 2013 年期间借款减少。1983 年至 2018 年间，美国平均每年对外净借款 2950 亿美元。

大多数国家像美国一样是净借入国，但也有少数国家，例如石油资源丰富的沙特阿拉伯，是净借出国。

一个净借入国可能会减少其在世界其他地方持有的净资产，也可能会加重债务。一个国家的对外投资总存量决定了该国是债务国（debtor nation）还是债权国（creditor nation）。债务国指的是在其整个历史中，从世界其他国家借入的资金多于借给世界其他国家资金的国家。美国在 1989 年成为债务国。债权国指的是在其整个历史上对世界其他国家的投资多于其他国家对其投资的国家。

● 经常账户余额

是什么决定了一个国家的经常账户余额和对外借款净额？为什么自 1982 年以

来，美国每年都有赤字，只有一年例外？

在流行的政治评论中，一系列赤字被归咎于一个不公平、无水准的竞争环境。这种说法认为，历届美国政府通过谈判达成的贸易协议对美国不利，失去了出口市场，鼓励了进口，美国就业机会丧失。这种说法的含义是，通过恢复关税和其他贸易限制措施，使高成本的美国生产商能够与低成本的外国生产商竞争，从而扭转经常账户赤字。

这种推理是错误的，原因有三：首先，它不符合贸易协定签署的时间；其次，贸易协议影响的是美国与其他国家的贸易内容和贸易量，而不是贸易余额；最后，政府预算赤字和私营部门赤字是经常账户赤字的原因。

让我们来探讨一下拒绝这种流行政治观点的 3 个原因。

时间

美国的经常账户赤字始于 1982 年，于 1987 年达到顶峰，1991 年缩减为 0，2006 年增加到新的更高的顶峰，然后再次缩减。

经常账户赤字变化的时间和方向与如表 16-2 所示的美国贸易协定签署时间不一致。美国在签署第一批贸易协定时，经常账户已经出现赤字。1994 年《北美自由贸易协定》签署后，赤字确实有所增加，但 2006 年后，《北美自由贸易协定》仍然有效，但赤字有所

减少。到 2007 年，随着 9 项主要贸易协定的实施，赤字开始缩减。这种贸易协定与经常账户赤字不一致的情况清楚地表明，我们需要从其他方面寻找经常账户赤字的原因。

表 16-2　美国贸易协定

年份	国家（地区）
1985	以色列
1988	加拿大
1994	北美自由贸易协定（加拿大和墨西哥）
2001	约旦
2004	澳大利亚、智利、新加坡
2005	中美洲自由贸易协定（6 个中美洲国家）
2006	摩洛哥、阿曼
2007	秘鲁
2012	巴拿马、哥伦比亚、韩国
2018	美墨加协议（加拿大和墨西哥）

自由贸易协定与贸易量

当自由贸易协定中的贸易壁垒被消除时，出口和进口的数量都会增加。出口增加是因为其他国家的买家面对的美国生产的商品和服务价格更低。美国人以更低的价格获得了外国生产的商品，美国的进口也随之增加。数据证实了这些贸易创造效应。1980 年，在当前的贸易协议出台之前，美国国际贸易（出口和进口之和）占 GDP 的 24%。

如今，由于这些协议的实施，美国国际贸易已增长到 GDP 的 39%。

经常账户赤字、预算赤字和私营部门赤字

现在我们将学习为什么政府预算赤字和私营部门与投资之间的缺口——私营部门赤字——是经常账户赤字的来源。

首先回顾一下，商品与服务出口、商品与服务进口是经常账户中最大的项目（见表 16-1）。出口减去进口就是净出口，净出口的波动是经常账户余额波动的主要原因。

为了了解政府预算以及私营部门与投资是如何决定净出口的，我们需要回顾一下关于国民收入账户的一些知识。表 16-3 将唤起你的记忆，并总结了一些计算方法。

表 16-3a 列出了国民收入变量及其代表符号。表 16-3b 定义了 3 个余额。净出口是商品与服务出口减去商品与服务进口。

私营部门余额（private sector balance）等于储蓄减去投资。如果储蓄超过投资，私营部门的盈余就会借给其他部门。如果投资超过储蓄，私营部门就会从其他部门借贷，以弥补赤字。

美国政府部门余额（government sector balance）是联邦、各州和地方政府预算余额的总和，等于净税收减去政府支出。如果该数字为正数，则政府部门的盈余可借给其他部门；如果该数字为负数，政府部门必须从其他部门借款，以弥补预算赤字。

表 16-3b 显示了美国 2018 年的这些余额。可以看到，净出口为 -6380 亿美元，出现赤字。储蓄为 42 390 亿美元，投资为 36 280 亿美元，因此私营部门余额为 6110 亿美元。政府部门的税收净收入为 23 430 亿美元，支出为 35 920 亿美元，因此政府部门余额为 -12 490 亿美元，出现赤字。

表 16-3c 显示了 3 项余额之间的关系。

根据国民收入账户，我们知道实际国内生产总值 Y 是商品和服务消费支出、投资、政府商品和服务支出以及商品和服务净出口的总和。实际国内生产总值还等于商品和服务消费支出、储蓄和净税收的总和。将这些等式重新排列后，我们可以得出净出口等于私营部门余额（$S - I$）加上政府部门余额（$NT - G$）。也就是说

$$净出口 = (S - I) + (NT - G)$$

表 16-3   净出口、政府预算、储蓄和投资

符号与等式		2018 年美国 （10 亿美元）
a）变量		
商品与服务出口	X	2510
商品与服务进口	M	3148
投资	I	3628
储蓄	S	4239
政府支出	G	3592
净税收	NT	2343
b）余额		
净出口	$X - M$	$2510 - 3148 = -638$
私营部门余额	$S - I$	$4239 - 3628 = 611$
政府部门余额	$NT - G$	$2343 - 3592 = -1249$
c）余额之间的关系		
国民账户	$Y = C + I + G + X - M = C + S + NT$	
重新排列：	$(X - M) = (S - I) + (NT - G)$	
净出口	$X - M$	-638
等于： 私营部门余额	$S - I$	611
加： 政府部门余额	$NT - G$	-1249

注：净出口等于商品与服务出口减去商品与服务进口。

私营部门余额等于储蓄减去投资。

政府部门余额等于税收净减去政府支出。

这 3 个余额是相互关联的：净出口等于私营部门和政府部门余额的总和。

资料来源：经济分析局，2019 年（国民收入和产品账户中的进出口计量与表 16-1 中的国际收支账户计量略有不同。政府部门包括州政府和地方政府）。

美国人是否应该担心美国是一个净借入国？答案可能是否定的，其国际借贷为购买新的资本品提供了资金。2018 年，企业在新建筑、厂房和设备上花费了 36 280 亿美元。政府在国防设备和公共建筑上花费了 6870 亿美元。所有这些采购都增加了国家的资本，其中大部分提高了劳动生产率。政府还购买了教育和医疗保健服务，从而增加了人力资本。

国际借贷用于私人和公共投资，而不是消费。

聚焦全球经济

全球经常账户余额

图 1 显示的是 2018 年全球经常账户余额样本。没有一个国家或地区的经常账户是平衡的，即出口和其他收入的价值等于进口和其他支付的价值。

美国的经常账户赤字最大，而欧元区国家、其他发达经济体、日本和中东则有大量盈余。

赤字国家或地区的政府预算有赤字，但储蓄不足，无法为投资提供资金。盈余国家或地区的政府预算大多也有赤字，但储蓄水平很高，足以支付企业投资的成本。

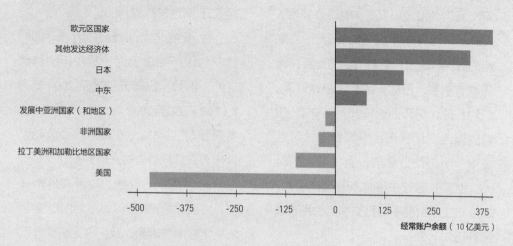

图 1　2018 年全球经常账户余额

资料来源：国际货币基金组织，《世界经济展望》，2019 年 4 月。

16.2

汇率

当我们购买外国商品或在他国投资时，我们需用该国货币支付。当外国人购买美国制造的商品或在美国投资时，他们要用美元支付。在外汇市场（foreign exchange market）上，我们获得外币，外国人获得我们的货币。外汇市场是一国货币兑换另一国货币的市场。外汇市场不像市中心的跳蚤市场或农产品市场。外汇市场由成千上万人组成：进出口商、银行和外汇专业交易商（称为外汇经纪人）。中国香港地区的外汇市场周一早上开市，而此时正是纽约的周日晚上，随着时间的推移，新加坡、东京、巴林、法兰克福、伦敦、纽约、芝加哥和旧金山相继开市。随着美国西海岸收市，中国香港地区距离下一个工作日开市仅有 1 小时的时间。世界各地的交易商不断保持联系，2019 年正常情况下每日交易额约为 5 万亿美元。

一种货币兑换另一种货币的价格称为外汇汇率（foreign exchange rate）。

例如，2019 年 9 月，1 美元可兑换 90 欧分。汇率为 1 美元兑 0.90 欧元。我们还可以用欧元兑美元来表示汇率，2019 年 9 月为每欧元 1.11 美元。图 16-1 以美元兑欧元的形式显示了自 2000 年以来美元兑欧元的汇率历史。

货币升值（currency appreciation）指的是一种货币相对于另一种货币的价值上升。例如，2000 年，当美元价格从略高于 1.00 欧元升至 1.17 欧元时，美元升值了 17%。

货币贬值（currency depreciation）是一种货币相对于另一种货币的价值下降。例如，当美元价值从 2000 年的 1.17 欧元跌至 2008 年的 0.63 欧元时，美元贬值了 46%。美元为何会波动？为什么有时贬值有时升值？

汇率是一个价格。与所有价格一样，它由需求和供给决定。因此，要了解决定汇率的因素，我们需要研究外汇市场的需求和供给。我们首先看看市场的需求方。

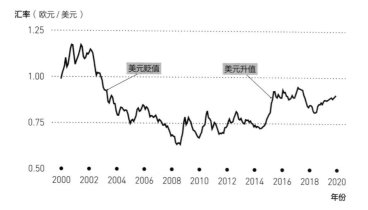

图 16-1　美元兑欧元汇率

注：2000 年和 2015 年，美元兑
欧元的价值上升——美元
升值。

从 2002 年到 2008 年，美元
兑欧元的价值下降——美
元贬值。美元整体下跌是从
2001 年 1 美元兑 1.17 欧元
的高点跌至 2008 年 1 美元
兑 0.63 欧元的低点。

2008 年至 2019 年，由于全
球金融危机的动荡和欧洲金
融和政治危机的频发，美
元兑欧元汇率在 1 美元兑
0.70～0.90 欧元波动。

资料来源： 太平洋外汇服务公司，不列颠哥伦比亚大学。

● 外汇市场的需求

交易者在给定时间内计划在外汇市场购买的美元数量受许多因素的影响，主要有

» 汇率
» 美国和其他国家的利率
» 预期未来汇率

我们先来看看外汇市场的美元需求量与汇率之间的关系。

● 外汇需求法则

人们购买美元并不是因为他们喜欢美元。对美元的需求是衍生需求，人们需要美元，是为了购买美国制造的商品和服务（美国出口）。他们还需要美

元进行银行储蓄和购买债券、股票、企业和房地产等美国资产。外汇需求法则适用于美元，就像适用于人们看重的任何其他东西一样。

在其他条件保持不变的情况下，汇率越高，美元需求量就越小。例如，如果美元价格从 0.70 欧元上涨至 0.80 欧元，但其他方面没有变化，那么人们计划购买的美元数量就会减少。为什么汇率会影响美元需求量？有两个不同的原因，与美元衍生需求的两个来源有关。即

» 出口效应
» 预期利润效应

出口效应

美国出口的价值越大，美元需求量就越大，但美国出口的价值取决于汇率。例如，如果汇率从 1 美元兑 0.70 欧

元跌至 0.60 欧元，在其他条件保持不变的情况下，美国制造的商品和服务对欧洲人民来说越便宜，美国出口就越多，支付这些出口所需的美元数量也就越多。

预期利润效应

持有美元的预期利润越大，外汇市场上的美元需求量就越大。但预期利润取决于今天的汇率和预期未来汇率。对于给定的预期未来汇率，今天的汇率越低，持有美元的预期利润就越大，外汇市场对美元的需求量就越大。

为了理解这种影响，假设你认为到月底 1 美元将兑换 0.80 欧元，如果今天 1 美元可以兑换 0.75 欧元，你就会购买美元。但认为月底 1 美元将兑换 0.75 欧元的人就不会购买美元。现在假设今天的汇率跌至 0.65 欧元兑 1 美元，更多的人认为他们可以通过购买美元获利，因此今天的美元需求量增加。

图 16-2 显示了外汇市场上美元的需求曲线。由于我们刚刚提到的两个原因，在其他条件保持不变的情况下，汇率上升，美元需求量就减少，需求曲线向上移动；汇率下跌，美元需求量就会增加，需求曲线向下移动。

● **美元需求的变化**

其他影响人们计划在外汇市场上购

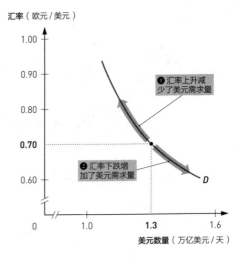

注：在其他条件保持不变的情况下，人们计划在外汇市场上购买的美元数量取决于汇率。

❶ 如果汇率上升，美元需求量就会减少，美元需求曲线就会向上移动。

❷ 如果汇率下跌，美元需求量就会增加，美元需求曲线就会向下移动。

图 16-2　外汇市场上美元的需求曲线

买美元数量的任何因素的变化都会导致美元需求的变化，这些影响因素如下。

» 美国和其他国家的利率
» 预期未来汇率

美国和其他国家的利率

如果你能在另一个国家借钱并以更高的利率在美国借出，你就会获利。重要的不是外国利率和美国利率的数值，而是它们之间的差距。美国利率减去外国利率的差额称为美国利差（U.S. interest rate differential）。美国利差的扩大会增加对美元资产的需求，对美元的需求也就越大。

预期未来汇率

假设你是德国汽车制造商宝马的财务经理，且汇率为 1 美元兑 0.70 欧元，你预计到月底，该汇率将达到 1 美元兑 0.80 欧元。你今天花费 70 万欧元购买 100 万美元。到了月底，正如你所预计的那样，1 美元可兑换 0.80 欧元，于是你卖出 100 万美元，获得 80 万欧元，赚取了 10 万欧元的利润。较高的预期未来汇率会增加预期利润，因此今天你对美元的需求会增加。

图 16-3 对影响美元需求的因素进行了总结。美国利差扩大或预期未来汇率上升会增加当前对美元的需求，并使

需求曲线从 D_0 向右移动到 D_1。美国利差缩小或预期未来汇率下降会减少当前对美元的需求，并使需求曲线从 D_0 向左移动到 D_2。

外汇市场的供给

交易者在给定时间内计划在外汇市场出售的美元数量受许多因素的影响，主要如下。

- » 汇率
- » 美国和其他国家的利率
- » 预期未来汇率

这 3 个因素看起来熟悉吗？它应当与影响美元需求的因素相同。外汇市场的需求方和供给方受到所有相同因素的影响。但这 3 个因素影响供给的方式与影响需求的方式相反。

我们先来看看外汇市场的美元供给量与汇率之间的关系。

外汇供给法则

当人们和企业购买其他货币时，交易商会在外汇市场供给美元。他们购买其他货币是为了购买外国制造的商品和服务（即美国进口）。交易商还会提供美元并购买外币，以便人们和企业可

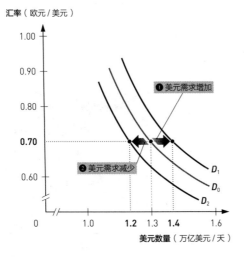

注:
❶ 在以下情况中，对美元的需求会增加。
  * 美国利差扩大。
  * 预期未来汇率上升。
❷ 在以下情况中，对美元的需求会减少。
  * 美国利差缩小。
  * 预期未来汇率下跌。

图 16-3 影响美元需求的因素

以进行银行储蓄和购买债券、股票、企业和房地产等外国资产。外汇供给法则适用于美元，就像适用于人们计划出售的任何其他物品一样。

在其他条件保持不变的情况下，汇率越高，外汇市场供给的美元数量就越大。例如，如果美元价格从 0.70 欧元上涨至 0.80 欧元，其他条件不变，那么人们计划在外汇市场上出售的美元数量就会增加。为什么汇率会影响美元供给量？

原因有两个，与市场需求方面的原因是并联的。即

» 进口效应

» 预期利润效应

进口效应

美国进口的价值越大，支付这些进口所需的外币数量就越多。当人们购买外币时，他们对外供给美元。因此，美国进口的价值越大，外汇市场上供给的美元数量就越大。但美国进口的价值取决于汇率。在其他条件保持不变的情况下，汇率越高，外国制造的商品和服务对美国人来说就越便宜。因此，美国进口的价值越大，外汇市场上用于支付这些进口的美元数量就越多。

预期利润效应

持有美元的预期利润越大，对美元的需求量就越大，外汇市场供给的美元数量就越多。但预期利润取决于今天的汇率和预期未来汇率。对于给定的预期未来汇率，今天的汇率越高，出售美元的预期利润就越大，外汇市场上的美元供给量就越多。

由于我们刚才提到的两个原因，在其他条件不变的情况下，汇率上升，美元供给量就会增加；汇率下降，美元供给量就会减少。图 16-4 显示了外汇市场上美元的供给曲线。在图 16-4 中，当其他条件保持不变时，汇率上升，美元供给量增加，供给曲线向上移动；汇率下跌，美元供给量减少，供给曲线向下移动。

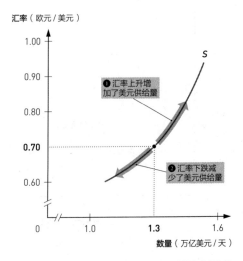

注：在其他条件不变的情况下，人们计划在外汇市场上出售的美元数量取决于汇率。

❶ 如果汇率上升，美元供给量就会增加，美元供给曲线就会向上移动。

❷ 如果汇率下跌，美元供给量就会减少，美元供给曲线就会向下移动。

图 16-4　外汇市场上的美元供给曲线

● 美元供给的变化

其他影响人们计划在外汇市场上出售美元数量的任何因素的变化都会导致美元供给的变化，从而导致美元供给曲线发生移动。供给要么增加，要么减少。这些影响美元供给的因素与影响美元需求的因素是相同的，但具有完全相反的效果。这些影响因素是

» 美国和其他国家的利率
» 预期未来汇率

美国和其他国家的利率

美国利差越大，美国对外国资产的需求就越小，外汇市场上的美元供给量就越小。

预期未来汇率

在其他条件保持不变的情况下，预期未来汇率越高，美元的供给量就越小。为了解其中原因，我们假设美元今天的汇率是 1 美元兑 0.70 欧元。你认为到本月底出售，美元的汇率将是 1 美元兑 0.80 欧元。因此，本来打算今天出售美元的你决定推迟到月底出售。如果你今天出售美元，那 1 美元只能得到 0.70 欧元。但到月底，如果美元像你预测的那样升值至 0.80 欧元，你每出售 1 美元就会得到 0.80 欧元，每 1 美元能赚 0.10 欧元。因此，在其他情况保持不变的情况下，预期未来汇率越高，出

售美元的预期利润就越小，今天的美元供给量就越小。

图 16-5 对影响美元供给的因素进行了总结。美元利差扩大或预期未来汇率上升会减少当前对美元的供给，并使供给曲线从 S_0 向左移动到 S_1。美国利差缩小或预期未来汇率下跌会增加当前对美元的供给，并使供给曲线从 S_0 向右移动到 S_2。

● 市场均衡

外汇市场的需求和供给决定汇

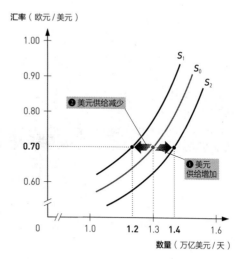

注：
❶ 如果出现以下情况，美元供给量就会增加。
* 美国利差缩小。
* 预期未来汇率下跌。
❶ 如果出现以下情况，美元供给量就会减少。
* 美国利差扩大。
* 预期未来汇率上升。

图 16-5　影响美元供给的因素

率。正如我们研究过的所有其他市场一样，汇率起着调节器的作用。如果汇率太高，就会出现过剩——供给量超过需求量；如果汇率太低，就会出现短缺——供给量小于需求量。在均衡汇率下，既不存在短缺，也不存在过剩，供给量等于需求量。

图 16-6 为市场均衡。美元的需求为 D，美元的供给为 S。均衡汇率为 1 美元兑换 0.70 欧元。在该汇率下，需求量等于供给量，即每天 1.3 万亿美元。如果汇率高于 0.70 欧元，例如 1 美元兑换 0.80 欧元，则美元出现过剩，汇率下跌。如果汇率低于 0.70 欧元，例如 1 美元兑换 0.60 欧元，则美元短缺，

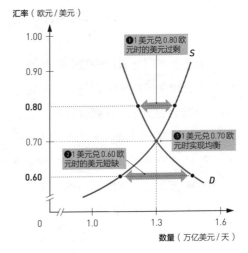

注：美元的需求曲线为 D，供给曲线为 S。

❶ 如果汇率为 1 美元兑 0.80 欧元，则存在美元过剩，汇率下跌。

❷ 如果汇率为 1 美元兑 0.60 欧元，则美元短缺，汇率上涨。

❸ 如果汇率为 1 美元兑 0.70 欧元，则美元既不短缺也不过剩，汇率保持不变。市场处于均衡状态。

图 16-6　市场均衡

◎ 聚焦美元

为什么美元会波动

美元波动：有时它的价值上升，有时它的价值下降。让我们通过观察美元反弹过程中的两个事件来了解是什么导致了美元的波动。

美元贬值：2001—2008 年

2001 年至 2008 年间，美元汇率从 1.15 欧元跌至 0.64 欧元。图 1 显示了贬值情况。

2001 年，美元的需求曲线和供给曲线分别标记为 D_{2001} 和 S_{2001}。汇率为

1.15 欧元兑 1 美元。随后几年，美国经济增速低于欧洲经济增速，欧洲通货膨胀下降，欧洲利率超过美国，美国的经常账户赤字持续增加。

在这种情况下，货币交易者预计汇率会下跌，因此美元需求减少，美元供给增加。需求曲线向左移动至 D_{2008}，供给曲线向右移动至 S_{2008}。汇率跌至 1 美元兑换 0.64 欧元。

2008 年至 2014 年，美元围绕小幅上涨走势波动。然后到了 2015 年，美元升

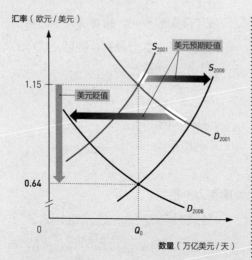

图 1　2001 年至 2008 年美元贬值情况

值速度变得非常快。

美元升值：2014—2015 年

美元兑欧元汇率从 2014 年的 1 美元兑 0.73 欧元升至 2015 年的 0.90 欧元。图 2 解释了为什么会发生这种情况。

2014 年，美元的需求曲线和供给曲线分别标记为 D_{2014} 和 S_{2014}。均衡汇率为 1 美元兑 0.73 欧元——此时美元供给量等于美元需求量。

2015 年，美国经济增速超过欧洲经济增速。在欧洲，由于中央银行试图刺激停滞的经济，预计利率将会下降。美国利率较低，但预计美联储下一步行动将是上调利率。在这种环境下，美元兑欧元有望升值。

随着美元按预期升值，美元需求增加，供给减少。需求曲线从 D_{2014} 移动到 D_{2015}，供给曲线从 S_{2014} 移动到 S_{2015}。这两个不断增强的变化使欧元兑美元汇率升至 1 美元兑 0.90 欧元。

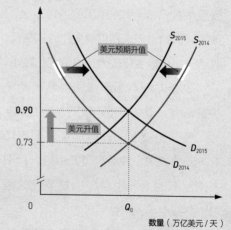

图 2　2014 年至 2015 年美元升值情况

汇率上涨。

外汇市场不断受到供求力量的拉动以达到均衡状态。外汇交易商不断寻找他们可以获得的最佳价格。如果他们要出售，他们希望获得最高的价格；如果他们要购买，他们希望获得最低的价格。信息通过全球计算机网络在经销商之间流动，价格逐秒调整，以保持购买计划和销售计划的平衡。也就是说，价格每秒都会调整以保持外汇市场均衡。

汇率波动的原因

美元有时会贬值，有时会升值。其他货币的汇率也会这样波动，日元、加元和墨西哥比索以及大多数货币在升值和贬值之间波动。然而，每天在外汇市场上交易的美元（和其他货币）数量几乎没有变化。为什么？

很大一部分原因是，外汇市场上的每个人都可能是买家或卖家——需求者或供给者。每个交易者都持有一个价格，高于该价格就卖出，低于该价格就买入。

关于外汇市场交易者的这一事实意味着供给和需求不是独立的。外汇市场受到的冲击既会改变货币的需求，也会改变其供给。需求和供给变化方向相反，其结果是价格变化较大，数量变化较小。

改变外汇市场需求和供给的两个关键影响因素是利差和预期未来汇率。

美元利差的上升增加了外汇市场对美元的需求，并减少美元供给。预期未来汇率的上升也会增加对美元的需求，并减少美元供给。

这些以相反方向改变需求和供给的共同影响导致了汇率变化，但交易货币数量几乎没有变化。它们可以带来汇率的累积变动或频繁的方向变化，即波动性。

● 汇率预期

我们刚刚考虑到的汇率变动部分是因为汇率预期会发生变化。这种解释听起来有点像自我实现的预测。是什么导致了预期的改变？答案是关于影响货币价值的更深层力量的新信息。这样的力量有以下两种。

» 购买力平价
» 利率平价

购买力平价

钱能买到什么，它就值什么。但两种货币，例如美元和加元，可能会购买到不同数量的商品和服务。假设一个巨无霸汉堡在多伦多售价 4 加元，在纽约售价 3 美元。如果加元的汇率是 1.33 加元兑 1 美元，那么这两种货币的价值是相同的。你可以在多伦多花 4 加元或在纽约花 3 美元买一个巨无霸汉堡。

我们刚才描述的这种情况叫作购买力平价（purchasing power parity），意思是货币等值。如果购买力平价不普遍，一些强大的力量就会发挥作用。为了理解这些力量，假设巨无霸在纽约的价格上涨至 4 美元，但在多伦多的价格仍保持在 4 加元。假设汇率保持在 1 美元兑换 1.33 加元。在这种情况下，多伦多的巨无霸仍然要花费 4 加元或 3 美元，但在纽约，则要花费 4 美元或 5.32 加元。在加拿大能买到的东西比在美国多，货币在两国并不具有同等价值。

如果美国所有（或大部分）物价上涨，而加拿大的物价没有上涨，那么人们通常将预期美元汇率会下跌。美元需求减少，供给增加，美元汇率如预期般下跌。如果美元跌至 1 加元且价格不再发生进一步变化，则购买力平价将恢复。现在，在纽约和多伦多，一个巨无霸的美元或加元售价均为 4 美元。

如果加拿大和其他国家的物价上涨，而美国的物价保持不变，那么人们普遍预期外汇市场上的美元价值过低，美元汇率将会上涨，对美元的需求增加，供给减少，美元汇率如预期般上涨。

货币的价值是由价格决定的。因此，影响汇率的更深层次的力量的触角遍布整个经济。如果美国的物价上涨速度快于其他国家，汇率就会下跌；如果美国的物价上涨速度比其他国家慢，汇率就会上涨。

利率平价

假设多伦多银行的加元银行存款

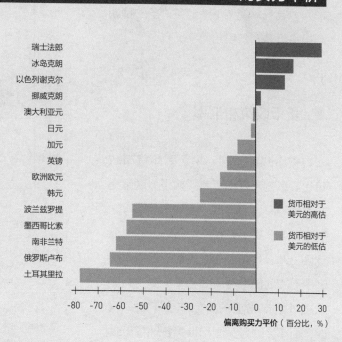

聚焦全球经济
购买力平价

购买力平价是一个长期现象。偏离购买力平价的程度大且持续。

图 1 显示了 2019 年 8 月购买力平价的较大偏差，从高估 30% 到低估 80%。

瑞士法郎和冰岛克朗是被高估最严重的货币，土耳其里拉是被低估最严重的货币。

购买力平价预测，被低估的货币将会升值，而被高估的货币将会贬值。而图 1 显示的估值过高和过低的情况已经持续了几十年。

图 1　购买力平价

资料来源：太平洋外汇服务公司，不列颠哥伦比亚大学。

每年赚取 5% 利息，纽约银行的美元银行存款每年赚取 3% 利息。为什么还有人在纽约存钱？为什么不是所有的钱都流向多伦多？答案是汇率预期。假设人们预计加元每年贬值 2%，则必须从 5% 的利息中减去 2% 的贬值，才能获得美国人通过将资金存入多伦多银行得到的每年 3% 的净回报。二者的回报是相等的，这就是利率平价（interest rate parity）的一种情况——考虑到汇率变化，利率相同。

利率平价始终占上风。资金流动是为了获得最高的回报。如果由于加元在外汇市场上的价值过高而导致利率平价不成立，那么多伦多的预期回报将低于纽约。几秒钟之内，交易员就会卖出加元，其汇率就会下跌，多伦多的预期回报将上升到与纽约持平。

● 货币政策和汇率

货币政策影响利率，因此货币政策也会影响利差和汇率。如果美联储提高美国利率，而其他中央银行维持本国利率不变，则美元在外汇市场上的价值就会上升；如果其他中央银行提高本国利率而美联储维持美国利率不变，则美元在外汇市场上的价值就会下跌。因此，汇率会随着美国和世界各地货币政策的变化和预期变化而波动。

● 盯住汇率

一些中央银行试图通过将本国货币与另一种货币挂钩来避免汇率波动。假设美联储希望将美元汇率维持在 1 美元兑 0.70 欧元，如果汇率升至 0.70 欧元以上，美联储将卖出美元；如果汇率跌破 0.70 欧元，美联储将买入美元。

图 16-7 为外汇市场干预。美元供给量为 S，最初美元需求量为 D_0。均衡汇率为 1 美元兑 0.70 欧元，这也是美联储的目标——水平线。如果对美元的需求增加到 D_1，美联储就会增加美

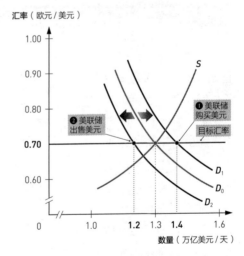

注：最初，美元需求为 D_0，美元供给为 S，汇率为 1 美元兑换 0.70 欧元。美联储可以干预外汇市场，以保持汇率接近其目标汇率（在本例中为 1 美元兑 0.70 欧元）。

❶ 如果美元需求从 D_0 增加到 D_1，美联储将出售美元以增加美元供给并维持汇率。

❷ 如果美元需求从 D_0 减少到 D_2，美联储就会购买美元以减少美元供给并维持汇率。

市场供需某一侧的持续干预是不可能持续的。

图 16-7 外汇市场干预

元的供给，即出售美元，并阻止汇率上涨；如果美元需求下降至 D_2，美联储就会减少美元供给，即购买美元，并防止汇率下跌。

当美联储购买美元时，它会动用其储备的欧元；当美联储出售美元时，它会用欧元作为交换，其欧元储备就会增加。只要美元需求在 D_0 附近波动且平均保持在 D_0，美联储的欧元储备就会波动，但既不会耗尽，也不会持续增加。

但如果美元需求永久下降至 D_2，美联储将不得不每天购买美元并出售欧元，以将欧元兑美元汇率维持在 0.70 欧元。美联储很快就会用完欧元，届时美元就会贬值；如果对美元的需求永久增加到 D_1，美联储将不得不每天出售美元并购买欧元。美联储将囤积不需要的欧元，并在某个时候让美元升值。

聚焦生活

生活中的外汇交易

如果你计划明年夏天去欧洲度假，你将需要一些欧元。获取欧元的最佳方式是什么？你只需携带借记卡或信用卡即可在欧洲使用自动柜员机。你从提款机提取欧元，你在国内的银行账户将扣除你所提取的现金额度。

当你提取欧元时，你需要的欧元数量乘以汇率即可确定从你的银行账户中扣除多少本国货币。

你刚刚在外汇市场进行了一笔交易，将本国货币兑换成了欧元。

你支付的汇率可能很高，因为你的银行会收取佣金来帮助你兑换欧元，有些银行收费高达 5%，提前注意一下，旅行前最好从银行兑换欧元。

你可能想到过另一个问题：明年夏天你打算用多少预算来购买多少欧元？你现在应该以确定的价格购买欧元，还是等到更接近你的旅行日期时再根据本国货币的价值变化碰碰运气？

没有人能回答这个问题。但你今天可以用固定价格购买欧元，以便稍后交付（这笔交易是在一个名为远期外汇市场的市场中进行的）。不过同样地，你最终将为该服务支付一大笔佣金。

第 16 章要点小结

1. 描述一个国家的国际收支账户，并阐释决定国际借贷金额的因素。

- 外币用于为国际贸易和购买外国资产提供资金。
- 一个国家的国际收支账户记录了其国际贸易、借款和贷款。
- 从历史上看，美国一直是净借出国，但 1983 年这种情况发生了变化，美国成为净借入国。1989 年，美国成为债务国。
- 净出口等于私营部门余额加上政府部门余额。

2. 阐释汇率是如何确定的以及为什么会波动。

- 外币是在外汇市场上用本国货币换取的。
- 汇率由外汇市场的需求和供给决定。
- 汇率越低，美元需求量就越大。汇率的变化会引起美元需求曲线的变动。
- 预期未来汇率和美国利差的变化会改变对美元的需求，并移动美元需求曲线。
- 汇率越低，美元供给量就越少。汇率的变化会引起美元供给曲线的变动。
- 预期未来汇率和美国利差的变化会改变美元的供给，并移动美元供给曲线。
- 汇率波动是因为美元的需求和供给的波动不是独立的。
- 中央银行可以干预外汇市场以使汇率波动趋于平缓。